변화하는 한국유권자 5

이 책은 환경보호를 위해 재생종이를 사용하였으며
간행물윤리위원회가 인증하는 녹색출판 마크를 사용하였습니다.

변화하는 한국유권자 5 패널조사를 통해 본 2012 총선과 대선

편저자 | 이내영 · 서현진 공편
발행자 | 하영선
발행처 | (재)동아시아연구원
발행일 | 2013년 9월 9일 1쇄

편　집 | 신영환
디자인 | 유정화

주소 | 서울 중구 을지로 158, 909호(을지로 4가, 삼풍빌딩)
전화 | 02-2277-1683(代)
팩스 | 02-2277-1684
홈페이지 | www.eai.or.kr
등록 | 제2-3612호(2002. 10. 7)

ISBN 978-89-92395-39-7　93340

값 15,000원

이 도서의 국립중앙도서관 출판시도서목록(CIP)은 서지정보유통지원시스템 홈페이지 (http://seoji.nl.go.kr)와 국가자료공동목록시스템(http://www.nl.go.kr/kolisnet)에서 이용하실 수 있습니다. (CIP제어번호: CIP2013016876)

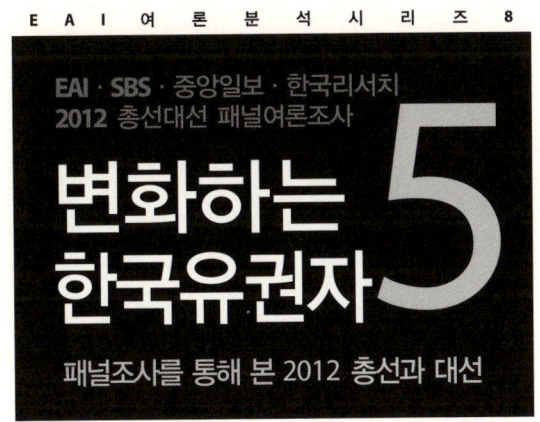

EAI 여론분석시리즈 8

EAI · SBS · 중앙일보 · 한국리서치
2012 총선대선 패널여론조사

변화하는 한국유권자 5

패널조사를 통해 본 2012 총선과 대선

이내영 · 서현진 공편

Changing Korean Voters 5
Analysis of the 2012 General Election and Presidential Election Panel Studies

| 서문 |

 2012년은 4년 주기의 국회의원선거와 5년 주기의 대통령선거가 20년 만에 같은 연도에 치러지는 선거의 해였다. 4월에 치러진 국회의원선거가 12월 대통령선거의 전초전의 성격을 가지게 되었고 국회의원선거 결과가 여야의 대통령 후보선택과 선거전략에도 영향을 미치게 되었다. 2012년 4월 19대 총선 결과는 예상을 뒤엎고 새누리당이 과반수의 의석을 차지하였다. 선거운동이 시작되기 직전까지만 해도 이명박 정부에 대한 심판론에 힘입어 민주통합당이 원내 제1당은 물론이고 과반의석까지도 차지할 수 있을 것이라는 예상이 지배적이었다. 그러나 새누리당이 박근혜 비상대책위원장을 중심으로 쇄신노력을 적극적으로 기울인 반면, 민주통합당은 당내 계파갈등과 리더십 결여, 공천파문, 통합진보당과의 선거연대 과정에서 발생한 파열음 그리고 김용민 후보의 막말파문 등이 겹치면서 과반의석을 차지하는 데 실패하였다.
 19대 총선을 승리로 이끈 박근혜 비대위원장은 새누리당의 대선후보로서 위치를 공고히 하고 경제민주화와 복지정책 등의 어젠다를 선점하면서 대선경쟁에서 주도권을 잡았다. 반면 총선에서 패배한 야권은 박근혜 대세론에 맞서기 위해 전열을 재정비해야 하는 절박한 상황이었다. 그러나 안철수 전 원장의 출마로 야권 지지층이 분열되는 상황에서 야권후보단일화에 승부수를 던졌지만 단일화 협상이 결렬되고 안 전 원장이 전격 사퇴하면서 대선구도는 박근혜 후보와 문재인 양자 구도로 치러졌다.
 2012년 12월 19일 실시된 18대 대통령선거에서 새누리당 박근혜 후보가 전체 유권자의 51.6퍼센트의 지지를 얻어 대통령에 당선되었다. 선거 당일까지도 민주당 문재인 후보와 박빙과 혼전의 접전을 벌이는 상황이었지만 개표 결과 박근혜 후보는 100만표 이상의 비교적 큰 표 차이로 당선되었다. 이처럼 박 후보가 예상과 달리 낙승을 거두게 된 주요 원인으로는 박 당선인 진영의 MB정부와의 차별화 전략과 민생 중심의 정책 제시, 민주통합당의 내부 분열과 효과적인 선거전략의 부재, 5060세대의 결집과 인구구성 비율 증대, 후보 단일화의 결렬 등이 복합적으로 작용한 것으로 보인다.

2012년 총선에서의 새누리당의 과반수 확보와 대선에서의 박근혜 후보의 당선이라는 선거 결과 이외에도 2012년 선거정국에서 주목할 가치가 있는 새로운 현상과 쟁점들이 부각되었다. 우선 18대 대선 정국의 가장 큰 특징으로는 소위 "안철수 현상"과 야권후보단일화가 대선정국의 큰 변수로 등장했다는 점이다. 정치적 경험도 없고 국정비전과 정책이 모호한 안철수 전 원장이 돌풍을 일으킨 이유의 하나는 그의 참신하고 도덕적인 이미지와 청춘콘서트 등을 통한 젊은 세대와의 공감 노력이 크게 어필했기 때문이다. 그러나 기존 정당에 대한 국민들의 깊은 실망감과 새로운 정치에 대한 강한 열망이 안철수 현상을 가져온 구조적 원인으로 작용했다는 점에 주목할 필요가 있다. 특히 대선정국에서 민주통합당이 새누리당 박근혜 후보의 독주를 저지할 수 있는 핵심전략으로 안 전 원장과의 야권단일화에 매달렸지만, 결국 단일화 협상이 결렬되어 안 전 원장이 전격 사퇴하는 상황이 나타난 점은 제1야당인 민주통합당의 무능과 선거전략의 부재를 나타낼 뿐만 아니라, 결과적으로 박근혜 당선인의 당선에 기여하는 요인으로 작용하였다.

둘째, 집권 MB정부에 대한 국민들의 부정적 평가에도 불구하고 여당후보인 박근혜 후보가 당선된 선거 결과도 주목할 필요가 있다. 이러한 선거결과를 통해 얻을 수 있는 흥미로운 이론적인 시사점은 지난 대선에서 집권여당에 대한 회고적 평가보다 오히려 전망적 평가가 크게 작용했을 가능성이 크다는 점이다. 또한 집권 MB정부에 대한 깊은 실망감에도 불구하고 많은 국민들이 민주통합당을 국정운영을 맡길만한 대안정당으로 신뢰하지 않았다는 점을 나타낸다.

셋째, 2012 대선에서 세대균열이 과거 어느 선거보다 첨예화되는 현상이 나타났다. 세대균열은 2002년 대선을 계기로 한국선거정치의 주요 변수로 등장하였지만, 2007년 대선 이후 약화되었던 것이 2010년 지방선거에서 다시 부활하는 추세가 나타났고, 2012년 선거정국에서 더욱 강화되었다. 2012년 대선에서는 특히 고령화 추세에 따라 인구구성 비율에서 2030세대를 앞선 5060세대의 표심쏠림 현상이 뚜렷하게 나타나면서 박근혜 후보의 당선에 결정적으로 기여하였다.

마지막으로 2012년 선거정국에서 국가운영의 비전과 정책에 대한 경쟁이 제대로 이루어지지 않고 후보자의 이미지만 부각되는 현상이 나타났다. 따라서 대선정국에서 정책이슈가 선거 결과에 미친 영향력은 제한적이었다. 오히려 여당인 새누리당이 진보 어젠다로 여겨지던 경제민주화와 복지이슈를 선제적으로 제기하면서 소위 분배의 정치(distributive politics)가 향후 한국정치의 주요 이슈로 등장하게 되었다.

EAI 여론분석센터는 한국선거의 역동성을 과학적이고 실증적으로 파악하기 위해 SBS, 중앙일보, 한국리서치와 함께 2006년 지방선거, 2007년 대통령선거, 2008년 국회의원선거, 2010년 지방선거, 2012년 국회의원선거와 대통령선거 등 지난 2006년 이후 대한민국에서 실시된 모든 전국단위 선거에서 패널조사 기법을 도입하여 선거 과정과 결과를 체계적으로 분석하였다. 패널조사는 특정 시점의 투표선호만을 파악하는 일회적 조사의 한계를 뛰어넘을 수 있는 사실상 유일한 조사방법이다. 개별 유권자의 태도 변화와 그 양상을 정확하게 파악할 수 있을 뿐만 아니라 시간의 흐름에 따른 표심변화의 원인을 정교하게 분석하는 것이 가능하기 때문이다. 2012 총선대선패널조사(KEPS 2012)는 한해에 국회의원선거와 대통령선거가 여덟 달의 간격을 두고 실시되는 점을 활용하여 국회의원선거 이전과 대통령선거 직후까지 일곱 차례의 패널조사 시점을 확정하여 데이터를 수집하였다.

EAI 여론분석센터는 과학적인 패널조사의 기획과 설문개발 그리고 심층적인 자료분석을 위해 연구분석팀, 언론보도팀, 조사연구팀을 구성하고 패널조사와 연구 및 언론보도를 진행하였다. 2012 총선대선패널 조사팀의 연구분석팀에는 이내영(연구분석팀장, EAI 여론분석센터 소장, 고려대), 강원택(서울대), 권혁용(고려대), 김준석(동국대), 박원호(서울대), 박찬욱(서울대) 서현진(성신여대), 윤광일(숙명여대), 이곤수(EAI), 임성학(서울시립대), 장승진(국민대), 정원칠(EAI), 정한울(EAI), 지병근(조선대), 언론보도팀에는 신창운(중앙일보), 현경보(SBS), 조사연구팀에는 김춘석, 오승호 그리고 유석상(이상 한국리서치)으로 총 20명이 참여하였다.

EAI 선거패널조사의 연구팀은 2006년 이후 다섯 차례의 패널조사에서 수집된 조사 자료를 활용하여 연구를 진행했고, 연구의 결과를 《변화하는 한국 유권자》 시리즈로 지속적으로 발간하여 왔다. 2007년 첫 단행본이 출간된 이후 이 책은 《변화하는 한국 유권자》 시리즈의 다섯 번째 책이다.

책의 구성과 개요

우선 총론으로 2012 총선패널조사를 담당했던 한국리서치의 김춘석 이사와 유석상 대리가 2012년 총선대선패널조사의 방법과 운영을 소개한다. 2012년 총선대선 패널조사는 4월 국회의원선거와 12월 대통령선거 패널을 동일한 유권자로 구성하였다. 이는 유권자 표심의 동학을 총선과 대선에 걸쳐 확인하고자 함과 아울러 표본 대체나 추가로 인한 분석상의 제한점을 최소화하기 위한 것이었다는 점을 밝히고 있다. 조사방법은 컴퓨터를 이용한 전화면접조사(CATI)를 활용하였고 1차 조사의 표본을 2,000명으로 정하였다. 최종 조사차수 패널을 원표본 대비 60퍼센트 이상으로 유지하여 최종 유효표본을 1,200명이상을 확보한다는 목표를 세웠는데, 실제로 7차 조사의 유효표본은 1,355

명이었고 패널 유지율은 67.8퍼센트로서 유효표본 수와 패널유지율 모두 최초목표를 상회하여 달성하였다.

이 책의 1부는 한국의 주요 정치균열로 작용하고 있는 지역, 이념, 세대, 당파성이 투표선택에 미치는 영향을 다루고 있다. 1장은 한국 선거의 결정적인 변수로 작용했던 지역주의가 지난 대선에서 정치적 선호와 투표선택에 어떻게 영향을 미쳤는가를 살펴보았다. 이 장은 최근의 한국 선거에서 지역주의가 약화 혹은 변화되었다는 주장을 하는 연구들이 증가한 학문적 배경 아래서 2012년 대선에서의 지역주의의 영향력을 검증하였다. 이를 위해 지역주의를 '내집단 지역주의'(in-group regionalism)라는 사회심리적 특성으로 개념화하고 지역주의의 영향력을 검토하였다. 분석의 주요 결과는 내집단 지역정당 및 후보에 대한 편애와 외집단 지역정당에 대한 폄하와 편향이 호남과 대구/경북 출신에게 비교적 뚜렷하게 나타났지만, 부산/울산/경남 출신에게는 문재인 효과로 인해 내집단 지역정당 편애와 외집단 지역정당 폄하가 상대적으로 약화된다는 점을 확인하였다.

2장은 2012년 대선에서 이념 변수가 유권자들의 투표 선택에 미친 영향을 분석하였다. 2012년 대선정국에서 경제민주화 이슈 등에서 여야 사이의 이념 수렴현상이 나타나면서 이념적 요인이 그다지 크게 부각하지는 않은 것처럼 보이지만, 실제 경험적 자료를 분석한 결과 유권자의 투표선택에서 이념이 큰 영향력을 발휘하였다는 점을 확인하였다. 그러나 후보지지와 이념거리 간의 관계는 근접성을 강조한 다운즈의 이론과는 다르게 나타났다는 점을 발견하였다. 또한 2012년 4월 총선 직전부터 대선 직후까지의 상당수 유권자의 주관적 이념성향이 보수화되는 경향이 나타난 점을 확인하고 이에 대한 해석을 제시하였다.

3장은 2012년 대선에 큰 영향을 미친 주요 요인으로 꼽히는 세대 요인에 주목하였다. 이 논문은 세대 변수가 투표 결과에 미친 영향을 세대균열 효과와 세대구성의 변화 및 투표율 효과로 나누어 분석하고 있다. 경험적 분석 결과, 우선 18대 대선에서 투표선호의 세대별 차이, 즉 세대균열이 17대 대선은 물론 16대 대선에 비해서도 커졌다는 점이 확인되었다. 특히 5060세대의 박근혜 후보로의 쏠림 현상이 두드러졌다. 둘째, 18대 대선에 직접적인 영향을 준 요인은 2030세대의 비율 감소와 5060세대의 비율 증가라는 세대구성(composition)의 변화 효과였다는 점을 지적하고 있다. 세대별 투표선호의 차이가 유지되는 상황에서 2030세대에 비해 5060세대 유권자의 수가 늘어나는 인구학적 변화가 선거 결과에 결정적인 영향을 미쳤다는 점을 주장하였다.

4장은 2012년 선거정국에서 특정 정당에 대한 정당일체감이 없는 무당파들의 규모와 유형을 세분화하고 이들의 투표선택과 정치행태를 분석하였다. 우선 이 글은 미국정치의 맥락에서 형성된 정당일체감이나 무당파의 개념을 한국의 정치 현실에 적합하게 정의하려고 시도하였다. 이러한 개념적 논의를 바탕으로 필자는 일곱 차례의 2012 총선대선패널조사 자료를 활용하여 정당지지자와 무당파층을 세분화하고 이들의 상대적 비율과 투표행태를 비교하였다. 이러한 경험적 분석을 통해 필자는 한국 유권자의 27퍼센트를 차지하는 무당파층이 단일한 그룹이 아니라 다양한 정치성향을 가지고 있지만 고정되어 있지는 않은 정치적으로 활성화될 수 있는 집단이라는 점을 밝히고 있다.

이 책의 2부는 지난 해 선거정국의 주요 쟁점을 다루고 있는 네 편의 논문으로 구성되어 있다. 5장은 2012년 대선 정국의 태풍의 눈으로 작용했던 안철수 현상을 다루고 있다. 공직경험이 전무한 정치권 밖의 인물인 안철수 전 원장이 유력한 대선주자로 부상하고 야권후보단일화 협상에 나서면서 대선정국의 주요 변수로 작용했던 현실은 기존 정치권에 대한 대중의 염증과 새로운 정치에 대한 열망을 보여주는 현상이었다. 이 장은 안 전 원장 지지자의 인구학적 특징과 사회경제적 배경을 분석하고 안 전 원장에 대한 대중의 호감이 총선 직후부터 대선 직전까지 어떻게 변화하였는가를 추적하였다. 또한 야권의 후보단일화협상이 교착되면서 안 전 원장이 후보를 사퇴한 상황에서 대선투표에서 안 전 원장 지지자의 표심 이동을 분석하였다.

6장은 18대 대선에서 유권자들의 정책선호가 투표선택에 미친 영향을 분석하였다. 이 장의 주요 목표는 유권자들이 주요 정당의 정책을 얼마나 정확하게 이해하고 있는가와 유권자들의 정책선호가 투표후보 결정에 어떤 영향을 미쳤는가를 분석하는 데 있다. 분석의 결과 필자는 양당의 정책적 입장에 대해 유권자들이 비교적 높은 수준의 이해를 하고 있으며 이념과 정책을 고려하여 투표한 유권자들의 비율 또한 높았다는 점을 밝히고 있다. 둘째, 유권자들의 연령, 이념, 거주 지역뿐만 아니라 이들이 우선시하는 차기 정부의 중점과제가 무엇인가가 후보선택에 상당한 영향을 미쳤다는 점을 보여주면서 이슈 우선성(issue priority)에 따른 합리적 투표행태가 나타났다고 주장한다.

7장은 유권자의 정당지지와 후보자의 이념적 위치에 대한 인식의 관계를 분석하고 있는 흥미로운 논문이다. 합리적선택이론에 기초한 연구들은 유권자들이 자신의 이념성향은 물론 후보자의 이념적 위치를 객관적으로 인식하고 평가하며, 이에 기초하여 투표선택을 한다는 가정을 하고 있다. 이 장은 유권자가 후보자의 이념적 위치를 인식할 때 당파성이라는 변수가 편향을 초래할 수 있다는 가설을 제시하고 이를 검증하고 있다. 특정 정당에 대한 지지 여부가 지지하는 정당의 후보 및 상대 후보의 이념적 위치를 인식할 때 일정한 편향(bias)을 가져오는 세 가지 기제로 투사(projection)효과, 추론(inference)효과 그리고 조정(adjustment)효과를 제시하고 이를 검증한다. 이 장의 주요 분석 결과는 당파성이 후보자의 이념적 위치에 대한 인식에 편향을 초래하는 세 가지 기제인 투사효과, 추론효과, 조정효과가 모두 나타난 것으로 확인되었다. 다만 선거운동이 본격적으로 진행되고 선거구도가 안정화되면서 투사효과와 추론효과는 더욱 강화되는 반면, 조정효과는 오히려 약화되고 있는 경험적 결과가 나타났다.

8장은 18대 대통령선거에서의 미디어이용 실태와 후보선택에 미치는 영향을 분석하고 있다. 최근의 한국 선거에서 미디어의 역할이 커지고 이용되는 미디어도 다양해지고 있다. 기본적으로 선거운동이 미디어를 중심으로 이루어지고, 신문, TV 등의 올드미디어 이외에 SNS 등 뉴미디어의 역할이 커지고 있는 것이 현실이다. 이 장의 핵심적인 질문은 진보 또는 보수성향의 매체 이용이나 올드미디어와 뉴미디어이용이 유권자들의 후보선택에 어떠한 영향을 미치는가이다. 분석의 결과는 예상과 같이 신문, TV 등 기존 매체를 많이 이용하는 유권자들일수록 박근혜 당선인을 선택했고 반면 인터넷이나 SNS를 적극적으로 이용한 유권자들일수록 문재인 후보에게 투표한 것으로 나타났다. 그러나 필자는 미디어 이용이 유권자의 태도를 변화시키기보다는 기존의 태도를 강화시키는 효과가 나타난다는 점에 주목하면서 미디어가 기존의 세대나 이념균열을 심화시키는 방향으로 작용할 가능성을 우려한다.

2012년 초부터 연말 대선 이후까지 많은 시간과 노력을 기울인 2012년 총선대선 패널조사를 마무리하는 단행본을 내면서 보람을 느끼면서도 아쉬움도 적지 않다. 우선 이 책에 포함된 8편의 논문들만으로는 2012년 양대 선거 정국의 역동적 변화와 주요 쟁점들을 모두 다루지 못하고 있다는 아쉬움이 있다. 또한 국회의원선거와 대통령선거의 관계를 비교하거나 패널조사 자료의 장점을 이용하여 국회의원선거와 대통령선거에서의 표심의 변화를 추적한 논문이 많지 않다는 점도 후속 연구에서 보완되어야 할 부분이다. EAI가 네 차례의 과거 패널조사 데이터를 모두 국내외에 공개해 온 것처럼 이번에도 이 책의 출간과 함께 2012 KEPS 데이터를 국내외 연구자들이 이용할 수 있도록 공개할 계획이다. 많은 비용과 노력이 소요되는 패널조사 데이터가 학계의 공동자산으로 널리 활용되어 수준 높은 후속 연구들이 많이 나오기를 기대한다.

2012년 국회의원선거 이전부터 대통령선거 이후 8개월 이상의 기간 동안

7차례의 패널조사를 기획하여 조사 자료를 수집하고 이를 바탕으로 연구를 진행하여 단행본이 출간되기까지 많은 분들의 도움과 헌신이 있었기에 가능했다. 우선 많은 비용이 소요되는 패널조사에 대해 재정적 지원을 제공한 SBS와 중앙일보 관계자들에게 감사를 드린다. 또한 패널조사의 과정에 참여하여 귀중한 조언을 해주었을 뿐 아니라 주요 조사 결과를 SBS뉴스와 중앙일보 지면에 보도될 수 있도록 애써주신 중앙일보 신창운 위원과 SBS 현경보 부장에게 특별한 감사를 드린다. 더불어 이번 패널조사를 수행하면서 양질의 자료를 제공한 한국리서치 김춘석 이사를 비롯한 실무진에게도 고마움을 전한다. 마지막으로 패널조사와 단행본 출간에 대해 적극적인 지원을 해주신 EAI의 이숙종 원장과 일곱 차례의 패널조사마다 밤을 지새우며 자료정리와 분석을 해주었던 여론분석센터의 이곤수 박사, 정원칠 수석연구원 그리고 정한울 부소장의 헌신과 노력에 대해 아낌없는 박수와 감사를 보낸다.

2013년 8월
연구진을 대표해서 이내영 · 서현진

목차

●● 서문
●● 2012년 총선대선 패널조사의 방법과 운용 | 김춘석 · 유석상 … 21

제1부 지속적인 선거 이슈와 현상

1. 지역주의와 정치적 선호 | 윤광일 … 47

2. 2012년 대통령선거에서의 이념과 후보 선택 | 강원택 … 77

3. 세대요인이 18대 대선 결과에 미친 영향 | 이내영 · 정한울 … 101
   세대별 투표행태 및 구성효과를 중심으로

4. 무당파의 선택 | 박원호 … 133
   2012년의 양대 선거를 중심으로

제2부 새로운 선거 이슈와 현상

5. 안철수 현상의 분석 | 김준석 … 159

6. 유권자들의 정책선호와 투표선택 | 지병근 … 181

7. 당파적 성향과 후보의 이념적 위치에 대한 인식 | 장승진 … 201

8. 18대 대통령선거에서의 미디어이용과 후보선택 | 서현진 … 225

부록
필자약력

표목차

2012년 총선대선 패널조사의 방법과 운용

[표 1] 조사횟수 및 조사기간
[표 2] 조사표본, 표본 유지율, 표본오차
[표 3] SBS, 중앙일보 보도 절차
[표 4] SBS, 중앙일보 보도 내용
[표 5] 4차 조사 시 안철수 전 교수 지지자의 5차 조사 시 선택
[표 6] 안철수 전 교수 지지자 유형별 후보자에 대한 인식
[표 7] 응답자 특성별 패널 유지율
[표 8] 대선 관심도(단위 : 퍼센트)
[표 9] 대선 투표 의향(단위 : 퍼센트)
[2006 지방선거] 패널조사 결과와 실제 결과
[2007 대선] 패널조사 결과와 실제 결과
[2010 지방선거] 패널조사 결과와 실제 결과
[2012 대선] 패널조사 결과와 실제 결과

제1부

[표 1] 유력 지역정당 후보 간 득표율 격차 : 민주화 이후 대통령선거
[표 2] 고향에 따른 정당 및 후보 호감도
[표 3] 고향에 따른 정당 및 후보 이념 평가
[표 4] 고향에 따른 정당 및 후보와 응답자 이념 평가 평균 차
[표 5] 고향 거주 여부에 따른 정당 및 후보 호감도
[표 6] 고향 거주 여부에 따른 정당 및 후보 이념 평가
[표 7] 고향 거주 여부에 따른 차기정부 최우선 과제 선호 분포
[표 8] 고향 거주 여부에 따른 박근혜 당선인 투표
[표 9] 다단계 로짓모델 : 지역주의와 18대 대선투표
[표 A1] 새누리당 호감도 차이 검정
[표 A2] 민주통합당 호감도 차이 검정

표목차

[표 A3] 박근혜 당선인 호감도 차이 검정
[표 A4] 문재인 후보 호감도 차이 검정
[표 A5] 고향별 새누리당 진보-보수 평가 차이 검정
[표 A6] 고향별 민주통합당 진보-보수 평가 차이 검정
[표 A7] 고향별 박근혜 당선인 진보-보수 평가 차이 검정
[표 A8] 고향별 문재인 후보 진보-보수 평가 차이 검정
[표 A9] 고향별 응답자 진보-보수 평가 차이 검정

[표 1] 주관적 이념 성향과 사회경제적 배경 : 선형 회귀분석
[표 2] 이념집단별 후보 선택
[표 3] 이항 로지스틱 모델 : 투표결정 요인
[표 4] 박근혜, 문재인, 새누리당, 민주통합당에 대한 지지자의 이념인식
[표 5] 선형 회귀분석 : 두 후보에 대한 이념거리에 미치는 변인 분석
[표 6] 주관적 이념의 차이에 영향을 준 요인 : 이슈, TV 토론, 매체 효과
[표 7] 사회경제적 구분에 따른 이념 성향의 변화

[표 1] 대선에서의 세대별 지지율 격차
[표 2] 17대·18대 대선 지지선호 로지스틱회귀분석 분석표
[표 3] 세대별 19대 총선과 18대 대선에서의 투표선호 이동 (단위 : 퍼센트)
[표 4] 3자 구도에서 대선 투표로의 표의 이동
[표 5] 출구조사의 세대별 투표율 추정치와 선관위 발표 차이
[표 6] 세대별 유권자 구성의 변화
[표 7] 2017년 세대별 인구구성 변화와 19대 대선 결과 추산

표목차

[표 1] 정당일체감의 구분
[표 2] 그룹별 인구학적 특성
[표 3] 투표와 참여의 패턴
[표 4] 다자 대결 투표 의사(4차 조사 : 10월 11일)

제2부

[표 1] 대선후보 3인의 지지자 비교 : 사회경제적 분석(KEPS 2012 4차 조사 기준. 단위 : 퍼센트)
[표 2] 세대별 대선후보에 대한 극단적 애증 표시비율
[표 3] 안철수 전 교수 지지자의 대선 표심 이동(단위 : 퍼센트)
[표 4] 안 전 교수 지지자 중 박 당선인 투표자 특성 1
[표 5] 안 전 교수 지지자 중 박 당선인 투표자 특성 2

[표 1] 정책이슈별 양당의 정책에 대한 인식
[표 2] 주요 비정책적 선거이슈들과 후보들에 대한 선호
[표 3] 차기 정부의 중점 과제와 가장 잘 해결할 수 있는 후보와 투표한 후보
[표 4] 진보적 정책 우선성 및 투표할 후보 결정요인
[부록] 양당의 정책차이에 대한 분별력

[표 1] 후보의 이념적 위치에 대한 응답자 인식
[표 2] 당파적 성향과 후보의 이념적 위치에 대한 인식(2차 조사)
[표 3] 당파적 성향과 후보의 이념적 위치에 대한 인식(5차 조사)

그림목차

8

[표 1] 매체 노출도가 박근혜 당선인 선택에 미치는 영향
[표 2] 긍정정보 노출도가 박근혜 당선인 선택에 미치는 영향
[표 3] 정보매체 유형이 박근혜 당선인 선택에 미치는 영향
[표 4] TV토론이 박근혜 당선인 선택에 미치는 영향
[표 5] SNS 활동이 박근혜 당선인 선택에 미치는 영향

제1부

[그림 1] 총선 이후 대선까지 유권자의 주관적 이념의 변화
[그림 2] 총선과 대선에서 지지 정파별 이념성향의 변화

3

[그림 1] 총선-대선 시기 세대별 대선 지지후보 변화(단위 : 퍼센트, 1,355명 대상)
[그림 2] 세대별 투표율 변화 : 선거별 연령세대 비교와 동일세대의 시기별 비교(단위 : 퍼센트)

[그림 1] 정당일체감의 변화양상 : 2012년 총선에서 대선 국면까지
[그림 2] 투표 후보 결정시기

그림목차

제2부

[그림 1] KEPS 2012에서 나타난 대선후보 지지율 변동(퍼센트)
[그림 2] 안철수 전 교수에 대한 호감의 변화
[그림 3] 안철수 전 교수에 대한 호감도 변화 : 지지정당별 분류
[그림 4] 안 전 교수와 문 후보 간 호감도 비교(KEPS 2012 2차 조사)
[그림 5] 안 전 교수와 문 후보 간 호감도 비교(KEPS 2012 6차 조사)
[그림 6] 지지후보별 적극 투표의지층 비율

[그림 1] 투표할 후보결정과 지지후보 변경에 영향을 미친 요인들
[그림 2] 차기 정부의 국정 우선과제
[부록 1] 양당의 정책차이에 대한 분별력

[그림 1] 선거정보 매체 이용률 : 총선과 대선 비교
[그림 2] 대선 정보매체 : 박근혜 대 문재인 후보 투표자 비교
[그림 3] 대선 정보방송 : 박근혜 대 문재인 후보 투표자 비교
[그림 4] 대선정보 신문 : 박근혜 대 문재인 후보 투표자 비교
[그림 5] TV토론 시청 횟수
[그림 6] TV토론 잘한 후보 : 1, 2차와 3차 비교
[그림 7] SNS 활동 비율 : 총선과 대선 비교

2012년 총선대선 패널조사의 방법과 운용

김춘석 · 유석상

EAI · SBS · 중앙일보 · 한국리서치 4개 기관은 2006년 지방선거, 2007년 대통령선거, 2008년 국회의원선거, 2010년 지방선거 등 2006년 이후 대한민국에서 실시된 모든 전국 단위 선거에서 패널조사(Korean Election Panel Studies: KEPS)를 시행한데 이어, 국회의원선거와 대통령선거가 동시에 치러진 2012년에도 패널조사를 실시하였다. 이번 조사는 국회의원선거와 대통령선거 등 양대 전국 단위 선거를 대상으로 한 첫 번째 패널조사이자 2006년 이후 두 번째 국회의원선거 및 대통령선거 패널조사이며 4개 기관이 공동으로 주관한 다섯 번째 패널조사이다.

선거와 유권자를 연구하는 연구자에게 2012년은 매우 의미 있는 해였다. 4년마다 실시되는 국회의원선거와 5년 주기로 돌아오는 대통령선거가 1992년 이후 20년 만에 같은 해에 치러졌기 때문이다. 이점에서 패널조사가 특히 관심의 대상이었다. 동일한 유권자에게 동일한 문항을 시기를 달리하여 조사하는 선거 패널조사는 유권자의 후보선택 변화 여부와 선택 이유를 실질적으로 확인할 수 있다는 점이 일회성 여론조사와 근본적으로 다른 점이라 할 수 있다. 그런데 유권자 개개인의 투표행태는 동일한 선거 환경과 후보 구도 하에서 단기간에 커다란 변화를 보이지 않는다는 것이 선거 연구의 정설이다. 그래서 선거 패널조사는 동일한 선거기간 동안 여러 차례 조사하기보다는 서로 다른 선거에 걸친 유권자의 선택

과 선택 이유를 확인하는 것이 적정하다는 지적이 있다.[1]

실제로 미국 선거연구를 지속해온 전미선거연구(American National Election Studies: ANES)[2]가 최초로 실시한 패널조사는 1956년, 1958년, 1960년 등 세 차례 선거를 경험한 유권자를 주된 연구대상으로 삼았다. 또한 1980년에 시행한 대규모 패널조사(major panel study) 이후 최근에 재개된 패널조사에서도 2000년과 2004년 선거 경험이 있는 유권자를 비교연구하였으며, 2008년과 2009년 선거 및 2010년 선거 패널조사에서도 해당 선거를 경험한 유권자가 우선적인 연구 대상이었다. 이는 선거에서 유권자의 선택 행위와 선택 이유 및 변화 양상을 제대로 파악하기 위해서는 동일한 유권자를 대상으로 동일 선거에서 반복적으로 조사하기보다는 동일한 유권자가 다른 성격의 선거와 후보 구도에서 어떤 선택을 하였는가를 추적하는 것이 패널조사의 본래 목적에 더 부합한다는 입장이 반영된 결과라 하겠다.[3]

이 점에서 선거 연구자에게 2012년은 국회의원선거와 대통령선거 및 양 선거의 관계와 유권자 선택의 변화상 등을 연구할 수 있는 여건이 자연스럽게 마련된 행운의 해였다고 할 수 있으며, 이를 실체적으로 구현한 조사가 이번 2012년 총선대선 패널조사라 할 것이다.

---

1) 동일한 유권자를 대상으로 동일한 문항을 단기간에 여러 번 조사할 경우, 응답자가 조사 상황을 인지하거나 연구자의 의도를 추측하여 조사에 참여하는 패널효과(panel effects)가 발생할 개연성이 있으며, 이 경우 특정한 조사결과가 응답자의 실제 행태나 인식에 기반을 한 결과인지 패널효과에 의한 결과인지를 구분하기 어려운 경우가 발생할 수 있다.

2) http://electionstudies.org/studypages/download/datacenter_timeseries.htm

3) 다만, 서로 다른 선거에 걸쳐 패널을 구성하고 패널조사를 운용하고자 할 경우 패널조사 성패를 가름하는 관건 중의 하나인 패널 유지율을 적정하게 유지하기가 쉽지 않으며, 패널효과가 발생할 개연성이 높아진다는 제한점이 있다. 이점에서 ANES도 2012년 패널조사는 2010년 패널조사와 다른 유권자를 대상으로 하였다. 한편, 선거의 역동성이 미국보다 크다고 할 수 있는 우리나라는 단일 선거기간 동안의 패널조사로도 유권자의 변화상을 충분히 확인할 수 있다는 주장도 있다.

2012년 총선대선 패널조사 설계

패널 운용의 원칙
2012년 총선대선 패널조사는 4월 11일에 시행된 국회의원선거(이하 총선) 패널과 12월 19일에 실시된 대통령선거(이하 대선) 패널을 동일한 유권자로 구성하였다. 즉 총선을 거쳐 대선까지 패널조사를 실시한 8개월여 동안 최초 패널 구축 대상이었던 원 표본을 새로운 표본으로 대체하거나 추가하지 않았다. 유권자 표심의 동학을 총선과 대선에 걸쳐 확인하고자 함과, 아울러 표본 대체나 추가로 인한 분석상의 제한점을 최소화하기 위함이었다.

조사대상
조사대상은 19세 이상 성인 남녀 유권자로 삼았다.

조사지역
조사지역은 제주도를 포함한 전국을 대상으로 하였다.

조사방법
2012년 총선대선 패널조사는 컴퓨터를 이용한 전화면접조사(computer assisted telephone interview: CATI) 방법을 활용하였다. 컴퓨터를 이용한 전화면접조사는 응답자 재접촉 예약, 응답자 접촉 횟수 지정, 패널참여 거부 횟수 등을 자동으로 축적되는 자료를 통해 확인할 수 있으며, 이를 기반으로 패널 대상자 요건을 판정할 수 있다는 점에서 패널조사에 특히 유용한 측면이 있다.

조사표본

패널조사 특성 상 조사표본은 조사횟수와 연동하여 설계하였으며, 1차 조사표본을 설정하는 기준으로 다음 세 가지 사항을 고려하였다. 첫째, 최종 유효표본을 몇 명으로 할 것인가? 둘째, 최소 패널 유지율을 몇 퍼센트로 설정할 것인가? 셋째, 탈락 패널을 다음 조사차수의 유효표본으로 간주할 것인가 등이다. 2012년 총선대선 패널조사는 최종 유효표본을 최소 1,200명은 확보하여야 한다는 목표 하에, 1차 조사표본을 2,000명으로 정하였다. 이는 최종 조사차수 패널 유지율이 원표본 대비 60퍼센트 이상 되어야 한다는 점과, 도중 탈락자도 다음 조사차수에 조사대상으로 삼는다는 원칙을 고려한 결과이다.

표본추출 방법

패널조사 표본은 할당추출(quota sampling)을 하였다. 표본할당을 위한 자료는 행정안전부 발행 2011년 12월 31일 기준 주민등록인구 현황을 근거로 삼았으며, 할당의 기본 변인은 지역, 성별, 연령이었고, 학력과 직업을 추가로 고려하였다. 지역은 광역 자치단체,[4] 성별은 남자와 여자, 연령은 29세 이하, 30대, 40대, 50대, 60세 이상으로 구분하는 등 전체 160개 셀(16개 지역 × 2개 성별 × 5개 연령대)로 표집단위를 구성하였다. 또한 전국 단위에서 학력분포와 직업 분포[5]를 추가적인 할당 변인으로 삼았다.

---

4) 세종특별자치시는 출범 시점이 2012년 7월 1일이고 전국 1,000명 조사시 1명이 할당된 현실을 고려하여 충청남도에 편입하였다. 세종시가 독립도시로서 기능하는 시점에는 지역 할당기준으로 고려하여야 할 것이다.
5) 2012년 총선대선 패널조사에서는 2010년 지방선거 패널조사와 동일하게 표본추출 할당 기준으로 학력과 직업을 추가하였다. 2010년 지방선거에서 확인할 수 있었던 유권자 투표성향의 주요한 특징 중의 하나는 학력과 직업에 따라 지지후보가 뚜렷하게 차이를 보였다는 점이다.

조사횟수 및 조사기간

조사횟수를 결정할 때에는 다음 일곱 가지 사항을 고려하였다. 첫째, 패널조사를 통해 국회의원선거와 대통령선거 각각의 표심 변화와 함께, 양대 선거 간 표심의 관계를 파악하여야 한다. 둘째, 유권자 표심의 동학을 파악하기에는 245개 개별 선거구마다 독립적인 특성이 있는 총선보다 전국단위 단일 선거인 대선이 적정하다는 점에서 총선보다 대선 조사횟수를 더 많이 하여야 한다. 셋째, 선거 패널조사의 기본 요건으로 투표 전 조사와 함께 투표 후 조사를 시행하여야 한다. 넷째, 선거 패널조사에 참여하는 과정에 조사 자체로 인해 발생할 수 있는 응답자의 편파는 최소화하되 패널 유지율을 적정 수준 이상으로 유지하여야 한다. 다섯째, 선거일정을 고려하면서 응답자가 조사에 참여하기 용이하도록 적정한 조사 간격을 유지하여야 한다. 여섯째, 현실적인 제약 요건인 조사비용을 고려하여야 한다. 일곱째, 공동주관 기관인 SBS와 중앙일보의 보도 시점을 고려한다.

위와 같은 기준에 따라 2012년 총선대선 패널조사는 총 7회를 실시하였다. 응답자가 동일하고 국회의원선거와 대통령선거 간 비교가 중요한 연구 과제였다는 점에서 총선 패널조사와 대선 패널조사를 구분하는 것은 별다른 의미가 없다고 하겠다. 그렇지만 조사 시기와 조사의 주된 목적 및 언론보도 시점 등을 기준으로 2차 조사까지는 총선 패널조사로 3차 조사부터는 대선 패널조사로 명명하였다. 즉 총선과 대선이 연달아 실시된 2012년 선거의 특성상 2012년 총선대선 패널조사를 총선 2회 조사, 대선 5회 조사로 구분하였다.

2012년 총선대선 패널조사는 국회의원선거일(4월 11일) 10일 이전에 1차 조사를 실시하였고, 총선 직후에 2차 조사를 하였다. 물론 1차 조사와 2차 조사에도 대통령선거와 관련한 문항은 포함하였다.

총선이 끝나고 대선 국면에 접어들어 실시한 대선 패널조사는 새누리당과 민주통합당 후보가 확정된 시점에 1차 조사(전체 3차 조사)를 하였으며, 2007년 대선에서 표심의 변동 폭이 컸고 수도권 중심 여론이 전국으로 확산됨으로써 선거와 관련한 여론 형성의 분수령이 되었던 추석 이후에 2차 조사(전체 4차 조사)를 하였다. 3차 조사(전체 5차 조사)는 안철수 후보 사퇴로 인해 문재인 후보로 야권 단일화[6]가 확정된 시점인 후보자 등록 직후에, 4차 조사(전체 6차 조사)는 조사결과를 언론에 공표할 수 있는 최종 시점인 여론조사 공표 금지일 직전에 시행하였다. 마지막으로 5차 조사(전체 7차 조사)는 대선 직후에 이루어졌다.

매 차수별 조사는 3일 또는 4일 동안 진행하였다. 패널모집과 함께 이루어진 1차 조사는 3일 동안 이루어졌다. 이후 2차 조사부터 4차 조사까지는 4일 동안, 5차 조사 이후부터는 3일 동안 진행하였다. 패널조사 성패를 좌우하는 요인 중의 하나가 패널 유지율이라 할 수 있다. 그간의 패널조사 경험에 따르면, 패널 탈락률은 2차 조사에서 가장 높고 조사가 진행됨에 따라 탈락률이 점차 낮아지는 추세를 보였다. 이를 감안하여 패널

[표 1] 조사횟수 및 조사기간

조사횟수	조사기간	선거 국면	비고
1차 조사	3. 30 - 4. 1	총선 이전	총선 1차
2차 조사	4. 12 - 4. 15	총선 이후	총선 2차
3차 조사	8. 20 - 8. 23	주요정당 후보 경선	대선 1차
4차 조사	10. 11 - 10. 14	추석 이후	대선 2차
5차 조사	11. 25 - 11. 27	후보자 등록 이후	대선 3차
6차 조사	12. 11 - 12. 13	여론조사 공표 금지 직전	대선 4차
7차 조사	12. 20 - 12. 22	대선 직후	대선 5차

---

[6] 통합진보당 이정희 후보를 비롯하여 무소속 후보들이 등록하였으나, 문재인 후보와 안철수 전 교수가 야권의 유력후보였으므로 언론 등에서 두 후보 간 단일화를 실질적인 야권 단일화로 칭하였다.

탈락을 최소화하기 위한 목적으로 2차 조사부터 4차 조사까지는 4일 동안 진행하였고 패널의 안정화가 이루어졌다고 판단한 5차 조사부터는 3일 동안 진행하였던 것이다.

패널구축 및 패널관리

2012년 총선대선 패널조사는 1차 조사를 진행하면서 패널을 구축하였다. 면접원은 조사의 의의와 중요성 및 조사방법, 일정 등을 소개하면서 패널조사 참여를 요청하였다. 패널에 참여하겠다는 의향을 밝힌 응답자를 대상으로 설문지 관련 문항과 응답자 특성 정보 이외에 패널의 집 전화번호, 휴대전화번호, 은행통장 계좌번호 등을 확인하였다. 집전화번호와 휴대전화번호는 다음 차수부터 연락을 위한 목적으로 파악하였다. 2차 조사부터는 집전화를 이용하여 1차 접촉을 시도하였으며 휴대전화는 부수적인 연락 수단으로 활용하였다. 패널이 조사에 참여하는 부담을 최소화하기 위한 방편이었다. 은행통장 계좌번호는 조사참여 사례비를 입금할 용도로 파악하였다.

패널조사는 패널의 모집단 대표성과 패널유지율이 조사의 성패를 가름하는 매우 중요한 요인이다. 이를 고려하여 효과적인 패널구축 및 패널관리를 위해 다음 열 가지 방안을 활용하였다.

첫째, 응답자 패널을 구축하기 위한 표집 틀로 유선전화 알디디(RDD)[7] 및 휴대전화 RDD와 함께 한국리서치 응답자 풀[8]을 활용하였다. 유선전화 RDD는 유선전화 표집틀로 활용하였던 KT 가구편 전화번호가 우리나

---

[7] 무작위전화걸기(random digit dialing)의 약자이다. 지역번호와 국번을 근간으로 무작위로 생성한 전화번호를 표집틀로 삼아 조사를 수행한다.
[8] 한국리서치가 조사참여를 요청하면 조사에 참여하겠다고 사전에 약속한 응답자로서, 2012년 3월 현재 27만여 명의 풀을 확보하였다. 한국리서치는 2007년 대선 당선자 예측조사에서 응답자 패널을 대상으로 조사를 하였으며 당선자를 가장 근접하게 예측하였다. 또한 한국리서치 응답자 패널은 통계청으로부터 표집틀로 이용할 수 있다는 인증을 받았다.

라 전체 가구 유선전화를 40퍼센트도 포함하지 못한다는 제한점을 극복하기 위해 시행하였으며 휴대전화 RDD는 휴대전화 번호가 공표되지 않는 현실을 반영한 결과였다. 한국리서치 응답자 풀을 또 다른 표집틀로 활용한 이유는 패널유지율을 고려하였기 때문이다. 과거 패널조사에 따르면 한국리서치 응답자 풀의 패널 유지율은 일반 응답자 패널 유지율보다 월등히 높았다.

둘째, 이전 패널조사에 비해 패널의 휴대전화번호 파악률을 높였다. 조사는 응답자 부담을 고려하여 유선전화(집전화)로 시행하는 것을 원칙으로 삼았으나 조사기간 동안 유선전화로 연락이 되지 않는 응답자의 접촉 가능성을 높이기 위한 목적으로 휴대전화를 활용할 필요가 있었기 때문이다.

셋째, 응답자에게 응답자의 개인정보는 철저하게 보장된다는 점을 주지시켰다. 개인정보 보호에 대한 사회적 관심도가 높아지고 있는 상황에서 응답자와 조사회사 간에 비밀보장에 대한 신뢰 여부는 조사의 성패를 좌우할 수 있는 요인이기도 하다.

넷째, 응답자에게 이번 패널조사의 중요성을 강조함으로써 응답자가 조사에 참여할 의미를 자각할 수 있도록 하였다. 이는 이번 2012년 총선 대선 패널조사가 그간 다른 패널조사에 비해 전체 조사기간이 길고 조사 횟수도 많았다는 점에서 특히 중요한 요소라 할 수 있다.

다섯째, 패널조사에서 중요한 요건 중의 하나가 조사회사 면접원과 패널 간의 친밀감 형성이라는 점을 고려하여 조사차수마다 수퍼바이저와 면접원에게 패널에 대한 응대교육을 반복하였다.

여섯째, 패널이 통화중이거나 부재중일 경우 접촉횟수를 제한하지 않고 연결이 될 때까지 재접촉을 시도하였다. 일부 응답자는 접촉 시도횟수가 20회를 상회하기도 하였다.

일곱째, 응답자가 패널조사 일정을 예정할 수 있도록 설문을 마친 후에 다음 차수 조사일정을 알려주었다.

여덟째, 패널이 조사 참여를 완곡하게 거부할 경우 3회까지 재접촉을 시도하였다. 3회 연속 거부한 경우 해당 차수에서는 더 이상 접촉하지 않았으나 다음 조사차수에서는 접촉을 시도 하였다. 다만 조사참여를 강력하게 거절하는 응답자는 탈락으로 처리하여 다음 차수에서 접촉을 시도하지 않았다.

아홉째, 조사 패널이지만 연락이 닿지 않아 이전 조사에 참여하지 못한 패널에게도 재접촉을 시도하여 응답자가 참여를 허락한 경우 해당 조사 차수의 유효패널에 포함하였다.

열째, 패널에게는 차수별 조사 종료 직후에 일정 수준의 사례비를 은행 계좌에 현금으로 입금함으로써, 패널이 조사에 지속적으로 참여할 수 있도록 하였다.

조사표본, 표본 유지율, 표본오차

2012년 총선대선 패널조사의 1차 조사 표본은 2,000명이다. 최종 유효표본은 패널 유지율 60퍼센트 이상, 유효 응답자 1,200명 이상일 것을 기대하였다.[9] 결과적으로는 마지막 조사인 7차 조사의 최종 유효표본은 1,355명, 패널 유지율은 67.8퍼센트로 유효표본과 패널 유지율 모두 최초 목표를 상회하여 달성하였다.

조사표본과 패널 유지율을 보다 구체적으로 살펴보면 2차 조사 표본은 1,666명으로 패널 유지율이 83.3퍼센트였다. 다른 패널조사와 마찬가지로 2차 조사에서 패널 탈락률이 높다는 것을 다시 한 번 확인할 수 있다.

---

9) 2012년 총선대선 패널조사와 유사한 조사였던 2007년 대선 패널조사에서는 1차 조사를 3,500명으로 시작하여 마지막 6차 조사에 2,111명이 참여함으로써 패널 유지율 60.3퍼센트였다.

이점에서 다음 패널조사에서는 1차 조사와 2차 조사에서 패널 부담을 최소화하고 패널조사 참여 의향을 높이는 방안을 강구하여야 할 것이다. 3차 조사 표본은 1,450명으로 패널 유지율이 72.5퍼센트였다. 3차 조사도 2차 조사 못지않게 패널 유지율이 감소하였다. 조사표본과 패널 유지율 측면에서 주목되는 것은 4차 조사라 할 수 있다. 4차 조사는 조사표본 1,527명, 표본 유지율 76.4퍼센트로 3차 조사에 비해 오히려 조사표본이 많고 표본 유지율도 높아졌다. 이는 2차 조사와 3차 조사에 참여하지 않은 패널이나 조사를 거부한 패널에게 4차 조사에서 재접촉하여 참여를 독려함으로써 이들이 재차 패널로 합류했기 때문이다. 조사차수가 늘어남에 따라 패널이 증가하고 패널 유지율이 상승하는 경우는 흔하지는 않지만 종종 발생하기도 한다.[10] 5차 조사와 6차 조사는 조사표본과 패널 유지율이 거의 동일할 정도로 변화가 없다. 그렇지만, 개별 패널의 들고 남이 있기 때문에 5차 조사 응답자와 6차 조사 응답자가 결과적인 숫자만큼 동일하지는 않다.[11]

[표 2] 조사표본, 표본 유지율, 표본오차

조사유형	조사표본(명)	표본 유지율(%)	표본오차
1차 조사(총선 1차)	2,000		± 2.2%p
2차 조사(총선 2차)	1,666	83.3	± 2.4%p
3차 조사(대선 1차)	1,450	72.5	± 2.6%p
4차 조사(대선 2차)	1,527	76.4	± 2.5%p
5차 조사(대선 3차)	1,416	70.8	± 2.5%p
6차 조사(대선 4차)	1,412	70.6	± 2.6%p
7차 조사(대선 5차)	1,355	67.8	± 2.7%p

---

10) 1998년부터 지금까지 매년 시행되고 있는 한국노동패널조사도 원 가구 유지율이 6차 조사보다 7차 조사가 높으며, 8차 조사보다 9차 조사가 더 높다. 패널 유지율을 높이고자 하는 노력과 이전 차수에서 참여하지 않은 패널이 재차 참여하는 정도에 따라 이러한 현상이 발생하기도 한다.

11) 5차 조사와 6차 조사에 모두 참여한 패널은 1,252명이다.

한편 이번 조사는 비확률추출인 할당추출을 하였기 때문에 표본오차를 구할 수는 없으나, 무작위 추출을 전제했을 경우 95퍼센트 준에서 최대허용 표본오차는 최소 ±2.2퍼센트포인트, 최대 ±2.7퍼센트포인트이다.

가중치 부여

조사결과에 대해서는 패널할당변인(지역별·성별·연령별)과 학력별, 지역별 가중치를 부여하였다. 할당변인인 지역, 성별, 연령은 각각의 교차 값을 기준으로, 학력과 지역은 전체 값을 기준으로 가중치를 부여하였다. 지역별, 성별, 연령별 가중치는 2011년 12월 31일을 기준으로 한 주민등록 인구현황을, 학력과 직업 가중치는 2010년 인구센서스 결과를 기준으로 하였다. 가중치를 부여한 방식을 수식화하면 다음과 같다.

$$S_{ij} = \frac{P_{ij}}{N} \cdot n$$

$$W_{ij} = \frac{S_{ij}}{R_{ij}}$$

W_{ij} : ij번째 가중값 P_{ij} : ij번째 유권자수
N : 전체 유권자수 S_{ij} : ij번째 할당표본수
n : 전체 유효표본수 R_{ij} : ij번째 유효표본수

가중값은 지역별, 성별, 연령별 교차 가중값과 학력 및 직업 전체 가중값을 가중하는 방식으로 부여하였으며, 최종 결과가 최초 할당값과 유사한 수준이 될 때까지 가중값 부여 질차를 지속하였다.

조사결과의 활용

한국리서치는 가중치를 부여한 최종 데이터를 토대로 다음 두 가지 형태의 데이터를 산출하였다. 첫째, 원 자료(raw data)를 통계분석 프로그램인 SPSS 파일로 전환하였다. 둘째, 개별문항을 인구사회학적 변인(성별, 연령, 학력, 직업, 소득 등) 및 주요 분석문항과 교차한 결과표를 한글파일 및 인쇄물로 작성하였다.

조사결과는 패널조사 연구팀의 결과분석 회의를 통해 공유하였으며, 분석 주제와 담당 연구자를 지정하여 SBS와 중앙일보 기고용 기사문을 작성하였다. 이를 SBS에서 8시 저녁 종합뉴스에 먼저 보고하고, 중앙일보는 익일 조간신문에 심층 보도하였다.

이러한 과정을 거쳐 SBS와 중앙일보에 보도된 내용은 아래 표와 같다.

SBS와 중앙일보 보도에서는 응답자 패널 개개인의 여론변화 추이와 변화 이유를 제시함으로써 일반 애드혹(ad hoc) 여론조사로는 파악할 수 없는 표심의 동학을 실체적으로 확인할 수 있었다.[12]

한편 2012년 대선의 최대 관심사는 민주통합당 문재인 후보와 무소속 안철수 전 교수 간의 야권 단일화 여부 및 단일화의 효과였다. 특히 단일화 이후 단일화 효과가 어느 방향으로 어떻게 발현될 것인가에 대한 논의는 선거 초반부터 무성하였으나 근거에 기반을 하지 않은 주장에 그치거나 매번 조사 참여자가 다른 애드혹 여론조사 결과를 토대로 비과학적인 추론을 하는 제한점이 있었다. 이러한 단일화 효과는 패널조사를 통해 가늠할 수 있었다.

---

12) 패널조사에 기반한 선거보도의 차별성과 가치는 2006년부터 KEPS 연구진으로 참여한 중앙일보의 신창운 여론조사 전문기자가 2010년 지방선거 패널조사 보도로 한국조사연구학회에서 수여하는 조사보도상을 수상함으로써 입증된 바 있다.

[표 3] SBS, 중앙일보 보도 절차

순서	주요 내용	상세내용
1	데이터 확정 및 조사결과표 작성	• 조사를 담당한 한국리서치는 자료수집 완료 후 3시간 이내에 데이터를 확정하고, 5시간 이내에 조사결과표 작성 • 조사완료 후 12시간 이내에 공동운영위원회 간사기관인 EAI와 운영위원에게 이메일로 데이터와 조사결과표를 전송함과 아울러, 조사결과표를 인쇄, 제본하여 발송
2	공동운영위원회 개최	• 자료수집 완료 후 24시간 이내에 EAI에서 공동운영위원회 개최 • 운영위원장 주재 하에 운영위원 간에 조사결과 공유 • 운영위원 간에 SBS와 중앙일보에 보도할 주요 내용을 협의하고, 기고문을 작성할 운영위원을 지정
3	분석결과 작성	• 기고문 작성을 담당한 운영위원은 기고문을 작성하여 EAI에 전달 • EAI는 기고문을 취합, 보완하여 SBS와 중앙일보에 전달
4	언론보도	• SBS 8시 저녁 종합뉴스에 1차 보도 • SBS 보도 익일 중앙일보 조간신문에 2차 심층보도

[표 4] SBS, 중앙일보 보도 내용

조사차수	보도일자 및 내용
1차 조사	[SBS] 2012년 4월 8일 저녁8시 뉴스, "유권자 75.5% "반드시 투표"…"정당보다 인물 본다"" [중앙일보] 2012년 4월 9일 1면, "MB 심판 선거 63% 야당 심판이다 59%"
2차 조사	[SBS] 2012년 4월 17일 취재파일, "김용민 막말 파문 실제 영향력 분석해보니" [중앙일보] 2012년 4월 18일 4면, "박근혜 가장 보수, 문재인 가장 진보, 안철수는"
3차 조사	[SBS] 2012년 8월 26일 취재파일, "박근혜 45.3%-안철수 50.5%…맞대결 '박빙'" [중앙일보] 2012년 8월 27일 12면, "국민 46% "대통령 최고 덕목은 소통""
4차 조사	[SBS] 2012년 10월 18일 나이트라인, "패널조사 '朴 38.2%-安 27.6%-文 23.9%-'" [중앙일보] 2012년 10월 18일 8면, "40대 남성은 문, 여성은 박·안 선호"
5차 조사	[SBS] 2012년 11월 29일 저녁 8시 뉴스, "안철수 사퇴 후 부동층 늘었다" [중앙일보] 2012년 11월 30일 6면, "안철수 표 중 문재인 지지 늘어 단일화 과정엔 58%가 '부정적'"
6차 조사	[SBS] 2012년 12월 14일 저녁 8시 뉴스, "박근혜-문재인, 오차범위 안 초박빙 접전" [중앙일보] 2012년 12월 15일 6면, "'매번 같은 응답자에 질문 '패널조사' 4차 조사선 박 45.8% 문 46% 초박빙"
7차 조사	[SBS] 2012년 12월 23일 저녁 8시 뉴스, "패널 72.5% "朴 당선인 잘할 것"…비판세력 수용 관건" [중앙일보] 2012년 12월 24일 5면, "朴승리 요인, '박근혜가 잘해서'는 15.4% 그쳐"

[표 5] 4차 조사 시 안철수 전 교수 지지자의 5차 조사 시 선택

구분	전체	안철수 → 박근혜	안철수 → 문재인	안철수 → 다른후보	안철수 → 부동층
응답자 수(명)	359	54	230	8	67
응답자 비율(%)	100.0	14.9	64.0	2.4	18.7
유권자 대비 비율(%)	25.3	3.8	16.2	0.6	4.7
유권자 수(명)	10,195,900	1,531,400	6,528,600	241,800	1,894,100

이번 패널조사에서는 4차 조사까지 안철수 전 교수를 포함하여 조사하였고 안 전 교수가 후보를 사퇴한 직후에 실시한 5차 조사에서는 안 전 교수를 포함하지 않고 조사하였다. 이를 통해 4차 조사에서 안 전 교수를 지지한 유권자들이 5차 조사에서 어떠한 선택을 하였는가를 확인함으로써 안 전 교수 사퇴로 귀결된 야권단일화 효과를 실증적으로 확인하였다.

4차 조사에서 안철수 전 교수를 지지하였던 359명 중에서 5차 조사 때 박근혜 당선인을 지지한 사람은 54명이었으며, 문재인 후보를 지지한 사람은 230명이었다. 그리고 어느 후보도 지지하지 않은 부동층은 67명이었고 다른 후보를 지지한 응답자도 8명이었다. 즉 안 전 교수를 지지하였던 응답자 중 2/3에 육박하는 64.0퍼센트는 문재인 후보를 지지하였지만 14.9퍼센트는 박근혜 당선인을 선택하였으며 2.4퍼센트는 다른 후보를 지지하였고, 18.7퍼센트는 부동층으로 빠졌다.

여기에서 초미의 관심 대상은 부동층으로 빠진 응답자와 다른 후보를 선택한 응답자였다. 단일화 이후 선거운동의 주된 대상은 이들이기 때문이다. 이들은 5차 조사 시점에 2백만 명을 상회하였으며 이는 전체 유권자의 5.3퍼센트에 해당하였다. 당시 박근혜 당선인과 문재인 후보가 박빙

의 승부를 하고 있었다는 점에서 이들의 선택이 선거 결과를 좌우할 여지는 충분하였다.

그렇다면 안철수 전 교수를 지지했지만 부동층으로 빠졌거나 다른 후보를 선택한 관심 대상은 최종적으로 어떤 선택을 할 것으로 추정할 수 있겠는가? 이를 확인하기 위해 "대통령감으로 적합한 후보" 문항과 교차한 결과, 4차 조사에서 안 전 교수 지지자 중 5차 조사 때 부동층으로 빠졌거나 다른 후보를 선택하겠다는 응답자의 상당수는 대통령감으로 적합한 후보가 없다거나 박근혜 당선인이나 문재인 후보가 아닌 다른 후보가 적합하다는 입장을 보였다. 이들은 결과적으로 투표를 하지 않을 개연성이 높은 유권자라 할 것이다. 또한 지지후보로 박 당선인이나 문 후보를 지목한 응답자는 대통령감으로 적합한 후보에 대한 인식의 강도에서 별다른 차이가 없었다. 이점에서 단일화 직후에 형성된 판세가 선거운동을 통해 드라마틱하게 변화될 개연성은 낮을 것으로 추정하였다. 즉 '안철수 효과'는 단일화 직후에 반영되었다고 할 수 있으며 선거운동을 통해 추가적으로 영향을 미칠 여지는 크지 않을 것으로 예견할 수 있었다.

[표 6] 안철수 전 교수 지지자 유형별 후보자에 대한 인식

4차조사 → 5차조사	사례수 (명)	대통령감으로 적합한 후보(%)					
		전체	박근혜	문재인	다른후보	없다	합계
안철수 → 박근혜	54	14.9	73.1	1.8	5.1	20.0	100.0
안철수 → 문재인	230	64.0	5.2	74.4	3.7	16.7	100.0
안철수 → 다른후보	8	2.4	0.0	35.2	20.7	44.2	100.0
안철수 → 부동층	67	18.7	15.0	14.7	3.7	66.6	100.0

패널조사 표본의 특성

EAI · SBS · 중앙일보 · 한국리서치 공동 2012 총선대선패널조사(KEPS 2012)는 동일한 응답자를 대상으로 4월부터 12월까지 8개월 동안 일곱 차례에 걸쳐 진행되었다. 이점에서 패널의 참여현황 파악과 주요 문항 응답 결과 확인을 통해 선거 패널조사의 특성을 알 수 있을 것이며, 향후 유사한 선거 패널조사를 기획할 경우 참고자료로 활용할 수 있을 것이다.

응답자 특성별 패널 유지율

KEPS 2012는 1차 조사(총선 1차 조사)에 2,000명이 참여하였고, 7차 조사(대선 5차 조사)에 1,355명이 참여하여 최종 패널 유지율은 67.8퍼센트였다. 이는 패널 유지율이 60.3퍼센트였던 2007년 대선 패널조사보다 높은 수치이다. 2012년은 2007년에 비해 응답자의 휴대전화번호 확보 비율이 높았으며, 다수의 선거 패널조사 경험으로 축적된 패널 유지 노하우가 반영된 결과라 할 수 있겠다. 그리고 2007년보다 2012년 선거결과를 예측하기 어려워 선거에 대한 유권자의 관심이 높아진 점[13]도 이유로 꼽을 수 있을 것이다.

패널 유지율은 60대에서 78.7퍼센트로 최대, 29세 이하에서 50.9퍼센트로 최소를 기록하여 패널 유지율 격차는 연령에서 가장 컸다. 반면 소득이나 학력, 학생을 제외한 직업별 패널 유지율은 상대적으로 큰 차이를 보이지 않았다.

응답자 특성별 패널 유지율을 보다 구체적으로 살펴보면 몇 가지 특징을 확인할 수 있다. 성별로는 여자보다 남자가 패널 유지율이 높으며 연령이 높을수록 그리고 학력이 낮을수록 패널 유지율이 높은 경향을 보인다. 직업별로는 자영업자의 패널 유지율이 가장 높고 학생이 가장 낮다.

한편 프라이스와 잘러는 패널조사에 지속적으로 참여하는 사람과 이탈

[표 7] 응답자 특성별 패널 유지율

	1차 조사 (명) (총선 1차 조사)	7차 조사 (명) (대선 5차 조사)	패널유지율 (%)
전체	2,000	1,355	67.8
성별			
남자	990	703	71.0
여자	1010	652	64.6
연령			
19-29세	369	188	50.9
30-39세	411	271	65.9
40-49세	440	296	67.3
50-59세	378	283	74.9
60세 이상	403	317	78.7
학력			
고졸 이하	954	668	70.0
대재 이상	1042	684	65.6
모름/무응답	4	3	75.0
직업			
농/임/어업	82	58	70.7
자영업	271	202	74.5
블루 칼라	431	286	66.4
화이트 칼라	415	270	65.1
주부	501	354	70.7
학생	119	64	53.8
무직/퇴직/무응답	181	121	66.9
소득			
100만원 이하	187	131	70.1
100-199만원	202	137	67.8
200-399만원	778	543	69.8
400-499만원	294	192	65.3
500-699만원	314	213	67.8
700만원 이상	150	96	64.0
모름/무응답	75	43	57.3

---

13) 선거 직전 패널조사에서 2007년 대선 패널조사의 선거 관심도(매우 관심있다+관심있다)는 88.6퍼센트였던 반면, 2012년 총선대선 패널조사에서의 대선 관심도는 97.3퍼센트였다.

하는 사람 간에 정치 관심도나 투표 의향율은 차이가 있지만 정치에 대한 태도에서는 큰 차이가 없다고 주장한다(Price and Zaller 1993). 또한 조사결과는 유권자 구성비에 따라 가중치를 부여하여 산출하기 때문에 패널조사 결과가 일반 여론조사 결과나 실제 선거결과와 크게 다르지 않은 점도 확인할 수 있다.

선거 관심도와 투표 의향

선거 패널조사의 특성과 패널의 특성을 이해하는 지표로 선거 관심도와 투표 의향율을 확인하는 것은 의미가 있다. 두 지표는 선거에 대한 유권자의 관여도와 실제 투표행위를 예측하는 기준지표로 활용되기 때문이다. 패널조사는 일정한 기간에 복수의 조사참여를 전제한다는 점에서 이를 감수하고 패널조사에 참여하는 패널은 유사한 특성을 가진다고 생각할 수 있다. 즉 다른 유권자에 비해 정치에 대한 관심이 많을 뿐만 아니라 투표의향도 높을 것으로 가정한다. 이는 앞에서 언급한 프라이스와 잘러의 가설을 확인하는 작업이기도 하다.

2012 총선대선 패널조사에 참여한 패널의 선거 관심도를 확인하기 위해 3차 조사결과와 6차 조사결과를 비교하였다. 비교 요건으로는 동일한 성격의 선거를 비교하여야 한다는 점과, 가급적 조사시점 간 기간이 긴 조사를 선택하였다.

비교결과 "매우 관심이 있다"는 응답이 3차 조사(대선 1차 조사)에 비해 6차 조사(대선 4차 조사)에서 14.7퍼센트 높아졌다. 3차 조사가 8월 20일부터 23일까지 진행되었고 6차 조사는 12월 11일부터 13일까지였으니 4개월이 채 안된 기간의 변화라 하겠다. 선거에 임박하여 관심도가 높아지는 것은 정상적인 현상이라 할 수 있으며, 변화의 양을 패널조사를 통해 실체적으로 확인한 의미가 있다 하겠다.

[표 8] 대선 관심도(단위 : 퍼센트)

	3차 조사 (대선 1차 조사) A	6차 조사 (대선 4차 조사) B	차이 (B-A)
사 례 수	1,450	1,082	-
매우 관심이 많다	45.0	59.7	14.7
대체로 관심이 있다	41.8	37.6	-4.2
관심이 없는 편이다	11.6	2.5	-9.1
전혀 관심이 없다	1.4	0.2	-1.2

대선 투표 의향에 대한 응답결과 역시, "반드시 투표 하겠다"는 응답이 4차 조사(대선 2차 조사) 이후 6차 조사(대선 4차 조사)에서 4.6퍼센트 증가하였다. 투표 의향율은 투표 관심도에 비해 절대적으로 높아 변화의 폭이 투표 관심도보다는 작지만 소폭이나마 투표 의향이 높아진 것은 분명하다.

한편, 6차 조사와 동일한 시기에 조사한 "한국일보-한국리서치" 판세조사 결과에 따르면 반드시 투표하겠다는 응답이 87.3퍼센트로 패널조사 결과와 유사하였다. 프라이스와 잘러의 가설과 상반되는 결과라 할 수 있는데, 2012년 대선이 선거 임박해서까지 당선자를 예측하기 어려운 초박빙 승부여서 일반 유권자의 투표 의향이 전반적으로 높아졌기 때문이라 할 것이다.

[표 9] 대선 투표 의향(단위 : 퍼센트)

	4차 조사 (대선 2차 조사) A	6차 조사 (대선 4차 조사) B	차이 (B-A)
사 례 수	1,527	1,082	-
반드시 투표하겠다	83.4	88.0	4.6
아마 투표할 것이다	9.6	7.3	-2.3
아직 결정하지 못했다	4.1	3.7	-0.4
아마 투표하지 않을 것이다	0.7	0.4	-0.3
투표하지 않겠다	2.1	0.5	-1.6

보론 : 패널조사 결과와 선거결과 비교

선거 패널조사는 선거 예측조사가 아니다. 선거 패널조사의 목적은 유권자 표심의 변화 양상과 이유를 추적하는 것이며 선거 예측조사는 당선자 득표율을 정확하게 예측하는데 설계의 초점을 맞추는 조사이다. 조사는 목적에 부합한 설계에 따라 운용하여야 하며 목적한 바의 성과를 이루었는지가 평가 기준이라 할 수 있다.

이 점에서 선거 패널조사에서 어느 후보에게 투표할 것인가라는 판세 문항 결과가 실제 투표결과와 얼마나 유사한지 여부가 패널조사의 성패를 가름하는 요건은 아니다. 패널구축과정에서 유권자 대표성 보증의 제한점, 응답자 특성별로 패널 유지율이 다른 현실, 반복적인 조사과정에서 발생할 수 있는 패널효과 등으로 인해 선거 패널조사의 판세문항 결과는 실제 선거결과와는 별개 사안으로 다루어져야 하는 것이 타당하다.

그럼에도 불구하고 언론이나 유권자의 일차적인 관심사는 판세문항 결과에 쏠리는 것이 현실이다. 이점을 고려하여 KEPS의 역대 조사결과와 실제 선거결과를 비교하여 보았다. 이는 KEPS 조사결과의 '예측 정확성'을 검증하자는 것은 아니다. 선거 패널조사는 선거예측조사와 다른 성격의 조사라는 점을 전제하고 관심사로 거론되는 현상을 확인해 보자는 차원이다.

실제 선거결과와의 비교 자료는 선거 직전 마지막 조사결과를 선택하였다. 매 패널조사에서 마지막 차수로 진행한 선거 직후 조사는 패널이 선거결과를 인지한 후에 조사에 참여함으로써 어떠한 방향으로든 편파가 발생할 수 있다는 점을 고려하였다. 또한 주된 관심사가 조사결과의 예측력이라는 점에서 이를 확인할 수 있는 자료로 선거에 임박한 시점의 결과가 적정하다고 보았기 때문이다.

한편 선거 전 판세조사에는 불가피하게 투표할 후보를 선택하지 않는 응답자와 실제로 투표를 하지 않을 응답자가 존재하기 마련이다. 당선자 득표율 예측이 주된 목적인 조사에서는 이들을 어떻게 추정하느냐가 주요한 과업이다. 그렇지만 선거 패널조사는 예측이 목적이 아니라는 점에서 무투표자, 부동층 등으로 명명되는 이들이 응답한 결과를 그대로 제시하였다. 또한 패널조사 시점이 여론조사 공표 금지일(D-6) 직전이라는 점에서 여론조사 공표금지 기간 동안에 여론의 변화가 있을 수 있다. 선거 패널조사의 판세조사 결과와 실제 선거결과를 비교할 때는 이러한 점을 염두에 두어야 한다.

SBS · 중앙일보 · 동아시아연구원 · 한국리서치 4개 기관은 2006년 지방선거부터 2012년 대선까지 5회에 걸쳐 전국단위 선거를 대상으로 패널조사를 실시하였다. 이중 판세를 확인할 수 있는 조사는 2006 지방선거 패널조사, 2007 대선 패널조사, 2010 지방선거 패널조사, 2012(총선)대선 패널조사 등이다. 2008년과 2012년 총선 패널조사는 개별 선거구가 아닌 전국을 대상으로만 조사를 시행하였기 때문이다.

2006 지방선거 패널조사, 2007 대선 패널조사, 2010 지방선거 패널조사, 2012 대선 패널조사의 판세조사 결과와 실제 선거결과는 다음 표와 같다.

앞에서 언급했던 것처럼 패널조사 결과와 실제 선거결과를 정확성 측면에서 비교 평가할 수는 없다. 다만 선거별로 1위 득표자와 2위 득표자의 순위가 다르지 않은 점, 응답결과와 득표율이 터무니없이 차이나지 않는다는 점은 확인할 수 있다.

이는 패널조사를 예측조사와 비교할 수는 없지만, 패널 구축 과정에서 유권자 분포를 반영하여 모집한다는 점, 패널 유지율이 60퍼센트를 상회한다는 점, 응답자 특성별 상이한 패널 유지율로 인해 결과적으로 패널

구성비와 투표자 구성비가 유사하다는 점, 패널조사 참여자는 일반 유권자에 비해 정치 관심도나 투표 의향율이 높아 실제 투표에 참여할 개연성이 높다는 점 등으로 인해 패널조사의 판세조사 결과가 실제 선거결과와 유사할 수 있다고 할 것이다. ■

[2006 지방선거] 패널조사 결과와 실제 결과

서울	패널조사		실제결과(%)
	사례수(명)	비율(%)	
열린우리당 _강금실	171	26.5	27.3
한나라당 _오세훈	390	60.4	61.1
민주당 _박주선	21	3.2	7.7
민주노동당 _김종철	22	3.5	3.0
시민당 _이귀선	3	0.5	0.1
결정하지 않았다	31	4.8	
투표하지 않겠다	4	0.6	
모름/무응답	4	0.6	
합계	646	100.0	

부산	패널조사		실제결과(%)
	사례수(명)	비율(%)	
열린우리당 _오거돈	121	19.1	24.1
한나라당 _허남식	400	63.4	65.5
민주노동당 _김석준	59	9.3	10.3
결정하지 않았다	35	5.6	
투표하지 않겠다	16	2.6	
합계	631	100.0	

광주	패널조사		실제결과(%)
	사례수(명)	비율(%)	
열린우리당 _조영택	139	22.1	33.9
한나라당 _한영	19	3.0	4.0
민주당 _박광태	346	54.9	51.6
민주노동당 _오병윤	53	8.4	10.5
결정하지 않았다	63	10.1	
투표하지 않겠다	9	1.4	
모름/무응답	1	0.2	
합계	630	100.0	

[2007 대선] 패널조사 결과와 실제 결과

서울	패널조사		실제결과(%)
	사례수(명)	비율(%)	
한나라당 _이명박	1,020	46.2	48.7
대통합국민신당 _정동영	370	16.7	26.4
민주노동당 _권영길	58	2.6	3.0
민주당 _이인제	13	0.6	0.7
창조한국당 _문국현	178	8.1	5.8
무소속 _이회창	259	11.7	15.7
다른 후보	9	0.4	0.5
결정하지 않았다	189	8.6	
투표하지 않겠다	23	1.0	
모름/무응답	89	4.0	
합계	2,208	100.0	

[2010 지방선거] 패널조사 결과와 실제 결과

서울	패널조사		실제결과(%)
	사례수(명)	비율(%)	
한나라당 _오세훈	203	45.0	47.4
민주당 _한명숙	153	34.0	46.9
자유선진당 _지상욱	5	1.2	2.0
진보신당 _노회찬	16	3.5	3.3
결정하지 않았다	68	15.0	
투표하지 않겠다	4	0.8	
모름/무응답	2	0.5	
합계	450	100.0	

경기	패널조사		실제결과(%)
	사례수(명)	비율(%)	
한나라당 _김문수	198	43.7	52.2
국민참여당 _유시민	162	35.9	47.8
진보신당 _심상정	10	2.3	
결정하지 않았다	74	16.4	
투표하지 않겠다	3	0.7	
모름/무응답	5	1.0	
합계	452	100.0	

[2010 지방선거] 패널조사 결과와 실제 결과

전북	패널조사		실제결과(%)
	사례수(명)	비율(%)	
한나라당 _정운천	64	14.2	18.2
민주당 _김완주	306	67.9	68.7
민주노동당 _하연호	6	1.3	6.3
진보신당 _염경섭	6	1.3	4.3
결정하지 않았다	59	13.0	
투표하지 않겠다	10	2.2	
합계	450	100.0	

경남	패널조사		실제결과(%)
	사례수(명)	비율(%)	
한나라당 _이달곤	139	30.9	46.5
무소속 _김두관	156	34.7	53.5
결정하지 않았다	145	32.3	
투표하지 않겠다	9	1.9	
모름/무응답	1	0.2	
합계	450	100.0	

[2012 대선] 패널조사 결과와 실제 결과

서울	패널조사		실제결과(%)
	사례수(명)	비율(%)	
새누리당 _박근혜	649	46.0	51.6
민주통합당 _문재인	646	45.8	48.0
통합진보당 _이정희	15	1.1	
다른 후보	4	0.3	0.4
지지할 후보가 없다	98	6.9	
합계	1,412	100.0	

제1부
지속적인 선거 이슈와 현상

1
지역주의와 정치적 선호
_윤광일

2
2012년 대통령선거에서의 이념과 후보 선택
_강원택

3
세대요인이 18대 대선 결과에 미친 영향
세대별 투표행태 및 구성효과를 중심으로
_이내영 · 정한울

4
무당파의 선택
2012년의 양대 선거를 중심으로
_박원호

1장
지역주의와 정치적 선호

윤광일

지역은 여전히 한국의 선거를 설명하는 결정적인 변수인가? 2010년 이후 치러진 일련의 지방 또는 국회의원선거에서 어느 정당이 다수당이 되었는지 혹은 어느 정당의 후보가 단체장 또는 대통령선거에서 이겼는지를 기준으로 보면, 여기에 이견을 가지기 어렵다. 즉 집합적인 수준에서 지역은 선거 결과에 결정적인 영향을 미쳤다. 개인적인 수준(individual level)에서도 지역은 개인의 정당 및 정책적 선호, 투표선택에 결정적인 영향을 주는 것으로 보인다. 예컨대 민주화 이후인 1992년부터 치러진 네 번의 대통령선거와 네 번의 국회의원선거에서 나타난 한국인의 투표행태에 미치는 변수들의 영향력을 대표성 있는 여론조사 자료를 이용하여 경험적으로 검증한 이갑윤(2011)은 정당과 후보자 지지를 결정하는 데에 가장 영향력이 큰 변수로 출신지역을 제시한다.

2012년 4월 11일에 치러진 19대 국회의원선거 결과를 보더라도 지역주의의 영향력은 이전보다 결코 누그러지지 않은 것으로 보인다. 새누리당은 영남지역 총 67석 중 민주통합당 3석과 새누리당 성향 무소속 1석을 제외한 63석을, 민주통합당은 호남지역 총 30석 중 통합진보당 3석과 민주통합당 성향 무소속 2석을 제외한 25석을 획득했다. 이는 새누리당의 전신인 한나라당이 영남지역 총 68석 중 46석을, 민주통합당의 전신인

통합민주당이 호남지역 총 31석 중 25석을 획득한 2008년 제18대 국회의원선거에 비해서도 양당의 지역적 기반이 강화되었음을 시사한다.

같은 해 12월 19일 치러진 18대 대통령선거 결과 또한 한국의 선거정치를 설명하는 데 있어서 지역주의가 결정적인 변수임을 다시금 확인시켜주고 있다. 새누리당 박근혜 당선인과 문재인 후보의 호남, 대구/경북, 부산/경남 지역의 득표율 격차는 각각 78.4퍼센트포인트, 61.4퍼센트포인트, 22.7퍼센트포인트에 달해 전국득표율 격차인 3.5퍼센트포인트의 약 6배에서 22배가 넘는 지역별 득표 집중현상이 재현된 것이다. 1987년 민주화 이후 지역정당의 핵심 정치인이 모두 퇴장한 현재까지도 대통령 선거에서 이와 같은 영호남의 몰표 현상은 사그라지지 않고 있다([표1] 참조).

반면, 3김이 없는 첫 대통령선거가 열린 2002년 이후, 설문자료 분석에 근거해서 지역변수의 '내부적 속성'의 변화 그리고 세대와 이념 등의 대안적 균열변수의 영향력 강화를 통해 지역주의의 쇠퇴를 주장하는 경험적 연구들이 등장했다. 예컨대 강원택(2003)은 2002년 16대 대통령선거에서 지역주의를 대신하여 세대 간 혹은 북핵과 대미문제 관련 이념에 따른 지지후보의 차이가 뚜렷하게 드러났다는 분석 결과를 제시했다. 나아가 그는 3김 퇴장 이후의 선거에서 지역주의의 어떤 연속적인 특성이 확인된다고 하더라도 근본적으로는 과거에 보았던 것과 같은 분열과 갈등을 수반하고 특정 정치인을 중심으로 한 배타적인 지역주의가 계속되지는 않으리라 전망했다. 최준영·조진만(2005)은 2004년에 치러진 17대 총선에서 1987년 민주화 이후 한국의 선거를 지배해왔던 지역균열의 영향력이 현저하게 쇠퇴했다고 주장했다. 그들에 의하면 17대 총선의 경우 16대 총선과 비교하여 이념과 세대의 균열이 유권자의 투표선택에 더욱 큰 영향을 미쳤으며, 그 때문에 영호남지역 내 동질성조차 크게 흔들리고 있다. 나아가 이들은 향후 선거에서 지역균열의 영향력이 지속해서 감소할 것이라 예측했다.

또한 강원택(2008)은 EAI · SBS · 중앙일보 · 한국리서치 공동 2007 대선 패널조사(KEPS 2007) 연구 자료를 이용하여 16대 대선에서 시작된 기존 정당지지의 이탈(dealignment)이 2007년에 치러진 17대 대선에서도 심화되고 있음을 밝혀내고 이를 통해 지역주의의 변화 추세가 보다 본격화되고 있다고 주장했다. 그는 출신지역과 거주지역을 고려한 이슈 및 정책과 후보자선호 그리고 이념분석을 통해 과거의 지역주의가 정서적 요인에 기초해 있었다면 이제는 실질적인 정책적 이해관계에 바탕을 둔 갈등으로 변모하고 있다고 해석했다. 한편 임성학(2011)은 EAI · SBS · 중앙일보 · 한국리서치 공동 2010 지방선거패널조사(KEPS 2010) 자료 분석을 근거로 지역주의가 과거보다 완화되고 있다고 주장했다. 지역정당에 대한 지지가 감소했으며 세대, 이념, 안정론 등의 이슈가 지역 이외에도 투표행태에 많은 영향을 미쳤기 때문이다.

이 글에서는 분석방법과 분석수준에 따른 지역주의에 대한 상충하는 선행연구 결과를 배경으로 EAI · SBS · 중앙일보 · 한국리서치 공동 2012 총선대선패널조사(KEPS 2012) 자료를 이용하여 지역주의가 지난 대선에서 유권자의 정치적 선호와 투표선택에 어떻게 영향을 미쳤는지 살펴보고자 한다.

이론적 배경

내집단 지역주의

이 글에서는 지역주의를 '내(內)집단 지역주의'(in-group regionalism)로, 즉 "개인이 지역을 내집단으로 받아들이는 성향(predisposition)"으로 개념화한다. 내집단은 개인이 정체감을 갖는 소속집단으로서 자신이 소속하지 않은 집단, 즉 외(外)집단(out-group)과는 어떤 면에서든 다르거나 우월하게 여기는 집단이다(American Psychological Association 2007). 이와 같은 최소주의적 개념화는 지역주의를 규정짓는 특성이라기보다는 지역주의의 심리적 발현 — 예컨대, 고정관념이나 편견 등 — 또는 거시적 구조적 결과 — 예컨대, 지역갈등이나 지역균열 등 — 로 보는 것이 논리적으로 타당한 지역주의 유사 개념들과 구분할 수 있는 장점을 지닌다. 또한 이와 같은 사회심리학적 개념화는 지역주의의 본질적인 원인을 정치나 경제적 자원배분의 차별이나 정치엘리트에 의한 전략적 동원의 문제라기보다는 개인의 동기적(motivational) 혹은 비동기적(nonmotivational) 심리적 기제에서 찾기 때문에 지역주의의 극복이 근원적으로 쉽지 않다는 이론적인 예측을 가능하게 한다. 아울러 다양한 사회적, 문화적, 집단적, 상황적 맥락에서 오랜 기간에 걸쳐 검증된 내집단과 외집단을 둘러싼 갈등과 관련하여 정치·사회심리학의 연구 성과를 이용할 수 있다는 이점을 수반한다(윤광일 2012). 한편 이와 같은 사회심리학적 개념화는 투표행태에서 나타나는 지역주의를 지역정당 및 정치인을 지지함으로써 지역의 이익을 극대화하고자 하는 유권자의 합리적 선택으로 이해한 기존의 연구와도 구별된다(이갑윤 1997; 조기숙 2000).

개인의 내집단 지역주의가 그의 정치적 선호와 선택에 영향을 미치리라고 기대하는 이유는 심리학적 이론에 의해 뒷받침되고 반복적인 경험적 검증을 거친 "내집단 편애(favoritism)와 외집단 폄하"라는 근본적인 심리적 편향에 근거를 두고 있다. 인간은 인지적 한계 상 본질적으로 범주적 사고(categorical thinking)를 하며, 따라서 타인과 타 집단을 단순화하거나 왜곡해서 보는 고정관념과 편견은 지극히 정상적(normal)이자 효과적인 인지과정의 기본 요소이다(Allport 1954/1979). 이와 같은 인지적 한계는 집단의 구별 기준이 무엇이든 자기가 속한 집단을 편애하고 다른 집단을 폄하하는 편향(bias)으로 나타나며 이는 자기집단의 우월성을 확보하여 자신의 사회

[표 1] 유력 지역정당 후보 간 득표율 격차: 민주화 이후 대통령선거

지역	13대(1987)						14대(1992)					15대(1997)				
	유효 투표수	노태우(A)	김영삼(B)	김대중(C)	A-B	A-C	유효 투표수	김영삼(A)	김대중(B)	정주영(C)	A-B	유효 투표수	이회창(A)	김대중(B)	이인제(C)	A-B
전국	22,603,411	36.6	28.0	27.0	8.6	9.6	23,775,409	42.0	33.8	16.3	8.1	25,642,438	38.7	40.3	19.2	-1.5
서울	5,618,729	30.0	29.1	32.6	0.8	-2.7	5,951,777	36.4	37.7	18.0	-1.3	5,854,773	40.9	44.9	12.8	-4.0
인천/경기	3,734,183	41.0	28.1	22.1	12.9	18.9	4,517,683	36.6	31.9	22.7	4.6	5,828,135	35.7	39.1	23.5	-3.4
강원	921,214	59.3	26.1	8.8	33.2	50.5	820,255	41.5	15.5	34.1	26.0	830,943	43.2	23.8	30.9	19.4
대전/충청	2,292,363	33.1	20.1	11.9	13.0	21.1	2,263,028	36.9	27.8	13.7	9.1	2,473,907	27.4	43.9	26.6	-16.5
광주/전남	3,072,998	9.9	1.2	88.4	8.7	-78.5	3,062,973	4.3	91.9	2.3	-87.6	3,246,224	3.3	94.4	1.5	-91.1
대구/경북	2,801,097	68.1	26.6	2.5	41.5	65.6	2,689,830	62.5	8.9	17.3	53.7	2,868,696	66.9	13.1	17.7	53.8
부산/울산/경남	3,920,729	36.6	53.7	6.9	-17.1	29.7	4,208,979	72.8	10.9	8.9	61.9	4,266,183	53.8	13.7	30.0	40.1
제주	242,098	49.8	26.8	18.6	23.0	31.1	260,884	40.0	32.9	16.1	7.1	273,577	36.6	40.6	20.5	-4.0

지역	16대(2002)				17대(2007)					18대(2012)			
	유효 투표수	노무현(A)	이회창(B)	A-B	유효 투표수	정동영(A)	이명박(B)	이회창(C)	A-B	유효 투표수	박근혜(A)	문재인(B)	A-B
전국	24,561,916	48.9	46.6	2.3	23,612,880	26.1	48.7	15.1	-22.6	30,594,621	51.6	48.0	3.5
서울	5,443,990	51.3	45.0	6.3	5,051,369	24.5	53.2	11.8	-28.7	6,276,699	48.2	51.4	-3.2
인천/경기	6,025,822	50.5	44.3	6.2	6,222,764	23.6	51.4	13.7	-27.8	8,649,689	50.7	49.0	1.7
강원	762,937	41.5	52.5	-11.0	723,503	18.9	52.0	17.6	-33.1	908,254	62.0	37.5	24.4
대전/충청	2,304,826	52.5	41.3	11.2	2,289,549	22.6	37.1	29.0	-14.5	3,051,564	54.4	45.1	9.4
광주/전남	2,952,536	93.2	4.9	88.3	2,576,855	80.0	9.0	3.6	71.0	3,195,120	10.5	89.0	-78.4
대구/경북	2,726,847	20.2	75.5	-55.3	2,688,150	6.4	71.1	15.8	-64.7	3,283,351	80.5	19.1	61.4
부산/울산/경남	4,080,159	29.4	65.3	-35.9	3,811,168	13.0	56.2	20.1	-43.2	4,900,609	61.2	38.4	22.7
제주	264,799	56.1	39.9	16.2	249,522	32.7	38.7	15.0	-6.0	329,335	50.5	49.0	1.5

■ 출처: 중앙선거관리위원회 선거통계시스템.

적 정체성을 고양하고자 하는 동기가 작동한 것이다(Tajfel 1970; Tajfel and Turner 1979). 내집단 편애와 외집단 폄하는 다양한 상황을 고려한 실험 및 관찰 연구에서 반복적으로 입증된 바 있으며 이 글에서는 이와 같은 심리적 성향 또는 편향을 응답자의 고향으로 조작적 정의를 내린 지역주의에 적용하였다.[1]

이론적 가설

이 글에서는 다음과 같은 네 개의 이론적 가설을 경험적으로 검증하고자 한다. 첫째, 특정 정당이나 정치인이 유권자에게 출신지역, 즉 내집단을 대표하는 것으로 알려져 있거나 수용되는 한, 유권자들은 이 정당이나 정치인을 선호할 수밖에 없고 이들을 반대하는 정당과 정치인에 대해서는 호감도가 낮아질 것으로 기대한다. 다시 말해서 내집단 대표 정당과 정치인의 인지는 그 자체로는 비정치적인 내집단 지역주의의 정치적 활성화(activation)를 초래할 것으로 기대한다.[2] 이와 같은 이론적 기대는 내집단 지역정당의 전형적인 정치인과는 다른 개인적 특성 — 예컨대, 출신지역과 사투리, 정당 소속기간 등 — 을 가진 정치인의 경우 내집단 지역주의의 정치적 활성화가 억제 또는 약화될 것이라는 예측과 맞닿아 있다. 한편 다른 지역정당, 즉 외집단 지역정당이 '내집단 지역정당'과 반드시 대립적이거나 경쟁적일 필요는 없다. 외집단과의 대립과 경쟁이 이에 대한 차별 또는 폄하 편향의 필요조건은 아니기 때문이다. 다양한 상황적 맥락에서 반복적으로 재현된 '최소집단 패러다임'(minimal group paradigm) 실험이 이를 뒷받침한다(Tajfel 1970).

둘째, 내집단 지역정당과 정치인이 선호하는 것으로 알려지거나 인식된 진보-보수 정치이념에 대해서는 자신의 정치적 성향과 같은 편이라고 생각할 것으로 예측한다. 정치이념 자체는 인지적 지식에 해당하지만 유권자들은 이를 정서적(affective)인 호오의 대상으로 접근하여 단순한 이념적 거리보다는 "우리 대 그들", 즉 내집단과 외집단을 구분 짓는 요소로 받아들인다는 것이다.[3]

한편 진보와 보수의 개념과 구체적 내용에 대한 학문적인 논의와는 독립적으로 언론을 통해 또는 정당의 자기규정에 의해 전달되는 정치적 담론의 상당 부분이 양적 개념에 의존하고 있다. 또한, 최근의 경험적 연구에 의하면 유권자는 정당과 유력 정치인의 이념적 위치를 대체로 일관되고 안정적으로 파악하고 있는 것으로 보인다(윤광일 2012). 예컨대 유권자들은 평균적으로 새누리당은 보수정당으로, 민주통합당은 중도 또는 진보정당으로 그리고 통합진보당은 매우 진보적으로 파악하고 있다. 이들은 또한 박근혜 당선자는 보수적으로 문재인 후보는 상대적으로 중도 또는 진보적으로 그리고 사퇴한 안철수 전 교수와 이정희 후보는 진보적이라고 평가하고 있다. 이 글에서는 이와 같이 정당과 유력후보의 이념적 위치가 널리 알려진 상황에서 유권자들이 내집단 지역정당과 후보와 연계된 정치이념에 어렵지 않게 동조현상을 보일 것으로 예측한다.[4]

셋째, 출신지역에 거주하는 응답자와 다른 지역에 거주하는 응답자 간의 정치적 선호를 비교하여 고향과 다른 지역에 거주하는 경우 지역주의

---

1) 내집단 편애 및 외집단 폄하에 대한 정치·사회심리학적 연구 성과 검토는 Duckitt(2003), Kinder & Kam(2009) 참조. Hochschild(2001)는 개인의 성별, 인종, 거주지역 등의 인구통계학적(demographic) 변수가 개인의 사실인지에 영향을 미치고 이를 통해 궁극적으로 정치적 선호와 인지에 영향을 미치는 가치(value)에 영향을 주는 가치 형성과정의 동학을 주장한 바 있다. 그 또한 다른 이론적 맥락에서 정당일체감, 아동기 사회화와 개인의 생득적 변수 등이 정치적 선호와 가치형성에 영향을 미치는 과정에 주목한 것이다.
2) 유권자가 어느 정당이 내집단(in-group) 지역정당인지 그리고 누가 내집단 지역정당 또는 같은 출신지역 후보인지를 안다는 활성화의 전제 조건은 적어도 1971년 7대 대통령선거 이후 지속적으로 나타난 역대 선거 결과의 영호남 지역 몰표 현상에 미루어 판단하건데 현실적인 가정이다.
3) 상징적 정치(symbolic politics) 이론 또한 유권자가 정치이데올로기를 정서적으로 접근하는 것으로 판단한다. 한편 정치적 선호의 방향 이론(directional theory)은 평가대상 간의 이념적 거리보다는 같은 편 여부가 선호형성에 결정적이라는 경험적 결과를 제시한 바 있다.
4) 이와 같은 이론적 예측은 사회심리학에서 광범위하게 경험적으로 입증된 '감정전이'(transfer of affect), '정서인지균형'(cognitive balance), '인지부조화'(cognitive dissonance) 이론 등에 근거한다.

의 압력으로부터 상대적으로 자유로울 것이라는 선행연구의 이론적 예측과 경험적 분석을 18대 대선 자료를 이용하여 재검증하고자 한다. 예컨대 박찬욱 외(2008)는 17대 대통령선거 분석을 통해 수도권 거주 영남이나 호남 출신의 유권자가 비수도권 거주 같은 지역 출신보다 지역주의 투표가 약했다고 주장했다. 강원택(2008) 또한 같은 선거의 분석을 통해 같은 호남, 대구/경북, 부산/울산/경남, 충청지역 출신이라고 해도 거주지역에 따라 관심사와 선호하는 후보가 달라지는 현상을 보여준 바 있다.

마지막으로, 이 글에서는 다른 조건이 같다면 출신지역이 유권자에게 결정적인 영향을 미칠 것으로 예측한다. 정당 및 후보 호감도나 이념 평가와는 달리 투표행위는 내집단 지역정당 후보선택 여부로 정리되는 이분법적인 선택이며, 따라서 단순화된 반면 강제된 선택행위이다. 이와 같은 상황에서 내집단 지역주의의 영향력은 극대화될 것으로 기대한다. 이항 로지스틱(binary logistic) 모델을 이용한 투표행위 분석에서는 고향에서 거주하는 유권자인 경우, 부가적인 지역주의의 영향이 존재할 것으로 예측하여 고향과 거주지의 상호작용 변수를 포함한다.

한편 이 글에서는 지역주의 영향력 분석에 있어서 민주화 이후 수차례 이합집산과 개명에도 불구하고 영호남의 지역정당으로 인식되어온 새누리당과 민주통합당에 초점을 맞추고자 한다.

경험적 분석

지역주의와 정당 및 후보 호감도

1971년 7대 대통령선거에서부터 시작되어 민주화 이후 선거에서 지속된 지역 몰표 현상을 고려한다면, 한국의 경우 특히 후보의 출신지역을 포함한 개인적 특성이 두드러지는 대통령선거 과정에서 내집단 지역정당이 어느 당인지, 내집단 지역후보가 누구인지 판단하는 데에 그리 높은 정치적 관심이나 지식이 필요하지 않다. 또한 외집단 지역정당에 대한 반감도 비교적 클 것이라는 기대를 어렵지 않게 할 수 있다. 다만 출신지역과 사투리 그리고 정당활동 연한 등으로 보건대 민주통합당의 전형적인 정치인과는 다른 개인적 특성을 지닌 문재인 후보에 대해서는 출신지역별 호감도가 전형적인 민주통합당 정치인이 후보가 되었을 경우와 다를 것으로 예측된다. 즉 문재인 후보는 그의 출신지 부산/울산/경남 출신의 유권자에게는 자기 지역출신 외집단 지역정당의 후보이고 호남출신 유권자에게는 다른 지역출신 내집단 지역정당의 후보인 것이다. 이와 같은 지역주의의 상반된 교차압력은 후보의 출신지역과 지역정당이 부합하는 경우에 비해 지역주의의 활성화를 낮추게 될 것이다.

고향에 따른 정당 및 후보 호감도를 보여주는 [표2]는 이와 같은 이론적 기대를 경험적으로 어느 정도 뒷받침하는 것으로 보인다. 예컨대 호남출신 유권자는 타지역출신에 비해 평균적(10점 만점)으로 새누리당을 싫어하지만(3.99점), 민주통합당에는 상대적으로 높은 호감도(5.42점)를 보이고 있다. 이들은 또한 같은 당 문재인 후보에 대해서는 새누리당 박근혜 당선인보다 평균 약 1.5점 더 높은 호감을 표시하고 있다. 대구/경북을 고향으로 응답한 유권자들은 평균적으로 새누리당을 좋아하며(5.84점) 박근혜 당선인에 대해서도 매우 높은 호감(7.05점)을 표현하고 있다. 이들은 민주통합당을 싫어하는 편(4.12점)이긴 하지만 영남지역 후보인 문재인 후보에 대해서는 비록 박 당선인과 약 1.5점 차이가 나지만 평균 5.58점으로 호감을 느끼고 있는 편이다. 한편 문 후보의 지역구가 있는 부산/울산/경남 출신의 유권자들은 평균적으로 새누리당을 좋아하지도 싫어하지도 않는 것으로 나타났고 문 후보에 대한 호감도(5.78점)가 서울(5.72점)보다 높을 정도로 지역주의가 활성화되지 못한 것으로 보인다. 그럼에도 민주통합당에 대한 반감(4.33점)은 대구/경북 출신에 가깝고 박근혜 당선인에 대한 호감도도 대구/경북 출신보다는 낮지만 호남 출신보다는 약 1.2점 더 높은 것으로 나타났다.

[표 2] 고향에 따른 정당 및 후보 호감도[a]

고향	새누리당			민주통합당			박근혜			문재인		
	평균	표준편차	N	평균	표준편차	N	평균	표준편차	N	평균	표준편차	N
서울	4.45	2.86	239	4.41	2.04	239	5.46	2.98	240	5.72	2.09	240
인천/경기	4.68	2.92	144	4.66	1.94	143	5.94	3.04	144	5.94	2.11	144
대전/충북	5.34	2.95	199	4.64	2.17	198	6.60	2.81	199	5.61	2.18	198
광주/전북	3.99	2.55	224	5.42	2.22	224	5.05	2.82	225	6.50	1.85	226
대구/경북	5.84	2.83	209	4.12	2.12	206	7.05	2.85	212	5.58	2.31	210
부산/울산/경남	5.04	2.99	224	4.33	2.25	224	6.15	3.00	226	5.78	2.41	225
강원/제주/기타	5.34	2.96	102	4.90	2.11	101	6.53	2.93	102	5.87	2.22	102
Total	4.91		1,341	4.62	2.17	1,335	6.06	2.99	1,348	5.86	2.19	1,345

- 자료 : KEPS 2012 7차 조사 (2012년 12월 20-21일).
- 주. a. 호감도는 0-10점으로 측정했으며, 0점은 매우 싫어함을, 5점은 좋지도 싫지도 않음을, 그리고 10점은 매우 좋아함을 의미한다.[5]

요약하면 상대적으로 오랫동안 존재해온 외집단 지역정당에 대한 폄하 편향은 영호남 출신 모두에게서 나타났고 내집단 지역정당 및 후보 편애는 호남과 대구/경북 출신에게 비교적 뚜렷하게 나타났다. 반면 내집단 지역정당 편애와 외집단 지역정당 후보에 대한 폄하 편향의 경우 문재인 후보의 등장으로 적어도 부산/울산/경남 출신의 지역주의 활성화가 억제된 것으로 보인다.[7]

---

5) 지역 간 정당 및 후보 호감도에 대한 통계적 차이 검정은 부록 [표 A1]-[표 A4] 참조.
6) 지역 간 정당 및 후보 이념 평가에 대한 통계적 차이 검정은 부록 [표 A5]-[표 A9] 참조.
7) 호남출신은 평균적으로 보아 박근혜 당선인을 좋아하지도 싫어하지도 않는 것(5.05점)으로 나타났다. 이는 후보 개인의 매력이 외집단 지역정당의 후보로서 외집단 폄하 편향의 활성화를 억제한 것으로 볼 수도 있으나 대선 직후 조사의 특성상 승자에 대한 기대가 반영된 것으로 해석될 여지도 있다.

[표 3] 고향에 따른 정당 및 후보 이념 평가[a]

고향	새누리당 평균(A)	표준편차	N	민주통합당 평균(B)	표준편차	N	박근혜 평균(C)	표준편차	N	문재인 평균(D)	표준편차	N	응답자 평균(E)	표준편차	N
서울	6.94	2.42	253	4.46	1.85	252	6.90	2.35	252	4.26	1.83	252	5.30	1.90	252
인천/경기	7.36	2.31	145	4.53	2.00	146	7.34	2.33	147	4.50	1.85	147	5.26	2.34	146
대전/충북	6.95	2.51	199	4.53	2.00	193	7.06	2.52	194	4.57	2.01	192	5.49	2.31	197
광주/전남	6.77	2.53	241	4.91	2.15	242	6.63	2.55	245	4.97	2.22	243	4.88	2.11	253
대구/경북	7.46	2.36	212	4.27	1.95	204	7.36	2.31	209	4.47	2.20	205	5.73	2.21	213
부산/울산/경남	7.22	2.33	233	4.34	2.05	228	7.22	2.38	232	4.23	2.00	226	5.44	1.97	231
강원/제주/기타	7.45	2.25	88	4.47	2.02	88	7.53	2.39	88	4.63	2.05	87	5.84	2.49	90
Total	7.12	2.41	1,371	4.51	2.01	1,353	7.09	2.42	1,367	4.51	2.04	1,352	5.37	2.16	1,382

- 자료: KEPS 2012 5차 조사(2012년 11월 25일-27일 조사)
- 주. a. 이념평가는 0-10점으로 측정했으며, 0은 매우 진보, 5는 중도, 10은 매우 보수를 의미한다.[b]

[표 4] 고향에 따른 정당 및 후보와 응답자 이념 평가 평균 차

고향	A-E	B-E	C-E	D-E
서울	1.64	-0.84	1.6	-1.04
인천/경기	2.1	-0.73	2.08	-0.76
대전/충북	1.46	-0.96	1.57	-0.92
광주/전남	1.89	0.03	1.75	0.09
대구/경북	1.73	-1.46	1.63	-1.26
부산/울산/경남	1.78	-1.1	1.78	-1.21
강원/제주/기타	1.61	-1.37	1.69	-1.21
Total	1.75	-0.86	2	-0.86

지역주의와 정당 및 후보 이념평가

[표3]은 출신지역에 따른 정당과 후보에 대한 진보-보수 정치이념 평가 결과를 나타낸다. 전체적으로 보아 응답자들은 평균적으로 새누리당(7.12점)과 박근혜 당선인(7.09점)을 보수적으로, 민주통합당(4.51점)과 문재인 후보(4.51점)는 약간 진보적으로, 그리고 자기 자신은 약간 보수적(5.37점)으로 평가하고 있다. 이와 같은 이념평가 결과는 KEPS 2012에서 일관되게 나타나고 있다. 즉 본 조사에서는 1차, 3차, 5차, 7차 네 차례에 걸쳐 응답자의 정치이념 자기평가를 알아보았고 2차와 5차에서 응답자로 하여금 정당 및 후보의 정치이념을 평가하게 했는데, 각 조사의 평가대상별 전체적인 평균은 정당, 후보, 자기 자신의 이념평가가 모두 존재하여 [표3]에서 요약한 5차 조사의 결과와 큰 차이가 없었다. 즉 응답자들은 평균적으로 새누리당과 박근혜 당선인을 최소 평균 7.1점 최대 평균 7.2점의 보수정당 및 후보로, 민주통합당과 문재인 후보를 최소 평균 4.1점, 최대 평균 4.5점의 약간 진보적 정당 및 후보로 그리고 자기 자신을 최소 평균 5.2점(1차)에서 최대 평균 5.6점(7차)의 약간 보수적 성향으로 일관되게, 큰 편차 없이 평가하고 있다.

또한 [표3]에 의하면 정당이념 평가에서 영남출신의 유권자는 새누리당과 박근혜 당선인을 호남출신과 대비해서는 물론이고 전국 평균보다 더 보수적으로 평가하는 반면, 민주통합당과 문재인 후보에 대해서는 더 진보적으로 평가하는 경향을 보인다. 또한, 대구/경북 출신은 자기 자신을 전국 평균보다 더 보수적으로 부산/울산/경남은 전국 평균보다 근소한 차이로 더 보수적으로 평가하고 있다. 한편 호남출신의 유권자는 새누리당과 민주통합당을 영남지역과 대비해서는 물론이고 전국 평균보다 각각 덜 보수적이고 덜 진보적으로 평가했으며 박근혜 당선인과 문재인 후보도 각각 덜 보수적이고 덜 진보적으로 평가했다. 또한 이들은 전국평균과 대비해서도 의미상으로 진보적으로 평가하고 있다. 영호남 출신의 상반된 자기이념 평가는 강원택(2003, 86)의 연구에서도 드러난 바 있다. 한편 영호남 출신의 유권자가 다른 지역출신 응답자들보다 각각 더 보수적이고 더 진보적으로 느끼는 이유는 내집단 지역정당 및 후보와 평소 연계된 것으로 알려진 이념성향에 준거해서 자기이념을 평가한 결과로 판단된다.

이와 같은 결과는 정치이념 기준 같은 편 내에서 내집단 정당 및 후보 이념평가와 응답자의 자기평가 간의 거리를 좁히려는 경향이 집합적으로 나타난 결과로 보인다. 내집단 지역주의에 근거한 이론적 예측에 의하면 내가 편애하는 정당과 후보는 같은 진영 내에서 자신과 이념적 거리가 가깝다고 느끼는 반면, 내가 폄하하는 정당과 후보는 다른 정치이념 진영에 속하는 동시에 그 거리가 먼 것으로 평가할 것이기 때문이다. 내집단, 외집단 구분에 있어서 호오와 같은 정서적 요소가 중요하며, 따라서 대상 간 절대적인 이념평가 거리보다는 같은 편 평가 여부가 내집단 지역주의의 이론적 예측의 타당성을 평가한다.

[표3]을 이용하여 작성한 정당과 후보에 대한 이념평가와 응답자 자신의 이념평가 평균의 차이를 보여주고 있는 [표4]는 이와 같은 이론적 예측을 지지한다. 즉 호남출신은 민주통합당과 문재인 후보를 같은 진보진영에서 자신과 매우 가깝게 평가하고 있는 반면, 새누리당과 박근혜 당선인을 보수진영에 속하고 자신의 이념성향으로부터 거리가 먼 것으로 평가한다. 영남출신은 이와 대체로 반대의 평가를 하고 있다. 즉 전자는 정치이념상 다른 편이며 멀리 있고 후자는 같은 편으로 보고 있다는 것이다.

고향과 거주지역을 고려한 지역주의 효과 : 호감도, 이념평가, 정책선호
출신지역에 거주하는 응답자와 다른 지역에 거주하는 응답자 간의 정치적 선호를 비교하여 고향과 다른 지역에 거주하는 경우 지역주의의 압력으로부터 상대적으로 자유로울 것이라는 선행연구의 이론적 예측과 경험적 분석을 18대 대선 자료를 이용하여 재검증하고자 한다. 구체적으로 EAI · SBS · 중앙일보 · 한국리서치 공동 2007 대선패널조사(KEPS 2007)의 자료를 이용하여 고향과 다른 거주지역에 사는 경우 관심사와 선호하는 후보가 달라지는 현상을 보여준 강원택(2008)의 연구방법을 따르고자 한다.

[표5]는 고향 거주 여부에 따라 내집단 정당 및 후보의 호감도가 다른 정도를 통계적으로 검증한 결과를 보여준다. 강원택(2008, 80-82)은 17대 대선 당시 거주지에 따라 후보 호감도에 대체로 통계적으로 의미 있는 차이를 나타내지 않은 영남 출신 응답자와는 달리 계속 고향에 살고 있는 호남 출신 응답자의 경우 당시 대통합민주신당 정동영 후보에 대한 지지도가 통계적으로 유의미한 수준에서 높다는 사실을 밝혀낸 바 있다.

본 연구에서도 비록 동향사람은 아니지만 문재인 후보의 지지도가 호남 출신 고향거주자에서 타지역 거주자에서보다 통계적으로 유의미하게 높은 것으로 나타났다. 그러나 더욱 흥미로운 현상은 외집단 지역정당의 후보로 출마한 '문재인 효과'로 인하여 부산/울산/경남 출신의 거주지역에 따른 호감도 차이다. 출신지역과 거주지역이 일치하지 않는 경우 상반된 교차압력으로 지역주의가 약화될 것으로 예측했지만 부산/울산/경남 출신으로 같은 지역에 거주하는 응답자에게 문재인 효과는 다소 복잡한 양상으로 나타났다. 예컨대 이들은 통계적으로 의미 있는 수준에서 새누리당과 박근혜 당선인에 대한 호감도가 높았고 민주통합당에 대한 반감도 높은 것으로 나타났다. 문재인 후보에 대해서는 호감은 있지만 동향 비거주자와 통계적으로 유의미한 차이를 보이지 못했다. 지역주의의 활성화를 낮출 것으로 기대된 문재인 효과는 부산/울산/경남 출신 비거주 응답자의 거주 응답자보다 상대적으로 높은 민주통합당과 후보 호감도에서 어느 정도 볼 수 있으나, 정당 호감도가 여전히 5점 미만으로 호감이

가지 않는 영역에 있었고 후보 호감도 역시 통계적으로 의미 있는 수준의 차이를 드러내지 못했다. 또한 문재인 효과는 일면 동향출신 거주자의 새누리당과 박근혜 당선인의 호감도를 높이는 '방어적 지역주의'의 활성화와 관련이 있어 보인다.

한편 대구/경북 출신의 경우, 고향 거주 여부에 따른 평가 대상에 대한 호감도 차이가 부산/울산/경남 출신의 경우와 유사한 차이를 보였으나 — 즉 계속 거주자의 경우 새누리당과 박근혜 당선인에 대한 호감도가 높은 반면, 민주통합당에 대한 반감이 높고 문재인 후보에 대한 호감도가 낮았다 — 통계적으로 의미 있는 수준에서 나타나지는 않았다. 대구/경북 출신의 경우 호남 출신 응답자와 함께 상반된 교차압력의 영향에서 아직은 자유로운 것으로 보인다.

[표6]은 계속 고향에 살고 있는지 여부에 따라 정당 및 후보에 대한 정치이념 평가가 달라지는지를 통계적으로 검정한 결과를 보여준다. 이에 의하면 적어도 고향에서 계속 거주하는지 여부는 평가대상에 따라 통계적으로 의미 있는 차이를 나타내지는 못하는 것으로 보인다. 박근혜 당선인에 대한 호남 출신 계속 거주자의 상대적으로 낮은 호감만이 통계적으로 의미 있는 차이를 보였다. 영호남 응답자의 이념 자기평가를 출신지역

[표 5] 고향 거주 여부에 따른 정당 및 후보 호감도

고향	광주/전라		대구/경북		부산/울산/경남	
	비거주	거주	비거주	거주	비거주	거주
새누리당	3.92	4.06	5.66	5.99	4.31	5.39**
민주통합당	5.22	5.62	4.32	3.95	4.73	4.13*
박근혜 당선인	4.85	5.26	6.68	7.36	5.53	6.45*
문재인 후보	6.22	6.79*	5.84	5.36	6.08	5.64
N	123	121	98	114	81	154

- 주. * $p<0.05$, ** $p<0.01$, *** $p<0.001$.
- 자료 : KEPS 2012 7차 조사(2012년 12월 20일-21일 조사).

[표 6] 고향 거주 여부에 따른 정당 및 후보 이념 평가

고향	광주/전라		대구/경북		부산/울산/경남	
	비거주	거주	비거주	거주	비거주	거주
새누리당	7.01	6.53	7.57	7.35	7.15	7.26
민주통합당	4.79	5.04	4.34	4.21	4.60	4.21
박근혜 당선인	6.95	6.30*	7.30	7.42	6.87	7.41
문재인 후보	4.89	5.05	4.55	4.40	4.35	4.16
응답자	4.88	4.87	5.78	5.69	5.11	5.61
N	123	121	98	114	81	154

- 주. * $p<0.05$, ** $p<0.01$, *** $p<0.001$.
- 자료 : KEPS 2012 5차 조사(2012년 11월 25일-27일 조사).

과 거주지역을 고려하여 비교한 강원택(2008, 86-87) 또한 통계적으로 의미 있는 차이를 찾지 못한 바 있다.

고향과 거주지를 동시에 고려한 정당 및 후보 그리고 자기 이념평가 결과는 출신지역과 다른 거주지역에 사는 데서 오는 상반된 교차압력이 아직은 크지 않음을 시사한다. 다시 말해서 고향과 다른 거주지에 사는 것은 최소한 자신과 정치적 대상에 대한 이념 평가에서 지역주의의 정치적 활성화를 약화시키는 데에 아직은 한계가 있어 보인다. 여전히 영호남 출신 응답자는 같은 정치적 평가 대상에 대해 출신지역에 따라 다르게 인식하고 있는 것이다. 강원택 또한 출신지역별로는 주관적 이념성향의 차이가 존재하며 거주지역과 무관하게 고향별로 이념성향의 차이가 없기 때문에 향후 선거에서 이념적인 이슈가 부각한다면 출신지역에 따른 정치적 선호의 차이가 다시 부각될 수 있다고 예견했다(2008, 87).

또한, 이번 18대 대선에서는 출신지의 계속 거주 여부가 차기정부 최우선 과제 선호분포에 그리 영향을 미치지 못했던 것으로 보인다. [표7]에 의하면, 예컨대 호남 출신 응답자의 경우 고향에 계속 거주하든 다른 지역에 거주하든 최우선 과제의 우선순위는 경제적 양극화 완화, 경제성장, 삶의 질 개선의 순으로 같았다. 또한, 세 이슈에 대한 선호비율을 합하면

고향거주 여부에 상관없이 모두 70퍼센트 내외로 다수의 선택을 받았다. 부산/울산/경남 출신의 경우에도 고향거주자의 경우 근소한 차로 경제성장을 최우선 과제를 꼽았지만, 고향거주자든 아니든 호남출신과 마찬가지로 세 개의 경제관련 이슈를 주요 과제로 꼽았고 또한 각각 70퍼센트 내외로 다수의 선택을 받았다. 대구/경북 출신의 경우 계속 거주자의 26.3퍼센트가 경제성장을 최우선 과제로 꼽아 차이를 보일 뿐 주요 3대 선호과제가 고향거주 여부에 따른 차이를 보이지 않았고 역시 각각 70퍼센트에 육박하는 선택을 받았다.

이와 같은 결과는 출신지 거주 여부에 따라 중요한 선거이슈로 생각하는 순서의 분포에서 차이가 나타난 17대 대선 분석과 구별된다. 강원택은 고향을 떠난 대다수가 서울 및 수도권에 거주하고 있는 사실과 이들이 고향에 살고 있는 응답자들보다 부동산 문제를 심각하게 보고 있다는 것이 관련이 있다고 보고 거주지역 중심의 지역적 이해관계 재편을 전망했다. 한편 그는 김대중 정부의 대표적 정책인 대북정책에 대한 호남 출신 타지

[표 7] 고향 거주 여부에 따른 차기정부 최우선 과제 선호 분포

차기정부 최우선 과제	광주/전라		대구/경북		부산/울산/경남		전국
	비거주	거주	비거주	거주	비거주	거주	
국민통합	8.1	9.1	10.2	11.4	7.4	9.1	8.4
경제적 양극화 완화	40.7	32.2	29.6	24.6	30.9	25.3	29.3
남북관계 개선	5.7	5.0	2.0	0.9	0.0	5.2	3.0
정치개혁	6.5	7.4	5.1	9.7	6.2	8.4	7.2
경제성장	19.5	20.7	21.4	26.3	22.2	26.6	22.8
국제 경쟁력 강화	1.6	3.3	3.1	1.8	6.2	2.6	4.0
삶의 질 개선	13.8	14.9	17.4	16.7	17.3	14.3	17.1
국가안보 강화	2.4	5.8	10.2	7.9	4.9	5.2	5.4
교육개혁	1.6	1.7	1.0	0.9	4.9	3.3	2.9
Total (%)	100.0	100.0	100.0	100.0	100.0	100.0	100.0
N	123	121	98	114	81	154	1,387

■ 자료 : KEPS 2012 7차 조사(2012년 12월 20일-22일 조사).

역 거주자들의 낮은 선호도를 호남 출신 내부의 정책선호 분화의 예로 주목했다(강원택 2008, 82-85). 비록 두 연구가 동일 이슈에 대한 선호분포를 비교한 것은 아니지만 적어도 이번 선거에서는 출신지 거주 여부에 따른 정책선호의 차이는 명확하게 나타나지 않은 것으로 보인다. 이는 이번 선거를 출신지 중심의 지역주의, 즉 내집단 지역주의가 상대적으로 강했던 선거로 평가할 수 있는 근거의 하나로 판단된다.

고향과 거주지역을 고려한 지역주의 효과 : 투표 행태

내집단 지역주의가 투표에 어떻게 영향을 미쳤는지 살펴보면 다음과 같다. 우선 다른 변수를 통제하지 않은 가운데 고향 계속 거주 여부에 따른 투표행태의 차이를 분석해 보면 고향 거주자는 비거주자보다 호남의 경우에는 박근혜 당선인에 투표할 가능성이 낮고, 영남의 경우에는 대구/경북이든 부산/울산/경남이든 그 가능성이 높은 것으로 나타난다([표 8] 참조).

다만 차이의 절댓값이 가장 큰 대구/경북조차 강원/제주/기타 출신지역 거주와 비거주 차이보다 낮고, 부산/울산/경남의 차이의 절댓값과 인천/경기의 차이 또한 근사한 것으로 드러난다. 따라서 더 체계적으로 통

[표 8] 고향 거주 여부에 따른 박근혜 당선인 투표

고향	비거주 % (A)	N	거주 % (B)	N	차이 B-A
서울	52.6	114	47.3	112	-5.3
인천/경기	61.8	34	53.5	99	-8.3
대전/충청	62.6	99	58.7	92	-3.9
광주/전라	32.4	111	17.6	108	-14.8
대구/경북	64.4	90	77	113	12.6
부산/울산/경남	51.5	68	61.2	147	9.7
강원/제주/기타	52.6	57	68.3	41	15.7

■ 자료 : 2012 총선·대선 패널조사 7차 조사(2012년 12월 20일-21일 조사).

제변수를 고려해야 할 필요가 있다고 하겠다. 이에 따라 박근혜 당선인에 투표했는지 여부를 종속변수로 두고, 투표선택에 의미 있는 영향을 주는 것으로 알려진 변수들을 논리적 인과관계에 따라 블록으로 구분한 후 누적해서 더해가면서 각 변수의 영향력을 추정하는 다단계 설명모델을 구성하여 지역주의의 영향력을 분석해 보았다.[8]

[표9]는 다단계 로짓모델를 통한 분석 결과이다. 여기에서 무엇보다 고향으로서 호남변수의 비교적 일관된 영향력이 두드러진다. 호남변수는 독립적으로 박근혜 당선인에 투표할 가능성을 낮추는 것으로 드러났고 다른 지역변수와 달리 호남변수는 거주지도 호남인 경우 통계적으로 유의미한 부가효과가 나타났다. 호남 출신으로 호남에 거주하는 유권자를 나타내는 상호작용변수는 개별적으로는 유의수준 0.1에서도 통계적으로 의미가 없으나 두 값의 합이 0이라는 가정 하에서 두 값의 합의 추정치는 유의수준 0.01에서 통계적으로 의미가 있는 것으로 나타났다.[9]

연령, 성별, 출신지역 등의 생득적 변수로만 구성된 모델 1과 이에 학력과 가구소득의 사회경제적 변수를 추가해 구성한 모델 2에서 볼 때, 독립적으로 통계적 의미가 있는 수준에서 박근혜 당선인에 대한 투표의 가능성을 높일 것으로 예상했던 출신지로서의 대구/경북이라는 변수는 정당지지와 정치이념을 통제했을 때 통계적으로 의미 없는 변수로 그 영향력이 사라졌다. 또한, 고향으로서 부산/울산/경남 변수는 모델 1에서부터 투표 선택에 통계적으로 유의미한 영향을 미치지 못한 것으로 드러났다. 그러나 이와 같은 결과를 적어도 이번 선거에서는 호남지역을 제외한 다른 지역에서 내집단 지역주의가 약화되었다는 해석의 근거로 삼는 데에

---

8) 다단계 분석 모델은 Miller and Shanks(1996)에 의존했다. 한국 선거자료 분석에 이 모델을 적용한 예로는 이갑윤(2011)과 윤광일(2012)을 들 수 있다.
9) 상호작용 변수가 있는 회귀모델의 한계효과(marginal effect)에 대한 통계적 검정은 Brambor et al.(2006)와 Braumoeller(2004) 참고.

[표 9] 다단계 로짓모델 : 지역주의와 18대 대선투표

	Model 1	Model 2	Model 3	Model 4	Model 5
	회귀계수 (표준오차)	회귀계수 (표준오차)	회귀계수 (표준오차)	회귀계수 (표준오차)	회귀계수 (표준오차)
연령	0.67***	0.56***	0.27***	0.23**	0.24**
	(0.04)	(0.06)	(0.08)	(0.08)	(0.09)
여성	0.24+	0.17	0.12	0.09	0.08
	(0.13)	(0.14)	(0.16)	(0.14)	(0.14)
호남	-1.86***	-1.87***	-0.99***	-1.00***	-0.90***
	(0.33)	(0.32)	(0.26)	(0.26)	(0.20)
대구/경북	0.57**	0.60**	0.29	0.22	-0.04
	(0.20)	(0.21)	(0.23)	(0.22)	(0.26)
부산/울산/경남	-0.07	-0.07	-0.05	-0.06	0.25
	(0.10)	(0.09)	(0.18)	(0.21)	(0.20)
학력		-0.26**	-0.21*	-0.19*	-0.20*
		(0.09)	(0.08)	(0.08)	(0.08)
가구소득		0.01	0.07	0.06	0.06
		(0.04)	(0.07)	(0.07)	(0.07)
새누리당			2.76***	2.45***	2.45***
			(0.26)	(0.25)	(0.26)
민주통합당			-1.51***	-1.52***	-1.50***
			(0.25)	(0.24)	(0.25)
정치이념			0.43***	0.41***	0.41***
			(0.06)	(0.04)	(0.04)
MB평가				-0.83***	-0.83***
				(0.21)	(0.20)
출신지거주					0.10
					(0.16)
호남출신거주					-0.22
					(0.43)
대구/경북출신거주					0.46
					(0.36)
부산/울산/경남 출신거주					-0.51+
					(0.29)
상수	-2.55***	-1.38*	-3.33***	-0.31	-0.41
	(0.17)	(0.56)	(0.64)	(1.20)	(1.26)
N	1285	1244	1216	1195	1195
Log Likelihood	-732.55	-708.41	-434.90	-404.18	-402.97
Wald Chi-square	519.80	523.58	1631.70	2141.28	21212.59
Pseudo R-square	0.17	0.18	0.48	0.51	0.51

- 주. + p<0.10, * p<0.05, ** p<0.01, *** p<0.001.
- 자료 : KEP S2012 7차 조사(2012년 12월 20일-22일 조사).

는 주의가 필요하다. 무엇보다도 내집단 지역주의는 각 지역 연고정당에 대한 지지 또한 이들 정당 및 유력후보와 연계된 이념에 대한 지지를 통해서도 나타나고 있다고 볼 수 있기 때문이다. 예컨대 모델 3, 4, 5에 의하면 다른 변수를 통제한 가운데 새누리당 지지는 박근혜 당선인에 투표할 가능성을 통계적으로 의미 있는 수준에서 일관되게 높이지만 민주통합당 지지는 반대로 그 가능성을 낮추는 것으로 드러났다. 또한, 보수적으로 평가한 응답자일수록 다른 조건이 같다면 박근혜 당선인에 투표할 가능성이 통계적으로 유의미한 수준에서 높은 것으로 나타났다. 내집단 지역주의와 정당지지, 정치이념 선택 그리고 각 변수의 투표선택에 대한 순효과에 관해서는 추후 연구가 필요할 것이다.

한편 연령대가 높을수록 박근혜 당선인에게 투표할 가능성이 일관되게 높아지는 것으로 나타났고, 여성변수는 투표선택에서 모델 1을 제외하고는 통계적으로 의미 있는 수준에서 독립적인 영향을 보이지 못했다. 또한, 이명박 정부에 대해 부정적인 평가는 박근혜 당선인에 투표할 가능성을 낮추는 것으로 나타났다. 학력은 모델 2에서 처음 등장한 이후 일관되게 통계적으로 의미 있는 수준에서 박근혜 당선인에 투표할 가능성을 낮추는 것으로 드러났으나 소득은 경제이슈가 출신지역에 관계없이 차기정부 최우선 3대 과제에 꼽힌 결과([표6])와 다소 상충되게 이번 대선에서 통계적으로 의미 있는 독립적인 영향을 나타내지 못한 것으로 보인다.

결론

이 글에서는 한국 유권자의 정치적 선호 형성과 투표행태에 결정적인 영향을 미치는 지역주의에 대하여 KEPS 2012 자료를 이용하여 경험적으로 검증하였다. 구체적으로 기존연구와 달리, 지역주의를 내집단 지역주의, 즉 개인이 지역을 내집단으로 받아들이는 성향으로 개념적 정의를 내리고 이를 '고향'으로 조작화했다. 내집단 지역주의에 의하면 인간의 근본적인 심리적 특성 중 하나인 "내집단 편애와 외집단 폄하"가 지역정당과 그 정당의 전형적인 특성을 보이는 후보에 적용된다. 또한 지역주의의 활성화 필요조건으로 지역정당 간의 대립이 아닌 구분만을 전제하지만 대립이 가시화되면 지역주의의 활성화도 촉진될 것으로 기대한다. 한편 내집단 지역주의에 의하면 내집단의 전형적인 특성을 보이지 않는 정치인이 내집단을 대표하는 경우 또는 내집단 지역에서 떠나 다른 지역에서 거주하는 경우 지역주의의 활성화가 억제될 것으로 전망한다.

본 연구의 결과를 요약하면 다음과 같다. 첫째, 상대적으로 오랫동안 존재해온 외집단 지역정당에 대한 폄하 편향은 영호남 출신 모두에게서 나타났고, 내집단 지역정당 및 후보 편애는 호남과 대구/경북 출신에게 비교적 뚜렷하게 나타났다. 반면 '문재인 효과'로 인해 최소한 부산/울산/경남 출신의 내집단 지역정당 편애와 외집단 지역정당 후보에 대한 폄하 편향이 약화된 것으로 보인다. 둘째, 내집단 지역주의의 예측대로 호남출신은 민주통합당과 문재인 후보를 같은 진보진영에서 자신과 매우 가깝게 평가하고 있는 반면 새누리당과 박근혜 당선인을 보수진영에 속하고 자신의 이념성향으로부터 거리가 먼 것으로 평가하는 것으로 나타났다. 영남 출신은 이와 반대로 민주통합당과 문재인 후보를 정치이념상 다른, 즉 진보 쪽이며 멀리 있고, 새누리당과 박근혜 당선인을 같은 보수 쪽으로 보고 있다. 셋째, 다른 지역과 달리 문재인의 연고지인 부산/울산/경남에서는 통계적으로 의미 있는 수준에서 고향거주자의 새누리당과 박근혜 당선인에 대한 호감도가 높았고 민주통합당에 대한 반감도는 높은 것으로 나타나 출신지와 다른 거주지역에서 사는 데서 오는 교차압력이 드러난 것으로 보인다. 그러나 고향거주 여부가 정당 및 후보, 자기 자신의 정치이념 평가에 영향을 주지는 못한 것으로 드러나 교차압력이 나타나지 않은 것으로 보인다. 넷째, 다른 변수를 통제한 가운데 투표 선택에 영향을 주는 변수를 다단계 설명모델을 통해 분석한 결과 고향으로서 호남 변수만이 통계적으로 의미 있는 영향, 즉 박근혜 당선인에 투표할 가능성을 일관되게 낮추는 것으로 나타났다. 또한 호남출신으로서 거주하는 경우 그 가능성을 한층 더 낮추는 것으로 드러났다.

본 연구에서 분석한 내집단 지역주의의 효과는 다음과 같은 2가지 시사점을 제시한다. 첫째, 문재인 후보를 둘러싼 영남지역주의의 분화 또는 약화는 내집단 지역주의의 변화조건을 시사한다. 내집단 지역주의의 활성화는 높은 정치적 지식이나 관심도를 전제하지 않는다. 단지 특정 정당이 나의 성장지역을 대표하는지, 특정 정치인이 이 정당의 전통적인 정치인들과 유사한 개인적 특성을 보이는지, 즉 나와 같은 지역 출신인지 정도의 정보만 알면 된다. 지역주의 효과를 약화시키는 조건 중 하나로 이와 같은 정보에 부합하지 않는 정치인의 지속적인 등장이 필요해 보인다. 둘째, 선행연구에서 주목한 세대와 이념균열이 아직까지는 지역균열을 대체한다고 보기 어렵다. 본 연구에서도 비록 연령과 정치이념이 투표선택에 통계적으로 의미 있는 일관된 영향을 미치는 것으로 나타났지만, 고향 및 거주지로서의 지역이 정당 및 후보와 연계된 것으로 알려진 이념의 선호 형성에 결정적인 영향을 주고 있다면 아직은 지역변수에 대한 관심을 축소할 때가 아니라고 생각된다. 한편 세대효과와 이념효과에 주목한 기존연구는 개인의 심리에 내재한 지역주의를 활성화하는 조건이 상대적으로 미약했던 2002년 16대, 2007년 17대 대선과 2004년 17대 총선, 2010년 5회 지방선거 등에 초점을 맞춘 연구이다. 이들 선거는 지역정당의 유력후보가 내집단 출신이 아니었거나 경제위기, 노무현 대통령 탄핵과 천안함사건 등과 같은 돌출변수에 의해 지역주의의 활성화가 억제된 예외적인 상황에서 치러진 것이다. 그럼에도 한국정치를 설명하는 핵심적 균열변수로 제시된 지역, 세대, 이념의 상대적 영향력과 대체가능성에 대한 후속연구를 지속해야 하며 이는 개별적 선거연구보다는 그동안 축적한 여론조사자료를 포함한 선거자료의 통시적 연구를 통해 진행해야 할 것이다. ■

■ 참고문헌

강원택. 2008. "지역주의는 변화했을까 : 2007년 대통령 선거와 지역주의". 《변화하는 한국유권자 2 : 패널조사를 통해 본 2007 대선》, 이현우·권혁용 공편. 서울:동아시아연구원.
강원택. 2003. 《한국의 선거 정치 : 이념, 지역, 세대와 미디어》. 서울 : 푸른길.
박찬욱, 김경미, 이승민. 2008. "제17대 대통령선거에서 유권자의 사회경제적 특성과 이념정향이 후보 선택에 미친 영향". 《제17대 대통령선거를 분석한다 : 2007년 12월 19일 대한민국 '국민의 선택'》, 박찬욱 편. 서울 : 생각의나무.
윤광일. 2012. "지역주의와 제19대 총선". 《2012년 국회의원선거 분석》, 박찬욱·강원택 편. 파주 : 나남.
이갑윤. 1997. 《한국의 선거와 지역주의》. 서울 : 오름.
이갑윤. 2002. "지역주의의 정치적 정향과 태도". 〈한국과 국제정치〉 18, 2: 155-178.
이갑윤. 2011. 《한국인의 투표행태》. 서울 : 후마니타스.
임성학. 2011. "지역주의 분열의 완화 가능성은?" 《변화하는 한국유권자 4 : 패널조사를 통해 본 2010 지방선거》, 이내영·임성학 공편. 서울 : 동아시아연구원.
조기숙. 2000. 《지역주의 선거와 합리적 유권자》. 서울 : 나남.
최준영·조진만. 2005. "지역균열의 변화 가능성에 대한 경험적 고찰 : 제17대 국회의원선거에서 나타난 이념과 세대 균열의 효과를 중심으로". 〈한국정치학회보〉 39, 3: 375-394.

Allport, Gordon W. 1954/1979. *The Nature of Prejudice*. New York: Basic Books.
Brambor, Thomas, William Roberts Clark, and Matt Golder. 2006. "Understanding Interaction Models: Improving Empirical Analyses." *Political Analysis* 14, 1: 63-82.
Braumoeller, Bear F. 2004. "Hypothesis Testing and Multiplicative Interaction Terms." *International Organization* 58, 4: 807-820.
Campbell, Angus, Philip E. Converse, Warren E. Miller, and Donald E. Stokes. 1960/1980. *The American Voter*. New York: John Wiley & Sons.
Duckitt, John. 2003. "Prejudice and Intergroup Hostility." In *Oxford Handbook of Political Psychology*, ed. David O. Sears, Leonie Huddy, and Robert Jervis. New York: Oxford University Press.
Hochschild, Jennifer L. 2001. "Where You Stand Depends on What You See: Connections Among Values, Perceptions of Fact, and Political Prescriptions." In *Citizens*

and Politics: Perspectives from Political Psychology, ed. James Kuklinski. New York: Cambridge University Press.

Kinder, Donald R., and Cindy D. Kam. 2009. *Us Against Them: Ethnocentric Foundations of American Opinion.* Chicago: University of Chicago Press.

Krosnick, Jon. A., Andrew L. Betz, Lee J. Jussim, and Ann R. Lynn. 1992. "Subliminal Conditioning of Attitudes." *Personality and Social Psychology Bulletin* 18: 152-162.

Miller, Warren E., and J. Merrill Shanks. 1996. *The New American Voter.* Cambridge, M.A.: Harvard University Press.

Rabinowitz, George and Stuart Elaine Macdonald. 1989. "A Directional Theory of Issue Voting." *The American Political Science Review* 83: 93-121.

Tajfel, Henri. 1970. "Experiments in Intergroup Discrimination." *Scientific American* 223: 96-102.

Tajfel, Henri and Turner, J. C. 1979. "An Integrative Theory of Intergroup Conflict." In *The Social Psychology of Intergroup Relations*, ed. W. G. Austin and S. Worchel, 33-47. Monterey, CA: Brooks/Cole.

American Psychological Association. 2007. *APA Dictionary of Psychology.* Washington, D. C.: American Psychological Association.

[표 A1] 새누리당 호감도 차이 검정

	서울	인천/경기	대전/충청	광주/전라	대구/경북	부산/울산/경남	강원/제주/기타
서울	0						
인천/경기	-0.23	0					
대전/충청	-0.89***	-0.66**	0				
광주/전라	0.46*	0.69**	1.35***	0			
대구/경북	-1.39***	-1.16***	-0.50*	-1.85***	0		
부산/울산/경남	-0.59**	-0.36	0.30	-1.05***	0.80***	0	
강원/제주/기타	-0.90***	-0.66*	-0.01	-1.36***	0.49	-0.31	0

■ 주. *p<0.05, **p<0.01, ***p<0.001

[표 A2] 민주통합당 호감도 차이 검정

	서울	인천/경기	대전/충청	광주/전라	대구/경북	부산/울산/경남	강원/제주/기타
서울	0						
인천/경기	-0.25	0					
대전/충청	-0.23	0.03	0				
광주/전라	-1.01***	-0.75***	-0.78***	0			
대구/경북	0.29	0.55**	0.52**	1.30***	0		
부산/울산/경남	0.08	0.34	0.31	1.09***	-0.21	0	
강원/제주/기타	-0.49**	-0.24	-0.26	0.51*	-0.78***	-0.58**	0

■ 주. *p<0.05, **p<0.01, ***p<0.001

[표 A3] 박근혜 당선인 호감도 차이 검정

	서울	인천/경기	대전/충청	광주/전라	대구/경북	부산/울산/경남	강원/제주/기타
서울	0						
인천/경기	-0.49	0					
대전/충청	-1.14***	-0.66**	0				
광주/전라	0.40	0.89***	1.55***	0			
대구/경북	-1.59***	-1.11***	-0.45	-2.00***	0		
부산/울산/경남	-0.69**	-0.20	0.46	-1.09***	0.91***	0	
강원/제주/기타	-1.07***	-0.58	0.07	-1.48***	0.52	-0.38	0

■ 주. *p<0.05, **p<0.01, ***p<0.001

[표 A4] 문재인 후보 호감도 차이 검정

	서울	인천/경기	대전/충청	광주/전라	대구/경북	부산/울산/경남	강원/제주/기타
서울	0						
인천/경기	-0.22	0					
대전/충청	0.11	0.33	0				
광주/전라	-0.78***	-0.56***	-0.89***	0			
대구/경북	0.14	0.36	0.03	0.92***	0		
부산/울산/경남	-0.06	0.16	-0.17	0.72***	-0.20	0	
강원/제주/기타	-0.15	0.17	-0.26	0.63***	-0.29	-0.09	0

■ 주. *p<0.05, **p<0.01, ***p<0.001

[표 A5] 고향별 새누리당 진보-보수 평가 차이 검정

	서울	인천/경기	대전/충청	광주/전라	대구/경북	부산/울산/경남	강원/제주/기타
서울	0						
인천/경기	-0.41*	0					
대전/충청	-0.01	0.40	0				
광주/전라	0.17	0.59**	0.18	0			
대구/경북	-0.51**	-0.10	-0.50**	-0.69***	0		
부산/울산/경남	-0.28	0.14	-0.27	-0.45**	0.23	0	
강원/제주/기타	-0.51*	-0.10	-0.50	-0.68**	0.00	-0.23	0

■ 주. *p<0.05, **p<0.01, ***p<0.001

[표 A6] 고향별 민주통합당 진보-보수 평가 차이 검정

	서울	인천/경기	대전/충청	광주/전라	대구/경북	부산/울산/경남	강원/제주/기타
서울	0						
인천/경기	-0.07	0					
대전/충청	-0.08	-0.01	0				
광주/전라	-0.46**	-0.39*	-0.38*	0			
대구/경북	0.19	0.26	0.26	0.64***	0		
부산/울산/경남	0.11	0.19	0.19	0.57***	-0.07	0	
강원/제주/기타	-0.01	0.06	0.07	0.45*	-0.20	-0.12	0

■ 주. *p<0.05, **p<0.01, ***p<0.001

[표 A7] 고향별 박근혜 당선인 진보-보수 평가 차이 검정

	서울	인천/경기	대전/충청	광주/전라	대구/경북	부산/울산/경남	강원/제주/기타
서울	0						
인천/경기	-0.44	0					
대전/충청	-0.16	0.28	0				
광주/전라	0.27	0.71	0.43	0			
대구/경북	-0.46	-0.02	-0.30	-0.73	0		
부산/울산/경남	-0.32	0.12	-0.16	-0.60	0.13	0	
강원/제주/기타	-0.63	-0.19	-0.47	-0.91	-0.18	-0.31	0

■ 주. *p<0.05, **p<0.01, ***p<0.001

[표 A8] 고향별 문재인 후보 진보-보수 평가 차이 검정

	서울	인천/경기	대전/충청	광주/전라	대구/경북	부산/울산/경남	강원/제주/기타
서울	0						
인천/경기	-0.24	0					
대전/충청	-0.31	-0.07	0				
광주/전라	-0.71	-0.46	-0.39	0			
대구/경북	-0.21	0.03	0.10	0.49	0		
부산/울산/경남	0.03	0.27	0.34	0.74	0.24	0	
강원/제주/기타	-0.37	-0.13	-0.06	0.33	-0.16	-0.40	0

■ 주. *p<0.05, **p<0.01, ***p<0.001

[표 A9] 고향별 응답자 진보-보수 평가 차이 검정

	서울	인천/경기	대전/충청	광주/전라	대구/경북	부산/울산/경남	강원/제주/기타
서울	0						
인천/경기	0.04	0					
대전/충청	-0.19	-0.23	0				
광주/전라	0.42	0.38	0.61	0			
대구/경북	-0.43	-0.47	-0.24	-0.85	0		
부산/울산/경남	-0.14	-0.18	0.06	-0.56	0.30	0	
강원/제주/기타	-0.55	-0.58	-0.35	-0.97	-0.11	-0.41	0

■ 주. *p<0.05, **p<0.01, ***p<0.001

2장
2012년 대통령선거에서의 이념과 후보 선택

강원택

적어도 2002년 대통령선거 이후 이념은 한국 선거정치에서 매우 중요한 영향을 미치는 요인이 되어왔다. 주요 정당이 보수와 진보의 이념을 각각 대표했고 실제로 외교안보정책, 경제정책 및 사회정책 분야에서 적지 않은 차별성을 보였다(예컨대, 박원호 2012; 이내영 2009; 김욱 2006; 강원택 2003). 그런데 2012년 대선에서는 흥미롭게도 이념적 요인의 영향이 예상 밖으로 그다지 크게 부각되지 않았다. 선거운동 기간 중에 과거와 같이 지지자들 간의 이념적 대립이나 갈등이 부각되지 않았고 특정 정책을 둘러싼 격한 논쟁도 일어나지 않았다. 이런 점이 유달리 특이하게 느껴지는 까닭은 2012년 대선이 보수를 대표하는 박근혜와 진보를 대표하는 문재인 간의 양자 대결로 모아졌기 때문이다. 제3의 후보 없이 보수와 진보의 정파가 일대 일로 경쟁을 펼친 선거였기 때문에 이념적 입장에 따른 정치적 정면대결이 불가피해 보였던 것이다.

2012년 대선에서 이념적 요인의 중요성이 약화된 것을 설명할 수 있는 한 가지 이유는 후보자 간의 정책적 입장이 수렴하는 모습을 보였다는 점이다. 특히 박근혜 후보는 전통적으로 진보의 어젠다였던 복지 이슈나 재벌개혁을 포함하는 '경제민주화'의 이슈를 선점하고 강조하면서 진보진영과의 정책적 차별성을 크게 좁혔다. 더욱이 대북정책처럼 이념적으로 예민한 사안도 박근혜, 문재인 두 후보 모두 전임 이명박 정부의 강경일변도 정책으로부터의 변화를 강조하면서 그 차이 역시 크게 부각되지 않았다.

그렇다고 하더라도 오늘날 한국정치에서 이념 변수의 중요성을 간과할 수는 없을 것이다. 그렇다면 2012년 대선에서 이념변수는 과연 유권자들이 후보를 평가하는 데 어떤 영향을 미쳤고 궁극적으로 투표 후보를 선택하는 데 어느 정도의 영향을 미쳤을까 하는 것이 이 글에서 규명하고자 하는 문제의식이다. 여기서 사용하는 자료는 총선 전부터 대선 이후까지 모두 일곱 차례 진행된 EAI · SBS · 중앙일보 · 한국리서치 공동 2012 총선대선패널조사(KEPS 2012) 자료이며 시간의 흐름에 따른 이념적 특성을 변화를 추적하며 분석할 것이다.[1]

이념이 후보자 선택에 미친 영향

이념이 후보자 선택에 미친 영향을 살펴보기 위해 우선 대선에서 지지한 후보별 투표자의 주관적 이념 성향을 살펴보았다. [그림1]에는 2012년 총선에서 새누리당이나 자유선진당과 같은 보수정당과 민주통합당, 통합진보당, 진보신당 등 진보정당에 정당투표를 한 유권자들의 이념성향의 추이와 대선에서 박근혜 후보와 문재인 후보를 지지한 유권자의 이념성향의 추이가 정리되어 있다. 몇 가지 주목할 만한 특성이 확인된다. 첫째 역시 박근혜 후보와 문재인 후보 지지자 간 매우 분명한 이념적 입장의 차이를 보이고 있다는 점이다. 5가 이념적 중간지점인데 박근혜 후보 지지

---

[1] KEPS 2012 1차 조사 : 2012. 3.30-4.1, 2차 조사 : 2012. 4.12?4.15(총선 직후 조사), 3차 조사 : 2012. 8.20- 8.23, 4차 조사 : 2012. 10.11-14, 5차 조사 : 2012. 10.11-10.14, 6차 조사 : 2012. 12.11-13, 7차 조사 : 2012. 12.20-12.22(대선 직후 조사).

자들의 이념 평균은 예외 없이 5보다 큰 값, 곧 보수적 위치에 놓여 있고 문재인 후보 지지자들은 5보다 작은 값, 즉 진보적 지점에 위치해 있다. 즉 2012년 대선에서도 유권자의 이념에 따라 후보자 선택이 달라졌다는 사실을 알 수 있다.

둘째, 두 후보의 지지자들을 비교할 때 박근혜 후보 지지자들의 보수성이 문재인 후보 지지자의 진보성보다 더욱 강하게 나타났다는 점이다. 특히 대선에 가까워질수록 박근혜 후보 지지자들의 보수성향은 점차 강화되는 특성을 보이고 있다. 2012년 총선 직전 조사에서 5.98점이었던 박 후보 지지자의 이념 평균은 그 이후 6.18점, 6.26점으로 증가했고 대선 직후 조사에서는 6.62점까지 높아졌다. 이에 비해 문재인 후보 지지자들의 이념 평균은 4.45점, 4.72점, 4.55점 그리고 4.44점으로 상대적으로 큰 변화가 없었던 것으로 나타났다.

셋째, 2012년 총선에서 새누리당이나 자유선진당과 같은 보수정당에 정당투표를 한 이들의 이념성향은 대선 과정에서도 일관된 형태로 보수

[그림 1] 총선 이후 대선까지 유권자의 주관적 이념의 변화

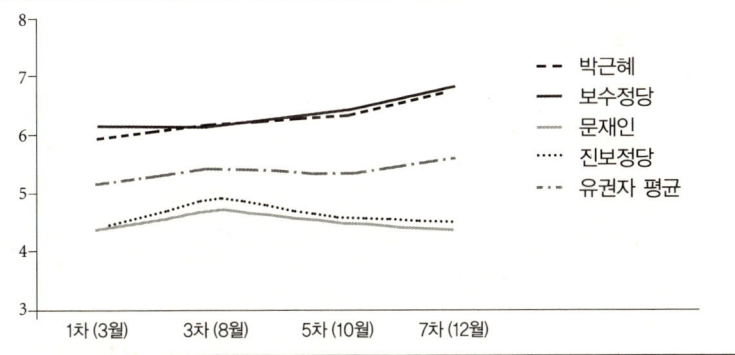

■ 주. • 보수정당 : 총선때 새누리당, 자유선진당 정당투표자
　　 • 진보정당 : 총선때 민주통합당, 통합진보당, 진보신당 정당투표자
　　 • 박근혜 : 대선때 박근혜 투표자
　　 • 문재인 : 대선때 문재인 투표자

적이며 반대로 민주통합당이나 통합진보당 그리고 진보신당에 정당투표를 한 이들은 역시 일관되게 진보적 성향을 취했다는 점이다. 다만 대선에 가까워질수록 새누리과 자유선진당 투표자들의 이념성향은 보다 보수화되어 가는 반면, 진보정당들에 투표한 이들에게서는 그런 특성이 나타나지 않았다. 이는 2012년 총선에서의 투표선택이 이념적으로 볼 때 대선과 크게 다르지 않았다는 것을 잘 보여준다. 2012년 총선에서 이명박 정부에 대한 커다란 불만에도 불구하고 새누리당이 승리한 원인이 대선을 염두에 둔 후보자들의 선택과 연관이 있다는 주장(강원택 2012)의 타당성을 여기서 확인해 볼 수 있다.

넷째, 총선에서 정당투표자와 대선후보 지지자 두 집단 간의 이념적 차이에 대한 것이다. 총선 직전 조사 때와 대선 직후 조사 때를 비교할 때 박근혜, 문재인 두 후보 지지자들 각각 이념성향이 유사해지는 경향을 보이지만 총선 때 보수정당에 정당투표를 한 이들의 이념성향은 대선 때 박근혜 후보에게 투표한 이들보다 다소 보수적인 것으로 나타났다. 이는 박 후보가 총선 때와 비교하여 대선에서 이념적으로 보다 확대된 지지를 얻었다는 사실을 말해 준다. 반면 문 후보의 경우에 총선 직전과 대선 직후 조사결과를 비교해 보면, 총선 무렵에는 두 집단 간 큰 이념적 차이가 없었는데 대선에서의 문 후보 투표집단의 이념성은 오히려 더 진보적으로 나타났다. 즉 문 후보의 경우에는 지지층이 총선 때보다 이념적으로 보다 진보적인 집단으로 축소되었다는 것이다. 이러한 차이는 박 후보가 대선에서 잠재적인 보수성향의 유권자들을 효과적으로 동원해 내었다는 추정을 가능하게 한다.

마지막으로 지적할 수 있는 점은 2012년 대선에서는 전반적으로 유권자들이 보수화된 것으로 나타났다는 점이다. [그림1]에서 보듯이 총선 이전부터 유권자의 이념평균은 5.19점으로 보수 쪽으로 기울어져 있었고 대선이 가까워질수록 보수성이 강화되는 경향을 보였다. 대선 직후 조사에서 유권자 평균은 5.52점으로 나타났다. 이전과 비교하면 KEPS 2007의 대선 후 조사에서 유권자의 이념평균 점수는 5.53점으로 2012년과 큰 차이가 없었다. 그러나 2002년 대선에는 4.55점으로 진보 쪽으로 편향되어 있었고 1997년 대선에서는 5.1점으로 거의 중도지점에 놓여 있었다.[2] 흥미롭게도 2007년과 2012년 대선에서 유권자의 이념적 평균이 보수 편향되었고 선거 결과에서도 두 번 모두 보수후보가 당선되었다.

그렇다면 어떤 유권자가 보수이고 혹은 진보일까? 이념별 유권자의 사회경제적 특성에 대해서 알아보기 위해 거주지역, 성별, 연령, 학력과 주관적 계층의식 등 다섯 가지 사회경제적 변수를 포함하여 선형회귀분석을 실시했다. 그 결과가 [표1]에 정리되어 있다. 연령은 주관적 이념성향과의 관계가 통계적으로 유의미하게 나타났는데 이전 여러 연구에서 확인된 것처럼 연령이 높아질수록 보수적인 태도를 갖는 것으로 나타났다. 학력 역시 고학력일수록 진보적인 성향이 강한 것으로 확인되었다. [표1]에서 흥미로운 점은 지역이다. 민주화 이후 한국 선거에서 지역주의 투표의 대상이 되었던 충청, 호남, 경북, 경남의 네 지역 가운데 호남지역에서만 주관적 이념성향이 다른 지역과 구분되는 차이를 보였다. 예상대로 호남지역 거주자일수록 진보성향이 강한 것으로 나타났다. 그러나 나머지 세 지역에서는 다른 지역과의 이념성향의 차이가 확인되지 않았다. 그러나 서구에서 정치이념에 중요한 영향을 미치는 소득변수는 여기서는 통계적으로 유의미하지 않은 것으로 나타났다. 결국 젊은층, 고학력층, 호남 거주자가 상대적으로 진보적인 성향을 많이 갖는 것으로 요약해 볼 수 있다.

---

2) 1997년 자료는 강원택(2003, 34), 2002년 자료는 강원택(2003, 294). 원래 자료에서는 두 경우 모두 가장 진보 1, 가장 보수 5의 5점 척도로 되어 있는 것을 0-10의 11점 척도로 변환하였다.

[표 1] 주관적 이념 성향과 사회경제적 배경 : 선형 회귀분석

	B	표준화계수 (β)
성별	0.07	0.02
연령	0.04*	0.24
학력	-0.29	-0.15
소득	0.07	0.05
충청 거주	0.22	0.03
호남 거주	-1.12	-0.15
경북 거주	0.34	0.05
경남 거주	0.03	0.01
상수	4.42	
F=16.8, R^2=0.13, * $p<0.01$		

- 주. • 종속변수 : 주관적 이념(KEPS 2012 7차 조사) 0은 가장 진보, 10은 가장 보수.
  • 성별 : 남성 1 여성 0.
  • 학력 : 1.중졸 이하, 2.고졸, 3.대재, 4.대졸 이상
  • 소득 : 1 : 199만원 이하, 2 : 200-299만원, 3 : 300-399만원, 4 : 400-499만원, 5 : 500-599만원, 6 : 600만원 이상.
  • 지역 변수 : 해당 지역 거주자 1, 기타 지역 거주자 0.

이념성향이 투표선택에 미친 영향

한국선거에서 이념은 후보선택에 중요한 영향을 미쳐왔다. 그렇다면 2012년 선거에서도 이념성향은 투표선택에 영향을 미쳤을까? 이념집단별로 후보선택의 비율을 살펴본 결과 이념 성향에 따른 차이가 확연하게 구분되었다. [표2]에서 보는 바와 같이 진보집단의 90.7퍼센트가 문재인 후보를 지지했고 박근혜 후보 지지는 불과 9.3퍼센트에 불과했다. 반대로 보수집단에서는 78.1퍼센트가 박 후보를 지지했고 21.9퍼센트가 문 후보를 지지했다. 중도이념 집단에서는 문 후보 지지가 56.4퍼센트로 박 후보 지지 43.6퍼센트보다 높았다. 이념집단별 지지후보가 극명하게 달라졌다는 것을 알 수 있다. 특히 2010년 대선에서는 보수, 진보 두 이념진영을

[표 2] 이념집단별 후보 선택

	박근혜	문재인	합계 (n)
진보	9.3	90.7	100.0 (193)
중도	43.6	56.4	100.0 (303)
보수	78.1	21.9	100.0 (360)
Pearson $\chi^2 = 246.0$ $p<0.01$			

대표하는 두 후보만이 출마했기 때문에 각 이념진영의 결집이 더욱 강하게 나타난 것으로 보인다.

이제 보다 구체적으로 2012년 대선에서 후보선택에 미친 여러 변수들 가운데 이념의 영향을 확인해 보기로 한다. 정당, 이념, 지역, 후보자 및 세대 등 모두 다섯 가지 범주를 고려했는데 이 변수들은 그 동안 기존 연구에서 유권자의 투표 결정에 영향을 미친 것으로 확인된 것들이다. 정당 요인의 영향력을 측정하기 위해 새누리당과 민주통합당의 정당일체감을 포함했고 이념 요인의 영향력 측정을 위해서는 두 후보와 유권자 간의 이념거리와 유권자 본인의 주관적 이념위치를 포함했다. 지역변수로는 지역주의 정당정치의 기반이 되어 온 호남, 경북, 경남 지역을 포함했으며 해당 지역인 경우 1, 아닌 경우 0으로 코딩했다. 후보자 요인으로는 국정운영 능력, 도덕성, 소통 능력 세 가지 내용에 대한 평가의 평균을 활용했다. 그리고 세대 요인으로는 연령 변수를 포함했다. 이들 변수를 대상으로 이항로지스틱 모델을 실시했다. 그 결과가 [표3]에 정리되어 있다. 분석 결과 정당일체감은 투표후보 선택에 상당한 영향을 미친 것으로 나타났으며 이는 새누리당과 민주통합당 양당 지지자들 모두에게서 그 영향력이 확인되었다. 새누리당에 정당일체감을 가지면 박근혜 후보, 민주통합당에 정당일체감을 가지면 문재인 후보를 지지할 확률이 높아지는 것으로 나타났다. 이념 범주는 매우 흥미로운 결과가 나타났다. 본인의 주관적 이념은 후보지지에 영향을 미치는 것으로 확인되었다. 스스로 보수적이라고 생각할수록 박근혜 후보에 대한 지지가 높아지는 것으로 나타났다. 앞의 [표2]에서 본 지지패턴을 감안할 때 당연한 결과이다. 그런데 후보와 유권자 간의 이념거리에서는 두 후보 간 상이한 결과가 나타났다. 문재인 후보와 이념거리가 짧을수록 문 후보를 지지할 확률이 높아지고 그 거리가 멀어질수록 문 후보 지지확률이 낮아지는 것으로 나타났는데, 이에 비해 박근혜 후보의 경우에는 이념거리의 효과가 거의 없었으며 통계적으로도 그 관계의 유의미함이 입증되지 않았다. 박 후보 지지의 경우에는 박 후보와의 이념거리가 별로 중요치 않았음을 보여주는 것이라고 할 수 있다. 이는 이념적 거리의 근접성이 중요하다고 주장한 다운즈(Downs 1957)의 관점에서 본다면 흥미로운 결과로 보인다.

거주지역별로는 호남 거주자일수록 박근혜 후보 지지가 낮아지고 경북 거주자일수록 그 지지가 높아졌다. 지역주의 효과를 고려할 때 당연해 보이는 결과이다. 다만 전통적으로 새누리당 등 보수정당 지지가 높았던 경남지역에서 이번 대선에서는 두 후보 지지확률이 통계적으로 유의미하게 나타나지 않았다는 점은 지적할 만하다. 부산, 경남, 울산 지역에서 문재인 후보의 실제 득표율이 2002년 노무현 후보 때와 비교하여 10퍼센트 가까이 상승했고 2010년 지방선거에서 경남에서 김두관 후보의 당선, 부산에서 김정길 후보의 선전 등을 감안하면 이러한 결과는 향후 선거에서 경남지역의 지역주의 투표행태의 변화와 관련하여 주목할 만한 부분이다. 후보자의 역량 평가는 두 후보 모두 비교적 큰 계수 값이 나타났으며 통계적으로도 유의미하게 확인되었다. 박근혜 후보의 경우에 문재인 후보와 비교하여 보다 큰 영향을 미친 것으로 나타났다. 그러나 이전 몇 차례 선거에서 큰 영향을 보였던 연령의 효과는 여기서는 통계적인 유의미성이 확인되지 않았다. 전체적으로 볼 때 2012년 대선에서 박근혜와 문재인 두 후보에 대한 지지에는 정당일체감, 지역, 후보자요인, 본인의 주관적 이념 등이 영향을 미친 것으로 나타났지만 연령, 경남 거주 여부, 박근혜 후보와의 이념거리는 통계적으로 그 영향이 입증되지 않았다.

이 글에서 관심을 갖는 이념의 요인을 고려할 때 이념거리의 근접성이 박근혜 후보의 경우 영향이 거의 없는 것으로 나타난 점은 매우 흥미롭다. 그것은 보수적일수록 박 후보 지지가 높아지지만 반드시 박 후보와 지지자의 이념거리가 가까울 필요는 없음을 의미하는 것인데 한 가지 원인으로는 2012년 대선이 보수, 진보를 대표하는 후보자 간의 일대일 대결이었기 때문에 이념거리보다 보수, 진보의 이념진영이 중요하게 간주된 탓으로 볼 수도 있다. 다만 문재인 후보의 경우에는 이념거리가 중요하게 나타난데 비해 유독 박 후보 지지의 경우 그것이 중요하지 않게 나

[표 3] 이항 로지스틱 모델 : 투표결정 요인

범주	변수	B	Exp(B)
정당	새누리당에 정당 일체감	1.43[1]	4.18
이념	민주통합당에 정당 일체감	-0.94[1]	0.39
	박근혜와의 이념 거리	0.00	1.00
	문재인과의 이념 거리	0.25	1.29
	본인의 주관적 이념	0.37[1]	1.44
지역	호남 거주	-1.15[2]	0.32
	경북 거주	1.02[2]	2.78
	경남 거주	-0.18	0.84
후보자	박근혜 역량 평가	1.24[1]	3.47
	문재인 역량 평가	-0.96[1]	0.38
세대	연령	-0.01[1]	0.99
상수		-3.67[1]	
-2LogLikelihood=385.1 Cox & Snell's R2=0.61 분류정확 91.5%			

■ 주. • 1 : p<0.01, 2: p<0.05.
 • 종속변수 : 0은 문재인, 1은 박근혜.
 • 정당일체감 : 0은 다른 정당/지지 정당 없음, 1은 새누리당, 민주통합당 (KEPS 2012 1차 조사)
 • 이념 : 0은 가장 진보, 10은 가장 보수.
 • 지역 : 0은 다른 지역 거주, 1은 해당 지역 거주
 • 후보자 역량 : (국정운영 능력+도덕성+소통 능력)/3

타난 것은 보수적인 유권자들의 이념적 결집이 진보유권자들에 비해 더 강했다는 점을 시사해 주는 것으로 보인다.

그렇다고 해도 이론적으로 볼 때 박근혜 후보와 투표자들 간 이념거리가 중요하지 않게 나타난 것은 흥미롭다. 그 특성을 보다 자세히 살펴보기 위해 이번에는 유권자들이 주요 두 후보의 이념적 입장을 어떻게 인식하고 있었는지에 대해서 알아보았다. 이를 위해서 대선 투표자들과 두 후보 그리고 새누리당과 민주통합당과의 이념거리를 측정했다. [표4]는 박근혜, 문재인 두 후보의 지지자들이 각 후보와 소속정당의 이념적 위치에 대한 인식 그리고 지지자들의 이념위치와 각 후보 및 정당 간 평균적 이념거리의 절대값을 정리한 것이다. 여기서 몇 가지 흥미로운 점을 확인할 수 있다. 우선 지지자들이 인식하는 박근혜 후보의 이념적 위치는 매우 보수적이며 더욱이 시간이 갈수록 더욱 보수적으로 간주하는 것으로 나타났다. [그림1]에서 본 박 후보 지지자의 이념 성향과 박 후보의 이념성향을 비교하면 박 후보의 이념적 위치가 훨씬 보수적이라는 것을 알 수 있다. 박 후보의 이념적 위치는 새누리당에 대한 이념위치보다도 더 보수적인 지점에 놓여 있다고 인식되고 있다. 실제로 박 후보 지지자와 후보자 간의 이념거리는 1.72-2.18로 그 차이가 매우 큰 편이다. 박 후보와 지지자 간의 이념거리는 선거가 가까워질수록 조금씩 줄어들고 있지만 여전히 그 차이는 크다고 할 수 있다. 이에 비해 문재인 후보의 경우는 일관된 변화의 추이를 보이지는 않지만 시간이 갈수록 5에 가까워진다는 점에서 중도 성향이 강해진다고 인식하는 것으로 나타났다. 한편 민주통합당은 문 후보보다는 덜 진보적인 것으로 인식되었는데 거의 중도에 가까운 입장을 갖는 것으로 인식되었다. 박 후보 지지자들과 마찬가지로 대선이 가까워질수록 문 후보와의 이념적 거리는 가까워지는 것으로 나타났다. 그러나 박 후보 측에 비해서 문 후보와 지지자 간의 이념 거리는 상대

[표 4] 박근혜, 문재인, 새누리당, 민주통합당에 대한 지지자의 이념인식

		2차	5차	7차
박근혜 투표자	박근혜	7.27	7.29	7.64
	박근혜와 이념거리	2.18ª	1.87	1.72
	새누리당	7.04	7.06	
	새누리당과 이념거리	2.18ª	1.78	
문재인 투표자	문재인	4.05	4.84	4.34
	문재인과 이념거리	1.82ª	1.61	1.36
	민주통합당	4.64	4.92	
	민주통합당과 이념거리	1.87ª	1.56	

■ 주. • 이념성향 : 0은 가장 진보 그리고 10은 가장 보수.
　　• a : 지지자의 이념성향은 KEPS 2012 1차 조사.

적으로 그 차이가 크지 않았다.

　다운즈의 관점에서 흥미로운 점은 박근혜 후보의 이념위치와 문재인 후보의 이념위치를 비교해 볼 때 선거에서 패배한 문 후보가 보다 중위수 유권자의 지점에 가까워 보인다는 점이다. 응답자와 후보자에 대한 이념성향을 모두 물은 KEPS 2012 5차, 7차 조사 결과를 분석하면 박 후보의 이념위치에 대한 전체 평균은 7.06(5차), 7.58(7차)이며 문재인 후보의 경우에는 4.52(5차), 4.40(7차)였다. 전체 유권자의 이념평균이 5.31(5차), 5.52(7차)라는 점을 감안할 때, 박 후보와의 차이는 1.75(5차), 2.06(7차)이며 문 후보와의 차이는 0.79(5차), 1.12(7차)이다. [표4]에서 본 것과 같이 지지자의 경우이든 혹은 여기서 언급한 대로 전체 응답자를 대상으로 하는 경우이든 문 후보와 비교하여 박 후보의 이념거리가 더 크다는 것을 알 수 있다. 그렇다면 어떤 이유에서 박 후보는 강한 이념적 편향성과 상대적으로 먼 이념거리에도 불구하고 승리할 수 있었을까? 앞서 본 [표 3]에서는 박 후보의 경우 이념거리가 투표결정에 미치는 영향은 거의 없는 것으로 나타났다.

　두 후보와의 이념거리를 느끼게 해주는 요인을 무엇일까? 이를 알아보기 위해 박근혜, 문재인 두 후보와의 이념거리에 미치는 변수를 분석해

보았다. 세 가지 범주를 고려했는데 후보자범주, 이념범주, 그리고 정당범주 등이다. 후보자범주에는 두 후보의 도덕성, 국정운영능력, 그리고 소통능력에 대한 평가를 포함했고 이와 함께 후보에 대한 호감도를 포함했다. 이념범주에는 응답자 본인의 주관적 이념성향, 그리고 정당범주에는 정당일체감과 정당에 대한 호감도를 고려했다. 각 후보에 대한 지지자들을 대상으로 이러한 변인들이 각 후보와의 이념거리에 미치는 영향을 회귀분석을 통해 살펴보았다. 그 결과가 [표5]에 정리되어 있다.

박근혜 후보와의 이념거리에는 본인 이념성향과 새누리당에 대한 호오도가 통계적으로 유의미하게 나타난 반면, 문재인 후보와의 이념거리에는 모든 변인들의 통계적 유의미성이 확인되지 않았다. 이는 박근혜 후보에 대한 이념거리에는 보수이념, 그리고 새누리당에 대한 호감 등 정파적인 요인이 큰 영향을 미친 반면 박근혜 후보의 개인적 요소는 그다지 중요하게 영향을 미치지 않음을 보여주는 것이라고 할 수 있다. 특히 본인

[표 5] 선형 회귀분석 : 두 후보에 대한 이념거리에 미치는 변인 분석

		박근혜 투표자의 박근혜와의 이념거리		문재인 투표자의 문재인과의 이념거리	
		B	β	B	β
후보	도덕성	0.09	0.09	-0.07	-0.09
	국정운영 능력	0.10	0.08	0.06	0.06
	소통 능력	-0.03	-0.03	0.05	0.06
	호감도	-0.09	-0.09	0.00	0.00
이념, 정책 정당	본인 이념성향	-0.48[1]	-0.53	-0.02	-0.02
	정당 일체감	0.15	0.04	0.18	0.06
	정당 호감도	0.13[1]	0.17	-0.01	-0.01
	상수	3.40[1]		1.17[1]	
		$F=21.4$ $p<0.01$ $R^2=0.26$		$F=31.5$ $p<0.01$ $R^2=0.30$	

■ 주. • 1: $p<0.01$.
• 역량 평가 : 0점은 미흡, 10점은 충분. (KEPS 2012 7차 조사)
• 주관이념 : 0점은 가장 진보, 10점은 가장 보수. (본인 이념, 후보와의 이념거리, KEPS 2012 7차 조사)
• 정당일체감 (KEPS 2012 1차 조사) : 새누리당(민주통합당) 1, 기타 정당 및 없음/모름(무응답) 0.
• 후보 및 정당 호감도 : 0점은 매우 싫다, 10점은 매우 좋다.

의 이념성향이 박 후보와의 이념거리에 미치는 정도는 계수의 크기로 볼 때 비교적 큰 것이라고 할 수 있다. 즉 보수적 유권자들에게 이념적으로 박 후보에게 가깝고 멀게 느껴지는 것은 후보자 박 후보의 개인적 요인보다 정파적인 속성이 강하다는 것을 말해주고 있다. 박 후보의 이념적 입장과 무관하게 보수적 유권자들이 박 후보을 중심으로 결집했다는 사실을 시사해 주고 있다. 앞의 [표3]에서 본 것과 같이 박근혜 후보 지지 여부에 이념거리가 별다른 영향을 미치지 않은 것도 이런 이유에서 설명될 수 있을 것이다.

박근혜 후보의 이념적 위치에 대한 인식과 관련해서 또 하나 생각해 볼 점은 [그림1]에서 본 대로 유권자의 이념이 전반적으로 대선에 가까워질수록 보수화되었다는 점이다. 이런 경향은 특히 박 후보 지지자들 그리고 2012년 총선에서 보수정당에 정당투표한 유권자들에게서 매우 두드러지게 나타났다. 이런 특성을 다른 측면에서 다시 확인하기 위해서 총선에서 진보정당에 정당투표하고 대선에서 박 후보를 지지한 유권자와 총선에서 보수정당을 지지하고 대선에서 문재인 후보를 지지한 유권자들의 이념변화 추이를 살펴보았다. 이 결과가 [그림2]에 정리되어 있다.

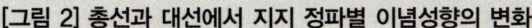

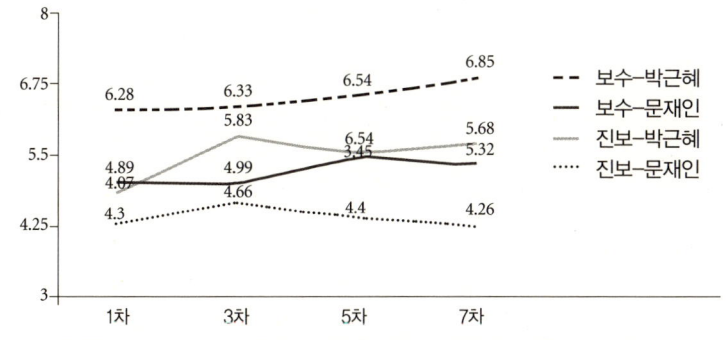

[그림2]에서 보는 바와 같이 네 집단별로 적지 않은 차이가 나타났다. 우선 총선에서 보수 정당을 지지하고 대선에서 박근혜 후보를 지지한 핵심 보수지지 세력의 경우에는 총선 이전에 비해 대선 무렵에는 이념적 보수성이 크게 강화되었다. 이들은 총선 직전 조사에서 6.28이었지만 대선 직후 조사에서는 6.85로 크게 평균이 치솟았다. 이에 비해 총선에서 진보 정당에 정당투표를 하고 대선에서 문재인 후보를 선택한 핵심 진보지지 세력의 경우에는 이와 같은 이념성의 변화가 발견되지 않는다. 이들은 총선 직전 4.3에서 대선 직후 조사에서는 4.26으로 큰 차이를 보이지 않았지만 진보성이 강화되었다. 흥미로운 것은 총선과 대선에서의 지지정파가 달라진 집단인데 정도의 차이는 있지만 모두 시간이 흐르면서 보수성이 강화되는 것으로 나타났다. 특히 총선에서 진보정당에 정당투표했지만 대선에서 박근혜 후보에게 표를 던진 이들의 경우 총선 직전에는 4.87로 5이하의 진보적 입장을 표명했지만 대선 직후 조사에서는 5.68로 크게 보수화되는 모습을 보였다. 한편 총선 때 보수정당에 투표했지만 대선에서 문재인 후보를 지지한 집단도 4.99의 중도적 입장에서 5.32로 다소 보수성이 강화되었지만 그 차이는 상대적으로 크지 않았다.

주관적 이념에 영향을 준 요인들

이상의 논의에서 추정해 볼 수 있는 것은 지지자들이 인식하는 박근혜 후보의 이념적 입장이 대선에 가까울수록 [표4]에서와 같이 보수성이 강화되었지만 지지자들 스스로도 보수성이 강화되었다는 점이다. 더욱이 보수 대 진보의 구도로 대선이 진행되면서 이념적 거리의 가깝고 먼 것보다 이념적으로 "내 편이냐 아니냐" 하는 방향성이 더욱 중요하게 된 것이다.

언론에서 말하는 보수 대 진보의 이념적 '진영(陣營) 싸움'이 유권자의 이념적 인식에 영향을 주었다고 할 수 있다. 따라서 박근혜 후보와 새누리당의 대선전략이 잠재적 지지자의 보수성을 자극하거나 강화시켰고 박근혜 후보가 강한 보수로 인식되더라도 그것은 지지자들 입장에서는 '보수적인 선명성'을 드러내는 것으로 간주되었을 것이다. 그러나 진보의 경우에는 그런 경향이 그다지 강하지 않게 나타났다.

이런 차이를 보인 것은 '보수진영'의 경우 2012년 총선을 승리로 이끌면서 박근혜 후보가 당경선과 무관하게 이미 새누리당 후보로서 확고한 입장을 확립했기 때문으로 보인다. 더욱이 예전 선거와 달리 보수진영에서 경쟁력 있는 제3의 후보가 등장하지도 않았다. 1992년 정주영, 1997년 이인제, 2002년 정몽준, 2007년 이회창 모두 그 이념적 입장에서 원래 보수성향을 나타냈던 후보들이었고 보수 유권자들의 지지를 일정하게 분산시키는 결과를 초래했지만 이번에는 명실상부하게 박근혜 후보가 보수진영의 유일한 주자였다. 박근혜 후보가 보수 유권자들이 높게 평가하는 박정희 전 대통령의 딸이라는 점도 그를 보수 세력의 아이콘으로 지지자들 사이에 수용되도록 하는 데 도움을 주었을 것이다.[3]

이에 비해서 진보진영의 경우에는 선거 막판까지 문재인과 안철수 두 후보를 두고 지지가 분열되어 있었고 후보단일화를 두고 두 후보 지지층 간에 상당한 의견의 차이를 보였으며 단일화 이후에도 적지 않은 후유증을 경험했다. 실제로 총선 직후 실시한 2차 조사를 보면 진보이념 집단에

---

3) 이념 집단별 박정희 평가는 아래의 표와 같다 (박정희 : 2차 조사, 이념집단 : 7차 조사).

	진보	중도	보수
호감	43.5	63.8	83.8
비호감	56.5	36.2	16.2
합계	100.0(191)	100.0(293)	100.0(351)

Pearson x^2 = 94.5 p<0.01

서 인식한 문재인 후보의 이념위치는 3.74이며 안철수 전 교수의 이념위치는 3.77로 나타나 사실상 두 후보 사이에 별다른 차이를 보이지 않았다. 그런 점에서 '진보진영'의 단일 후보로서 문재인 후보의 존재감은 박근혜 후보와 비교할 때는 상대적으로 취약할 수밖에 없었다. 그런 점에서 보수정파의 경우 이념적 보수성을 강화하면서 '이념진영'의 결집을 강화해 나간 반면, 진보정파의 경우에는 이념적 정체성의 강화보다는 두 후보 간의 단일화 문제가 보다 중요했던 것이다.

그렇다면 어떤 이유로 대선이 가까워질수록 주관적 이념성향이 특히 박근혜 후보 지지자의 경우 보수화되었을까? 이에 대해서 살펴보기 위해서 2012년 대선의 주요 이슈와 TV토론의 영향 그리고 대중매체의 영향을 분석했다. 대선 주요 이슈를 포함한 것은 선거이슈에 대한 두 후보 간의 정치적 공방 속에서 유권자의 이념적 인식이 변화될 수 있을 것이기 때문인데 여기에는 박근혜 후보 측이 강조한 "여성 대통령론" 그리고 문재인 후보 측에서 강조한 "정권교체를 위한 단일후보 지지"와 "이명박 정부 실정 심판론" 그리고 상황적인 요인으로 부상한 이정희 변수, 노무현 대통령 북방한계선(NLL)논란, 북한 로켓발사 실험에 영향을 받았는지의 여부를 포함했다. TV토론은 세 차례 실시되었는데 두 차례는 이정희 후보와 삼자대결로 이뤄졌고 마지막 3차는 박근혜-문재인 후보 간 양자대결로 이뤄졌다. 여기서는 박근혜와 문재인 두 후보만을 두고 1, 2차 토론에서 가장 잘 한 후보, 3차 토론에서 잘 한 후보 그리고 당선되어서는 안 될 후보로 이정희 후보를 꼽은 경우를 포함했다. 대중매체 역시 이념성향에 따라 보도 내용이나 논지에서 상당한 차이를 보였다. 여기서는 즐겨보는 신문 매체를 조선, 중앙, 동아 등 보수 신문과 한겨레, 경향, 한국, 오마이뉴스 등 진보신문으로 대별하였다. 즐겨 본 방송은 기존의 KBS, SBS, MBC 등 지상파 3사를 즐겨 보는 경우와 2012년 대선에 처음 등장한

[표 6] 주관적 이념의 차이에 영향을 준 요인 : 이슈, TV 토론, 매체 효과

	항목	태도	이념 변화 수치
선거 이슈	여성 대통령	동의	0.58
		동의 않음	0.03
	정권교체 위해 단일후보 지지	동의	0.21
		동의 않음	0.47
	영향 준 이슈 : 이정희, NLL, 북한 로켓	영향	0.44
		다른 이슈 영향	0.29
	MB 실정 심판	동의	0.27
		동의 않음	0.33
TV 토론	토론회 1, 2차 승자	박근혜	0.69
		문재인	-0.07
	토론회 3차 승자	박근혜	1.01
		문재인	0.27
	당선 안 되어야 할 후보	이정희	0.55
		기타 후보	0.16
매체	즐겨 읽는 신문	조중동	0.38
		진보 매체	0.09
	즐겨 본 방송	종편	0.44
		지상파	0.29

■ 주. 여기서 평균은 7차 조사 때 주관적 이념위치와 1차 조사 때 주관적 이념위치의 차이임. 즉 대선 직후 조사에서의 결과와 총선 직전 조사 때 결과의 차이임.

jTBC, TV조선, 채널A, MBN 등 종합편성방송(종편)을 즐겨보는 경우로 구분했다. 종속변수인 이념평균의 차이는, 원래 이념값이 0이 가장 진보, 10이 가장 보수이므로, 양의 값은 총선 이전에 비해 대선 무렵에 보수화 되었음을 의미하는 것이다.[4]

대체로 모두 양의 값으로 나타나 전반적으로 보수성이 선거가 가까워 질수록 강화되는 것으로 나타났지만, 특히 박근혜 후보나 보수정파와 관련된 항목에서는 예외 없이 보수성이 크게 강화되는 것으로 나타났다. 박

---

[4] 시간에 따른 이념성향 변화의 차이의 범위는 각 변수의 하위 집단별로 상이하게 나타날 수 있다. 연령변수를 본다면 60대 이상의 집단은 원래 매우 보수적이어서 가장 보수적인 9나 10으로 스스로의 입장을 처음에 규정한 이들이 많다면, 시간에 따라 변화하더라도 더욱 보수화될 수 있는 값은 1이거나 0에 불과할 것이다. 이에 비해 같은 보수 집단이라도 6, 7의 값을 처음에 가진 이들이 많은 집단이라면 3, 4정도로 변화할 수 있는 여지가 있다. 이런 점을 고려하여 [표 5]와 [표 6]에서는 분산분석 같은 통계분석은 행하지 않았다.

근혜 후보 측이 선거운동 과정에서 주장한 여성대통령론에 동의하는 이들은 동의하지 않는 이들에 비해 이념적 보수성이 강화된 이들로 나타났다. 뿐만 아니라 정권교체 위한 단일후보에 동의하지 않는 이들, 이정희, NLL, 북한 로켓처럼 보수 유권자에게 예민한 이슈에 영향 받은 이들 모두 보수성이 강화되었다. 이명박 정부 실정 심판 주장에 대해서도 동의하는 이들과 동의하지 않은 이들 간 변화 정도의 차이가 존재했지만 그 크기는 크지 않았다. 1, 2차 토론회와 3차 토론회 승자를 박근혜 후보라고 여기는 이들 역시 이전에 비해 보수적 입장이 강화된 이들이었다. 당선되어서는 안 되는 후보를 이정희 후보로 선택한 이들의 이른바 '이정희 효과'도 보수적인 입장이 강화된 이들에게서 뚜렷하게 나타났다. 흥미롭게도 조중동과 같은 보수신문을 즐겨 읽는 이들, 진보진영 인사가 출연하지 않았던 종편을 즐겨 본 이들 역시 보수성이 더욱 강화되었다.

이러한 결과가 선거이슈, TV토론회, 대중매체로 인해 유권자의 이념적 보수성을 강화시킨 것을 인과적으로 입증하는 것은 아니지만 적어도 총선 직전에 비해 대선 무렵 보수적인 입장을 강화한 유권자들이 이와 같은 선거운동 과정에서 보다 큰 영향을 받고 있다고는 말할 수 있을 것이다. 이런 사건이나 선거운동을 경험하면서 자신의 보수적 입장의 정당성을 확인하고 그 경향성을 더욱 강화시켰다고도 볼 수 있을 것이다.

마지막으로 이념적 보수성이 강화된 유권자들이 어떤 사회경제적 속성을 지니고 있는지에 대해서 살펴보았다. [표7]에는 성별, 소득, 학력, 연령, 지역 등 다섯 가지 범주에 따라서 총선 직전과 대선 직후의 이념성향 변화의 평균값을 정리한 것이다. 다섯 가지 범주 모두 통계적으로 평균의 차이가 유의미한 것으로 확인되지는 않았다. 그러나 그 동안의 연구를 보면 특히 소득, 학력, 연령, 지역 등의 변인에 따라 각 하위집단별 이념성향의 차이가 뚜렷이 구분된 경우가 많았다. [표7]에서도 학력, 연령, 지역

변수의 이념성향 차이가 나타났다. 성별은 여성의 변화값이 조금 더 크게 나타났지만 큰 차이를 보이지는 않았다. 이에 비해 소득은 하위소득으로 갈수록 보수성향의 강화가 비교적 뚜렷한 패턴으로 나타났다. 학력 역시 저학력으로 갈수록 보수성향의 강화 추이가 확인되었다. 연령은 흥미롭게도 60대, 40대, 20대에서 보수 성향의 강화가 나타난 반면, 30대의 변화가 가장 작았다. 지역적으로는 역시 경북, 경남의 보수성 강화가 뚜렷했고 서울도 비교적 보수적인 성향으로 변화가 큰 값으로 나타났다. 이에 비해 호남은 총선 직전에 비해 오히려 진보성이 강화되는 모습을 보였다. 통계적으로 평균의 차이가 입증되지는 않았지만 [표7]에서 제시된 변화의 추이는 20대의 보수화 강화, 서울 유권자의 보수성 강화라는 흥미로운 현상도 보여주고 있지만 저소득층, 저학력층, 고연령층, 영남이라는 전통적인 보수정파의 지지세력(강원택 2003; 박찬욱 2009; 박원호 2012)이 대선이 가까워지면서 보수라는 이념적 정체성을 보다 강화해 가고 있는 경향을 잘 보여주고 있다. 이념적인 측면에서 볼 때 2012년 대선에서는 박근혜 후보가 '보수진영'의 지지자들과 잠재적 지지자들에게 보수적 선명성을 강조함으로써 이념적 정체성을 강화시켜 준 것이 대선승리에 중요한 요인이 되었다는 사실을 알게 해 준다.

[표 7] 사회경제적 구분에 따른 이념 성향의 변화

범주	구분	이념 성향의 변화	검증
성별	남성	0.29	t=-0.48
	여성	0.36	p=0.63
소득	하	0.41	F=0.94
	중	0.29	p=0.39
	상	0.16	
학력	고졸 이하	0.56	
	고졸	0.40	F=0.63
	대재	0.23	p=0.60
	대졸 이상	0.23	
연령	19-29	0.39	
	30-39	0.19	
	40-49	0.39	F=0.33
	50-59	0.27	p=0.86
	60+	0.41	
지역	서울	0.44	
	경기/인천	0.27	
	충청	0.31	
	호남	-0.19	F=1.21
	경북	0.58	p=0.30
	경남	0.50	
	제주/강원	0.05	

결론

지금까지 2012년 대선에서 이념변수가 미친 영향에 대해서 살펴보았다. 최근 한국선거에서 나타난 것과 유사한 패턴으로 이념의 큰 영향력이 확인되었다. 스스로를 보수라고 생각한 유권자는 박근혜 후보를 선택했고 진보라고 규정한 유권자는 문재인 후보를 지지했다. 그 지지의 패턴은 너무도 분명하고 뚜렷했다.

그러나 후보지지와 이념거리 간의 관계는 근접성을 강조한 다운즈의 이론과는 다소 다른 모습을 보였다. 특히 대선에서 승리한 박근혜 후보의 경우에는 박 후보의 인식된 이념위치와 지지자들의 이념위치 간의 거리가 제법 큰 것으로 나타났으며 문재인 후보와 그 지지자들 간의 이념거리의 차이보다도 컸다.

또 한 가지 흥미로운 점은 2012년 총선 직전부터 대선 직후까지 유권자의 이념성향 패턴을 분석한 결과 적지 않은 유권자들이 보수화된 것으로 확인되었다. 특히 박근혜 후보를 지지한 유권자들의 보수성향 강화가 두드러졌으며 이들은 박 후보의 이념위치도 점차 보수적인 방향으로 옮겨가는 것으로 인식했다. 이런 발견은 방법론적으로 유권자들이 스스로의 이념적 입장을 제시하는 주관적인 이념(subjective ideological placement)이 과연 안정적이고 의존할 수 있는 이념 측정의 방법인지에 대한 의구심을 주는 것이 사실이다. 그러나 일단 그 변화의 폭이 그다지 크다고 보기는 어렵다는 점에서 그 유용성은 여전히 유지될 수 있다. 이와 동시에 이러한 주관적 이념의 변화는 대선 선거운동이 가열되고 이슈나 사건 등이 터져 나오게 될 때 그에 대한 유권자들의 반응을 살펴보게 해준다는 긍정적인 측면도 존재한다. 앞에서 분석한 대로 이념성향의 변화는 대선 이슈나 구호, TV토론회 및 이른바 '이정희 효과' 같은 사건 등과 관련이 있는 것으로 나타났다. 즉 유권자의 이념의 변화는 대선운동 과정의 상황과 맥락을 반영하고 있는 것이다.

박근혜 후보 지지자들의 보수성향 강화는 보수적 선명성 유권자들이 높게 평가하는 박정희 전 대통령의 딸이기도 한 박근혜 후보라는 보수정파의 유일한 후보를 중심으로 이념적 정체성을 강화한 결과라고 할 수 있다. 2012년 대선에서 보수와 진보를 대표하는 후보 간의 일대일 대결이 되면서 '보수진영'이 이념적으로 견고하게 결집하는 과정에서 보수이념의 강화가 나타났다는 것이다. 이에 비해 진보정파 쪽에서는 문재인 후보와 안철수 전 교수 간 후보 단일화가 대선 마지막까지 이어지면서 이와 같은 '진보 진영'의 이념적 정체성의 강화가 이뤄질 수 없었다.

그런데 사실 이런 경향을 두고 투표이론에서 다운즈의 근접이론이 한계를 드러냈고 라비노위츠와 맥도날드(Rabinowitz and Macdonald 1989)가 주장한 방향이론(directional theory)이 보다 잘 적용되는 사례로 보기도 어렵다. 정작 정책적인 측면에서는 두 정파 간 커다란 입장 차이로 심각한 쟁점이 될 만한 이슈가 없었고 오히려 복지정책이나 경제민주화, 이명박 정부에 비해 상대적으로 유연한 대북정책 등에서 두 정파의 입장은 수렴하는 경향을 보였기 때문이다. 또한 주관적 이념성향의 강화 경향은 방향성이라는 점에서는 방향이론과 유사성을 가질 수 있지만, 예컨대 박근혜 후보가 보다 이념적으로 강력한 보수의 정책이나 입장으로 옮겨가려고 한 때문에 그런 결과가 초래된 것은 아니다. 이 글에서 확인한 보수성향의 강화는 '진영대결'로 대선이 진행되고 투표결정에 영향을 주는 사건과 이슈의 발생을 경험하면서 '보수진영'의 자기정체성, 이념적 자기합리화의 강화를 의미하는 것으로 보아야 할 것 같다. ■

■ 참고문헌

강원택. 2012. "왜 회고적 평가가 이뤄지지 않았을까 : 2012년 국회의원 선거 분석". 〈한국정치학회보〉 46, 4: 129-147.
_____. 2010. 《한국 선거정치의 변화와 지속 : 이념, 이슈, 캠페인과 투표참여》. 파주 : 나남.
_____. 2003. 《한국의 선거정치 : 이념, 지역, 세대와 미디어》. 서울 : 푸른길.
김 욱. 2006. "16대 대선에서 세대, 이념 그리고 가치의 영향력". 《한국의 선거 V : 제 16대 대통령 선거와 제 17대 국회의원 선거》, 어수영 편, 75-108. 서울 : 오름.
박원호. 2012. "유권자의 정치이념과 정책선호, 그리고 후보자 선택". 《2012년 국회의원 선거 분석》, 박찬욱 · 강원택 편, 35-26. 파주 : 나남출판사.
박찬욱. 2009. "Effects of Social and Ideological Cleavages on Vote Choice in the Korean Presidential Election of December 19, 2007." 〈현대정치연구〉 2, 1: 85-121.
이내영. 2009. "한국 유권자의 이념성향의 변화와 이념투표". 〈평화연구〉 17, 2: 42-72.

Downs, Anthony. 1957. *An Economic Theory of Democracy*. New York: Harper & Row.
Rabinowitz, George and Stuart Elaine Macdonald. 1989. "A Directional Theory of Issue Voting." *American Political Science Review* 83: 93-121.

3장
세대요인이 18대 대선 결과에 미친 영향
―세대별 투표행태 및 구성효과를 중심으로

이내영 · 정한울

18대 대선에서의 세대균열

18대 대선 전 과정을 거쳐 정치권, 학계, 언론은 물론 유권자들 사이에서도 가장 관심을 받은 변수를 꼽으라면 "세대요인"을 꼽을 수 있다. 2007년 17대 대선과 2008년 18대 총선에서 세대/연령투표 영향력이 약화되는 현상이 두드러지면서 2012년 총선과 대선에 세대 요인의 약화 현상이 지속될 것인지 아니면 복원될 것인지에 관심이 집중되고 있었다. 지난 17대 대선과 2008년 총선에서 이명박 후보와 한나라당이 2030세대에서조차 높은 지지를 받았다. 2030세대는 진보/야당 후보를 지지하고, 5060세대는 보수/한나라당 후보를 지지하는 세대투표 경향이 뚜렷이 약화되었기 때문이다(강원택 2010; 김민전 2008, 56-58; 박원호 2012, 187; 박찬욱 2009).

물론 이러한 평가와 상반된 주장도 있었다. 세대요인은 "권위주의 시대에서조차 교육수준과 더불어 투표결정 과정에 가장 큰 효과를 미치는 변수"였고, "민주화 이후에도 2000년 국회의원선거를 제외한 모든 대통령선거와 국회의원선거에서 통계적으로 유의한 영향을 미쳤으며 2000년대 들어와 그 영향력이 증가하는 경향을 보여주고 있다."라는 연구도 세

기된 바 있다(이갑윤 2011, 90-93).

어쨌든 2012년 총선과 대선을 앞둔 2010년 제6회 지방선거, 2011년 서울시장 재보궐 선거에서 2040세대와 5060세대 간의 지지후보가 뚜렷하게 갈리는 균열양상이 강화되었다. 2012년 총선과 대선에서 세대정치의 복원이 예고되고 있었다(이내영 2011, 180-181; 이내영 2002). 실제로 2011년부터 본격화된 차기 대선주자 지지율 조사에서 2040세대의 안철수·문재인 등 야권 후보에 대한 압도적인 지지와 5060세대의 박근혜 당선인에 대한 압도적인 지지 현상이 두드러지게 나타나고 있었다(박원호 2012; 정한울 2012b).

이에 따라 대선을 좌우할 변수로 세대별 투표율, 그 중에서도 잠재적 투표상승 여력이 큰 2030세대의 투표율 및 2007년 대선과 2008년 총선에서 한나라당 승리에 크게 기여한 40대의 새누리당 지지로부터의 이탈 규모에 주목하는 경향이 나타났다. 18대 대선에서 5060세대는 박근혜 후보를 지지하고, 2030세대는 야당 후보를 지지하는 선호균열이 뚜렷하였기 때문에, 특히 그 동안 상대적으로 낮았던 2030세대의 투표율이 선거 결과를 좌우할 핵심변수로 이해되었다. 대부분의 언론과 실제 야당의 전략이 이 논리에 의해 추진되었음은 주지의 사실이다. 2030세대 투표율이 70퍼센트를 넘으면 야당후보가 승리한다거나 60퍼센트를 넘지 못하면 여당 후보가 승리한다는 식의 공식 아닌 공식들이 언론에 집중 조명을 받기도 했다(김지윤 2012; 성한용 2012).

이에 반해 세대투표가 실제 대선 투표에 미치는 영향을 이해하기 위해서는, 세대별 투표율 뿐 아니라 세대별 여야 후보 지지율의 변화와 특히 전체 유권자 대비 세대별 유권자 구성의 변화, 즉 구성효과(composition effect)에 주목해야 한다는 주장이 이미 4·11 총선 직후부터 제기된 바 있다. 즉 과거와 달라진 세대별 여야 지지율 격차의 변화와 세대 구성의 변화로 인해 투표율 상승이 야권의 승리를 보장하는 보증수표가 아니라는 주장이었다(Bhatti and Hansen 2012; Lee and Hwang 2012; 정한울 2012b). 이러한 논란은 지금까지 정치권, 학계, 언론에서 주목하지 못했던 세대요인의 투표영향력과 관련하여 보다 다양한 각도에서 세대효과를 측정해야 할 필요성을 보여주고 있다.

이 장에서는 2012년 대선 과정에서 불거졌던 세대효과를 둘러싼 논쟁들을 짚어보고, 세대별 정치적 태도와 투표선호, 투표참여, 세대구성의 변화에 대한 경험적 분석을 통해 실제 18대 대선에 미친 세대요인의 영향을 종합적으로 분석하고 설명하는 것을 목적으로 한다.

첫째, 18대 대선의 사례를 중심으로 젊은 세대와 나이든 세대 간 투표행태에서 나타나는 균열 양상을 과거 두 차례 대선(16대 대선과 17대 대선)과 비교한다. 2007년 17대 대선을 거치면서 세대균열의 영향력은 줄었는데(강원택 2009; 황아란 2009), 18대 대선에서는 이러한 세대균열 양상에 어떠한 변화가 발생했는지 확인한다. 둘째, 세대별 투표 선호 격차뿐 아니라 패널조사의 장점을 살려 선거 기간 중 지지 유지율을 중심으로 세대별 투표선호의 강도를 측정한다. 세대균열이 이전 선거에 비해 강해졌다는 것은, 세대 간 투표선호의 격차(특정 세대의 특정후보에 대한 지지 쏠림 현상)는 커지고 지지 후보에 대한 선호강도가 강해졌다는 것을 의미한다. 셋째, 2002년 16대 대선 이후 2012년 18대 대선까지의 세대구성의 변화를 정리하고 이러한 세대구성의 변화와 세대별 투표율이 18대 대선결과에 미친 영향을 살펴본다.

세대투표 양상의 변화 : 패턴과 영향력

2030 대 40 대 5060 → 2040 대 5060의 대결

지난 18대 대선과 이전 두 차례의 대선에서 주요 후보에 대한 세대별 투표 패턴을 살펴보자. 2002년 출구조사, EAI · SBS · 중앙일보 · 한국리서치 공동 2007 대선패널조사(KEPS 2007), 2012 총선대선패널조사(KEPS 2012) 자료를 비교해보면 다음과 같은 특징이 나타난다([표1] 참조).[1]

첫째, 젊은 세대에서 진보개혁성향의 후보를, 나이든 세대에서 보수성향의 후보를 지지하는 패턴이 일관되게 나타난다. 그러나 세대균열의 강도와 지지후보 성향을 기준으로 나눈 세대균열의 구조는 이전 선거와 차이를 보여준다. 16대 대선에서는 20대, 30대에서 노무현 후보가 60퍼센트에 육박하는 높은 지지를 받은 반면, 40대에서는 노무현 후보와 이회창 후보 지지율이 팽팽했다. 50대와 60대에서는 이회창 후보가 각각 57.9퍼센트, 63.5퍼센트의 높은 지지를 받았다. 이명박 후보가 압승을 거둔 17대 대선에서는 전 세대에서 이명박 후보가 정동영 후보에 모두 앞선 결과를 보였다. 그러나 이명박 후보 지지율이 20대와 30대에서는 과반을 넘지 못한 반면, 40대와 50대에서 50퍼센트 대의 지지를, 60대 이상에서 70.3퍼센트의 높은 지지를 받았다. 2012년 조사에서 20대부터 40대까지는 문재인 후보가 앞서고, 50대와 60대에서는 박근혜 후보가 앞서는 양상을 보여주고 있다. 즉 16대 대선에서의 세대균열 축이 "2030 대 40 대 5060"으로 삼분 되는 양상이었다면 2012년에는 "2040 대 5060"의 대결

---

[1] 일반적인 사후 선거 조사들에서 승자 편승에 따른 오버리포팅이 15-20퍼센트 이상 씩 나오는 것에 비해 출구조사 및 패널조사의 경우 실제 결과(괄호 안의 수치)와 상당히 근접함을 알 수 있다. 가장 편차가 컸던 것이 17대 대선에서 이명박 후보 지지율이 실제 결과보다 4퍼센트포인트 과대 대표되고, 정동영 후보 지지율이 2.5퍼센트포인트 과소대표된 수준이며, 18대 KEPS 패널조사에서는 박근혜 당선인이 2.0퍼센트포인트 과소대표, 문재인 후보가 0.7퍼센트포인트 과대대표된 수준이다.

양상으로 변화한 것이다.

둘째, 2012년 대선에서는 세대 간 격차가 줄었던 17대 대선은 물론, 세대균열 양상이 본격적으로 등장하기 시작한 2002년 선거에 비해서도 젊은 세대와 나이든 세대 간의 지지율 격차가 훨씬 큰 것으로 나타났다. 2002년 선거에서 2030세대에서 노무현 후보가 이회창 후보 지지율을 25퍼센트포인트 남짓 앞섰는데, KEPS 2012 자료를 기준으로 보면 20대에서 43.2퍼센트포인트, 30대에서 22.1퍼센트포인트를 문재인 후보가 앞섰다. 방송 3사 출구조사 결과를 기준으로 보아도 20대에서 32.1퍼센트포인트, 30대에서 33.4퍼센트포인트 문재인 후보가 앞서, 16대 대선에 비해 지지율 격차가 커졌다. 5060세대를 기준으로 보면, 16대 대선의 경우 이회창 후보가 50대에서 17.8퍼센트포인트, 60대에서 28.6퍼센트포인트 차이로 노무현 후보를 앞섰는데 18대 대선에서는 KEPS 2012 기준으로 보면 50대서 29.6퍼센트포인트, 60대에서 44.5퍼센트포인트 차이로 박근혜 당선인이 문 후보를 앞섰다. 방송 3사 출구조사에서도 50대에선 25.1퍼센트, 60대에서는 44.8퍼센트포인트 박 당선인이 우세한 것으로 나타났다. 결국 2030세대와 5060세대의 지지후보가 엇갈리는 현상은 더욱 강화된 것으로 볼 수 있다.

셋째, 2012년 4월 총선과 12월 대선에서의 세대별 투표 양상을 비교하면 세대별 투표균열 양상은 비슷하지만 세대균열의 강도에는 상당한 변화가 있었다. [표1]에서, 4월 총선의 지역구 투표에서 새누리당과 후보단일화를 이뤘던 민주통합당과 통합진보당의 세대별 지지율 격차와 12월 대선에서의 박근혜 당선인과 문재인 후보의 세대별 지지율 격차를 비교해 보면, 세대균열의 강도가 커졌다는 점을 확인할 수 있다. 우선 20대와 30대에서 총선 시기 야당후보를 지지했던 비율보다 문재인 후보 지지율이 더욱 높아졌고, 반대로 5060세대에서는 박 당선인 지지율이 총선에서

[표 1] 대선에서의 세대별 지지율 격차

	19대 총선 (2012. 4) EAI KEPS 패널조사		18대 대선 (2012. 12)				17대 대선 (2007) EAI KEPS 패널조사		16대 대선 (2002) MBC·KRC 출구조사	
			방송3사 출구조사		EAI KEPS 패널조사					
	새누리당	민주+통진	박근혜	문재인	박근혜	문재인	이명박	정동영	이회창	노무현
결과	42.3 (42.3)	47.0 (43.3)	50.1 (51.6)	48.9 (48.0)	49.7 (51.6)	48.7 (48.0)	52.7 (48.7)	23.6 (26.1)	46.2 (46.6)	48.5 (48.9)
20대	25.4	64.9	33.7	65.8	26.5	70.7	45.8	21.3	34.9	59.0
30대	33.3	56.9	33.1	66.5	37.5	60.6	41.4	28.3	34.2	59.3
40대	30.4	59.3	44.1	55.6	41.9	56.3	52.2	22.3	47.9	48.1
50대	52.3	35.5	62.5	37.4	64.5	34.8	57.6	26.0	57.9	40.1
60대	67.9	23.0	72.3	27.5	76.9	22.4	70.3	19.6	63.5	34.9

■ 자료 : 19대 총선 이전 자료는 〈EAI 오피니언리뷰 2012-05호〉.
■ 주. 괄호 안은 실제 개표 결과.

한나라당 후보 지지율을 웃돌았다. 40대에서는 총선에서 야당 후보에 대한 압도적으로 쏠렸던 지지현상이 대선에서는 크게 약화되었다. 총선시기 여야 후보 지지율 격차보다 박 당선인과 문 후보 사이의 지지율 격차가 많이 줄었음을 알 수 있다.

세대투표의 영향력 비교 : 18대 대선과 17대 대선

우선, 18대 대선에서 세대균열이 투표선호에 미친 영향을 살펴보기 위해, 선거일 직후 실시한 KEPS 2012 7차 조사에서 박근혜 당선인(0으로 코딩)과 문재인 후보(1로 코딩) 중 지지후보 한명을 선택할 확률을 검증하기 위한 로지스틱 회귀분석을 진행했다. 그 분석 결과가 [표2]이다. 회귀계수 B의 값은 설명변수들의 값이 한 단위 커질 때 박근혜 후보 대신 문재인 후보를 선택할 확률을 의미한다. 즉 회귀계수 B의 값의 부호가 (+)면 독립변수의 값이 커질수록 문재인 후보를, (-)면 독립변수의 값이 커질수록 박근혜 후보를 지지한다는 것을 의미한다. 성, 교육수준, 소득계층, 지역과 같은 사회경제적 변인과 이념과 정당지지를 통제한 조건에서 세대의 영향력을 검증하였다. 우선 모델 적합도를 평가하는 카이제곱의 유의도가 0.01보다 적었다. 또한 Nagelkerke R^2으로 측정한 본 방정식의 설명력은 0.662로 나타나 본 분석모델이 종속변수 변화량의 66.2퍼센트를 설명하는 것으로 나타났다. 결과표를 보면 교육수준, 이념, 지역, 지지정당의 영향력을 통제한 조건에서도 세대요인이 투표선택에 미친 영향력은 뚜렷하게 나타나고 있다. 60대와 비교하면 20대, 30대, 40대에서 박 당선인 대비 문 후보를 지지한 비율이 높았고, 통계적으로도 유의한 결과였음을 확인할 수 있다(*는 90퍼센트 신뢰수준에서, **는 95퍼센트 신뢰수준에서, ***은 99퍼센트 신뢰수준에서 60대 대비 해당 세대의 투표선호의 차이가 통계적으로 유의함을 의미하는 표식이다). 기타 변수의 영향력을 검증한 결과, 교육수준과 이념, 지역 변인이 투표선택에 영향을 미치고 있음이 경험적으로 확인된다. 교육수준으로 보면 대학재학 이상의 고학력층에서 박 당선인보다 문 후보를 선호하고, 이념적으로는 보수층보다 진보성향, 중도성향의 유권자일수록 문 후보를 선호할 확률이 높다. 지역변수에서도 수도권 유권자 기준으로 호남거주자가 문 후보를, 영남거주자가 박 당선인을 선택할 확률이 높았다. 전체적으로 기존의 투표결정 모델에서 벗어난 이탈적 현상은 나타나지 않았다.

다음으로 17대 대선에서 세대균열의 영향력을 살펴보았다. 17대 KEPS 2007 대선 사후 조사인 6차 조사 데이터를 통해 이명박 후보를 0, 정동영 후보를 1로 놓고 로지스틱 회귀분석을 수행한 결과를 [표2]의 마지막 열에서 확인할 수 있다. 2007년 17대 대선에서 정당지지, 이념, 지역, 학력 등과 같은 통제변수를 포함시켜 검증했을 때 세대균열 요인은 통계적으로 유의미한 영향력을 확인할 수 없었다. 17대 대선에서는 이념성향, 정당지지, 지역, 교육수준만이 통계적으로 유의미한 설명력을 갖는 변수로 나타났다. 보수유권자에 비해 중도, 진보성향의 유권자일수록 정동영 후

[표 2] 17대·18대 대선 지지선호 로지스틱회귀분석 분석표

0=박근혜(이명박) 1=문재인(정동영)	척도	18대 대선 B(S.E.)	17대 대선 B(S.E.)
성별	(0=여성, 1=남성)	0.070 (0.178)	0.077 (0.196)
교육수준	(1=중졸, 2=고졸, 3=대재이상)	0.292* (0.165)	-0.406** (0.165)
소득계층	최하(=199만 미만)	0.554 (0.363)	0.563 (0.462)
기준(최상 600만+)	중하(200-299만)	0.272 (0.318)	0.191 (0.443)
	중간(300-499만)	0.349 (0.285)	0.414 (0.422)
	중상(500-600만)	0.213 (0.340)	0.25 (0.490)
세대	20대	1.301*** (0.338)	0.497 (0.398)
기준(60대)	30대	0.861** (0.325)	0.593 (0.364)
	40대	0.953*** (0.323)	0.159 (0.338)
	50대	0.516 (0.324)	0.250 (0.342)
이념	진보	2.057*** (0.260)	1.284*** (0.250)
기준(보수)	중도	0.990*** (0.196)	0.756** (0.229)
정당지지	새누리(한나라당)	-2.776*** (0.257)	-3.046*** (0.269)
기준(무당파)	민주(대통합민주신당)	1.648*** (0.247)	2.754*** (0.300)
	통진(민주노동)	1.240* (0.705)	0.588* (0.336)
	기타	1.424** (0.663)	0.245 (0.328)
지역	충청	-0.034 (0.294)	-0.236 (0.310)
기준(수도권)	호남	0.867** (0.333)	1.645*** (0.299)
	영남	-0.359* (0.213)	-0.287 (0.257)
	강원	-0.536 (0.463)	0.235 (0.447)
	상수	-1.999*** (0.480)	-0.752 (0.674)
사례수 카이제곱 Nagelkerke R²		1223 886.388*** 0.662	1463 1027.440*** 0.722
유의도	*p< 0.1, **p <0.05, ***p<0.01		

- 자료 : KEPS 2007 6차 조사, KEPS 2012 7차 조사.
- 주. B는 비표준화 회귀계수, S.E는 표준오차를 의미함.

보를 지지했고, 무당파를 기준으로 한나라당 지지자일 때 이명박 후보를, 대통합민주신당 혹은 민주노동당 지지자일 때 정동영 후보를 지지했다. 지역적으로 보면 수도권 대비 유일하게 호남지역에서만 정동영 후보를 지지했고, 수도권 유권자와 다른 지역 유권자 간에는 유의미한 차이가 없었다. 주목할 점은 교육수준에서 고학력층일수록 이명박 후보를 지지해(-부호) 18대 대선에서는 야당지지층 역할을 했던 고학력층이 17대 대선에서는 이명박 후보 지지층 역할을 했음을 알 수 있다. 이러한 결과를 종합하면 세대변수가 투표결정에 미친 영향력이 17대 대선에서는 미미했지만, 18대 대선에서 다시 복원되었음을 확인할 수 있다.

표의 이동으로 본 세대균열

선거 간 표의 이동에서의 세대균열 : 19대 총선 → 18대 대선

2012년 12월의 18대 대선을 앞두고 같은 해 4월에 19대 총선이 실시되었기에 19대 총선이 대선의 전초전의 성격을 갖는지 여부가 4·11 총선의 주요 쟁점 중의 하나였다. 쉽게 말해 19대 총선에서 승리한 쪽이 18대 대선에서도 승리할 것인가, 총선과 대선의 승자가 달라질 것인지가 논쟁의 초점이었다. 총선의 경우 대선에 비해 지역개발 이슈의 영향력이 크고, 대선은 총선에 비해 후보 요인이 영향력이 크다. 더구나 총선의 경우 비례대표의원을 제외하면 각 지역구별로 1위 다수 득표자가 의석을 차지하는 지역구 단위 집계로 의석수의 대부분이 결정되는 반면, 대통령선거는 전국의 득표를 집계하여 다수 득표자가 당선되기 때문에 승자결정의 제도 디자인 자체에도 차이가 있다. 따라서 대선을 앞둔 총선 결과가 대선 예측의 중요한 변수가 될 수 있는 것은 사실이지만, 엄밀하게 보면 총선 결과로 대선의 향방을 확정적으로 예측한다는 것은 쉽지 않다.

더구나 4·11 총선 결과는 어느 일방의 압도적인 승리였다기보다는 여야 간 세력균형을 보여준 선거였다는 점에서 더더욱 총선 결과를 가지고 대선 결과를 직접적으로 유추하는 데는 무리가 있었다. 사실 대부분의 언론이나 정치 전문가들은 총선에서 범야권 후보단일화에 성공한 야당이 다수당이 될 것으로 전망했다. D-60 시점에 10명의 여론전문가 조사에서 10명 중 9명이 제1당은 민주당이 될 것으로 예상했다. 그러나 총선 의석수 기준으로 보면 새누리당이 과반의석을 확보함으로써 정치적으로 새누리당의 승리였다는 점은 분명하다. 2011년 서울시 무상급식 중단 주민투표의 무산, 연 이은 서울시장 재보궐 선거에서의 박원순 야권 후보의 당선을 계기로 이명박 대통령의 지지율이 급락하고, 당시 한나라당의 지지율이 2009년 노 전대통령 서거 정국 이후 처음으로 민주당에 역전 당함으로써 새누리당이 130석 확보하기도 어렵다는 예상이 우세했다(한국일보 2012/02/11).

그러나 한나라당은 박근혜 후보를 비상대책위원회 위원장으로 하는 비대위 체제로의 전환하고 새누리당으로의 당명 개정, 경제민주화, 맞춤형 복지 정책을 강화하는 당규 개정, 이준석과 손수조로 대표되는 인물영입 과정을 통해 당개혁과 자기개혁의 대국민 메시지를 부각하고 한미FTA 이슈 등에 대한 야당의 입장 변경을 집요하게 공격하며 견제심리를 자극하는 데 성공했다. 반면, 민주통합당과 통합진보당은 후보단일화의 성공에도 불구하고 총선비례제 공천 과정에서의 내부 잡음과 김용민 후보 막말 파문, 민간인 사찰 사건에 대한 대응과정에서 문제가 드러나면서 오히려 새누리당이 과반의석 확보에 성공했다.

그러나 대선 전망과 관련해서는 19대 총선 결과만 보고 여권에게 일방적으로 유리한 상황으로 해석하기는 어려웠다(정한울 2012a). 우선, [표1]에서 19대 총선에서의 지역구 투표를 전국적으로 집계해보면 지역구 투표에서 야권이 얻는 총 득표율은 42.3퍼센트, 민주당과 통진당 단일후보의 총 득표율은 43.3퍼센트로 오히려 야권 후보가 전국적인 차원에서의 득표율은 오히려 새누리당 후보들이 얻은 총 득표율을 상회하였다. 그럼에도 불구하고 새누리당이 과반의석 확보가 가능했던 것은 각 지역구에서 한 표라도 이기면 승자가 되는 1위 대표제(FPTP 제도)의 효과로 볼 수 있다.

결과적으로 총선 결과가 득표율 기준으로 보면 박빙의 대결로 전개되었던 만큼 대선결과는 특히 총선에서 지지했던 투표성향이 대선 투표로 얼마나 이어질지(일관투표/스윙투표)가 관건적인 변수로 떠올랐다.

총선과 대선 사이에 나타난 투표선호의 일관성 혹은 변동성은 세대 특성과 관련성이 크다. 기존 연구 결과를 보면 정당 당파성의 유무나 강도, 이념적 정체성의 유무, 지역연고의 강도 등 태도의 일관성을 제약하는 요인들이 선거 간 투표 선호의 교체와 선거 기간 중 투표 선호의 변화를 설명하는 중요한 설명변수들이다(Erikson and Tedin 2005; 정한울 2013, 246-247). 젊은 세대의 경우 상대적으로 정당 당파성, 이념성향, 지역주의 성향 등의 정치적 성향(political predispositions)이 약하기 때문에 지지이탈 확률이 클 것이라는 가정이 가능하다.

KEPS 2012 2차 조사(4·11 총선 사후조사)와 7차 조사(12월 대선 사후조사)에서 세대별 지지후보의 변화를 [표3]에서 확인할 수 있다. 스윙투표의 비율을 보면 2030세대의 총선에서 야당지지자가 대선에서 박근혜 후보/기타후보/기권으로 이탈한 비율이 5060세대의 총선에서 여당지지자 중에서 문재인 후보/기타후보/기권으로 이탈한 비율보다 높다는 점이 확인되고 있다. 다시말해 5060세대의 여당에 대한 일관투표가 2030세대의 야당에 대한 일관투표보다 강했다는 것이다.

총선에서 새누리당 후보를 지지하고 대선에서 박근혜 당선인을 지지한 일관된 투표의 비율을 살펴보면 20대에서 62.2퍼센트, 30대에서는 76.3퍼센트, 40대에서는 89.7퍼센트, 50대의 경우 92.2퍼센트, 60대 이상에서는 95.5퍼센트로 나타났다. 40대 이상에서는 거의 90퍼센트 이상이 총선과 대선에서 일관되게 새누리당 후보를 선택했다. 반대로 총선에서는 민주통합당을 지지했던 응답자 중 20대의 85.8퍼센트, 30대의 80.7퍼센트, 40대의 79.7퍼센트가 문재인 후보 지지로 이어졌고, 60대 이상의 최고령 집단의 경우 총선에서 민주통합당을 지지했던 응답층의 81.6퍼센트가 지지를 유지했다. 50대에서는 민주통합당 후보 지지가 문재인 후보 지지로 이어진 비율이 69.0퍼센트로 낮았다.

종합해보면 우선, 열세를 보이는 세대(박근혜 후보의 경우 2030세대, 문재인 후보의 경우 5060세대)에서의 총선투표와 대선투표의 지지 결집 경쟁에서는 여야 간 우열이 뚜렷하게 나타나지 않았다. 2030세대의 경우 19대 총선에서 새누리당 후보를 지지했다가 18대 대선에서 박근혜 후보지지로 이어지지 못하고 이탈한 비율이 상당히 높았다. 5060세대에서 총선에서는 민주통합당 혹은 통합진보당 후보를 지지했다가 대선에서 문재인 후보를 지지하지 않고 이탈한 비율과 비교해보면 박근혜 후보에게 크게 유리할 것이 없다.

그러나 자신이 우세한 세대(박근혜 후보의 경우 5060세대, 문재인 후보의 경우 2030세대)에서의 19대 총선과 18대 대선에서 지지층 결집 경쟁에서 박근혜 후보의 우세가 뚜렷하다. 이것이 대선의 향방을 갈랐던 것으로 볼 수 있다. 5060 세대에서 박근혜 당선인의 일관투표 비율은 92.2-95.5퍼센트를 상회하는데 2030세대에서 문재인 후보의 지지 유지율은 80.7-85.8퍼센트 수준이었다.

40대의 경우 총선에서 새누리당 후보를 찍었던 응답자의 89.7퍼센트가 박근혜 후보를 일관되게 지지한 반면, 총선에서 민주통합당을 지지했던 응답자 중에서 문재인 후보 지지를 유지한 비율은 79.7퍼센트로 나타났다. 이번 선거에서 40대는 10년 전 2002년 대선에 비해 야당 지지성향이 강해져, 야당 후보에게 일방적으로 유리해보였지만, 정작 대선투표에서 40대에서의 문재인 후보의 지지율 우세가 크게 줄었다. 40대 내에서의

[표 3] 세대별 19대 총선과 18대 대선에서의 투표선호 이동(단위 : 퍼센트)

분석사례 (1319명) 19대 총선 투표선호 → 2차 조사 (4월 11-14일)		대선지지7차 (12월 선거직후)				
		박근혜	문재인	제3후보	기권	전체
20대***	새누리당지지	62.2	37.8			100(45)
	민주통합지지	10.4	85.8		3.8	100(106)
	통합진보지지	20.8	79.2			100(24)
	기권	22.6	62.9	1.6	12.9	100(62)
	전체	24.5	70.0	0.4	5.1	100(237)
30대***	새누리당지지	76.3	21.1		2.6	100(76)
	민주통합지지	14.7	80.7	0.9	3.7	100(109)
	통합진보지지	18.4	76.3	2.6	2.6	100(38)
	기권	34.0	48.0	2.0	16.0	100(50)
	전체	35.9	57.5	1.1	5.5	100(273)
40대***	새누리당지지	89.7	7.7		2.6	100(78)
	민주통합지지	17.3	79.7		3.0	100(133)
	통합진보지지	10.8	86.5		2.7	100(37)
	기권	55.0	40.0		5.0	100(40)
	전체	41.3	55.6		3.1	100(288)
50대***	새누리당지지	92.2	7.0	0.9		100(115)
	민주통합지지	28.2	69.0		2.8	100(71)
	통합진보지지	54.8	41.9		3.2	100(31)
	기권	45.9	45.9		8.1	100(37)
	전체	63.0	34.3	0.4	2.4	100(254)
60대이상***	새누리당지지	95.5	3.8		0.6	100(156)
	민주통합지지	16.3	81.6		2.0	100(49)
	통합진보지지	72.2	27.8			100(18)
	기권	70.5	22.7		6.8	100(44)
	전체	75.3	22.8		1.9	100(267)

- 자료 : KEPS 2012 2차 조사와 7차 조사
- 주. *** : 카이제곱 검증 결과 p<0.01.

총선-대선 지지 결집도는 새누리당과 박근혜 후보 쪽이 강했던 것으로 보인다.

대선 기간 중 투표선호의 변화

집합적 수준에서의 세대별 선호 변화 : 40대 박근혜 당선인 지지격차 감소
[그림 1]은 KEPS 2012 패널조사의 2차(총선 직후)부터 7차 조사(대선 직후)에 참여한 1,355명의 패널 조사 결과를 토대로 세대별로 18대 대선 과정에서 투표선호가 어떻게 변화했는지 보여주고 있다.

먼저 전체 응답자의 지지율 추이를 보면 4월 총선 직후 11월 문재인 후보와 안철수 전 교수의 단일화 이전까지는 3자 구도에서 박근혜 당선인이 앞서고 양자대결 구도에서는 팽팽하거나 단일후보가 앞서는 양상이 펼쳐졌다. 3자 구도에서의 지지율 추이를 보면 안철수 전 교수가 공식 출마하기 이전까지는 박 당선인의 지지율이 문재인, 안철수 후보 지지율의 합과 비슷한 수준을 유지하였다. 그런데 문 후보가 민주통합당의 공식후보로 선출되고 안 전 교수가 공식 출마한 이후 실시한 10월 KEPS 2012 4차 조사자료를 보면 전체 38.9퍼센트가 박근혜 당선인 지지를, 27.9퍼센트가 안철수 후보를, 23.7퍼센트가 문재인 후보를 지지하여 둘의 지지율을 합하면(51.6퍼센트)로 박 당선인 지지율을 크게 상회하는 수준으로 변하였다. 그러나 안 후보의 사퇴로 문 후보로 단일화한 이후 실시한 5차 조사에서 박근혜 당선인이 45.6퍼센트, 문재인 후보가 42.7퍼센트로 근소하게 박 당선인이 앞서, 안 전 교수의 지지층을 온전히 흡수하는 데는 실패했음이 나타난다.

다음으로 세대별 지지율의 변화를 면밀하게 살펴보면 흥미로운 패턴을 확인할 수 있다. 선거캠페인이 시작된 11월 세대별 지지율과 최종 세대별

[그림 1] 총선-대선 시기 세대별 대선 지지후보 변화(단위 : 퍼센트, 1,355명 대상)

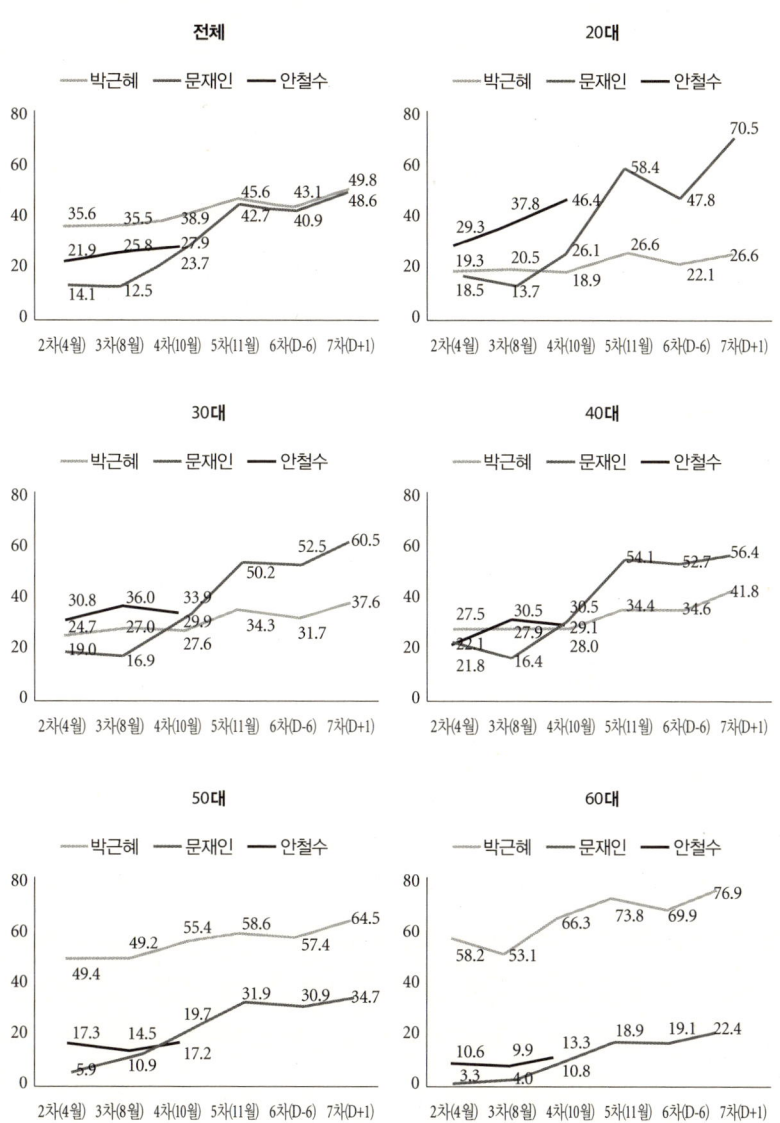

■ 자료 : EAI · SBS · 중앙일보 · 한국리서치 KEPS(2012) 2차-7차 조사.

지지율을 비교해보면 단일화 직후에 비해 최종 투표에서 2030세대에서는 문재인 후보가 박근혜 당선인과의 지지율 격차를 더 벌렸고, 반면 50대와 60대에서는 박 당선인이 문 후보와의 격차를 넓혔다. 11월 단일화 직후 실시한 5차 조사와 7차 조사의 문 후보 지지율을 비교해 보면 20대는 58.4퍼센트에서 70.5퍼센트까지 상승했고 30대는 50.2퍼센트에서 60.3퍼센트로 높아졌다. 20대의 경우 12월 선거 6일 전 조사에서는 문 후보 지지율이 47.8퍼센트까지 내려갔다가 다시 올라갔는데 이러한 단기간의 급격한 지지율 변화는 선거 후반 안 전 교수의 문 후보 지원활동의 영향을 크게 받은 것으로 추측된다. 주목할 점은 40대인데 2030세대처럼 최종 결과에서 문 후보가 우위를 보이기는 했지만 최종 투표일까지 문 후보 지지율은 정체된 반면 박근혜 당선인 지지율은 꾸준히 상승세를 보여 주었다. 11월 단일화 직후 조사에서 문 후보가 19.7퍼센트포인트(문 54.1퍼센트, 박 34.4퍼센트) 우세했지만 최종 투표에서는 14.6퍼센트포인트(문 56.4퍼센트, 박 41.8퍼센트)로 격차를 줄였다.[2] 종합해보면, 선거과정에서 2030세대에서는 지지격차가 커졌지만 40대에서 열세를 만회하고 5060세대에서는 지지율 우세 격차를 벌린 것이 박 후보 승리의 비결이었던 것으로 볼 수 있다.

개인 수준에서의 선호 변화

패널조사의 특성을 살려 개인적 수준에서 대선 지지후보의 변화를 살펴본 결과가 [표4]이다. 앞에서 집합적 수준에서 세대별 투표선호의 변화를 살펴본 결과 결국 3자 구도에서 단일화 이후 안철수 전 교수 지지가 온전히 문재인 후보 지지로 이어지지 못한 점이 확인되었다. 따라서 안 전 교수가 공식 출마 선언하고, 문 후보가 민주당 후보로 선출된 시점인 10월

---

[2] 일반적인 일회성 조사에서 5퍼센트포인트의 감소는 오차범위 내의 변화로서 유의한 변화로 해석할 수 없지만, 패널조사의 경우 동일인 대상의 조사이기 때문에 실제로 변화한 값을 의미한다.

4차 조사와 최종 선거에서의 투표 선호 변화를 살펴보았다.

[표4]를 보면 3자 출마가 공식화된 10월 박근혜 당선인 지지자의 경우 20대에서는 97.3퍼센트, 30대에서 89.7퍼센트, 40대에서도 89.7퍼센트, 50대에서는 95.3퍼센트, 60대 이상에서 98.7퍼센트가 최종 대선투표에서도 박 당선인에게 투표한 것으로 조사되었다. 앞서 4월 총선에서 새누리당 후보를 지지했던 젊은 층 가운데서 문재인 후보로 상당한 이탈이 있었던 것과 대비되게, 대선국면에서 박 당선인 지지층은 소위 콘크리트 지지층이라 할 만큼 지지의 일관성을 보여주었다. 문재인 후보 지지층 역시 상당히 높은 지지 유지율을 보여주었다. 20대 지지자에서 91.4퍼센트, 30대 지지자에서 80.8퍼센트, 40대 지지자 중에서 90.5퍼센트, 50대 지지자 중에서는 91.1퍼센트, 60대 이상의 지지층에서는 88.5퍼센트가 최종 투표로까지 이어졌다. 다만, 박 후보 지지층에 비해 이탈율이 상대적으로 컸다.

흥미로운 결과는 두 대선 후보 지지층의 투표 선호 결집도에 세대별 차이가 두드러지지 않지만, 중도에 사퇴한 안철수 전 교수 지지자들의 표의 이동에서는 세대별 차이가 두드러지게 나타났다는 점이다. 안 전 교수 지지자 중에서 20대의 경우 11.2퍼센트만이 최종 투표에서 박근혜 당선인 지지로 돌아선 반면, 30대는 19.2퍼센트, 40대 지지자 중에서는 22.8퍼센트가 박 당선인 지지로 이탈했다. 반면 50대 안 전 교수 지지자 중에서는 29.7퍼센트, 60대 이상은 28.1퍼센트가 박 당선인으로 이탈하여 나이든 세대일수록 안 전 교수 지지가 문재인 후보로 완전히 이전되지 못하고 박 당선인 지지로 이탈하는 현상을 볼 수 있다.

또한 10월 조사에서 지지후보를 결정하지 못한 미결정층과 군소 후보 지지자들의 경우는 세대효과의 영향력이 훨씬 컸다. 사례수가 적어 일반화하기에는 조심스럽지만, 10월 미결정층/군소후보 지지자의 경우 20대에서 66.7퍼센트, 30내의 77.3퍼센트가 문재인 후보 지지로 놀아섰다. 반

[표 4] 3자 구도에서 대선 투표로의 표의 이동

대선 4차 (10월 11-14일)		대선지지7차 (12월 선거직후)			전체
		박근혜	문재인	다른후보	
20대	박근혜	97.3	2.7		100(37)
	문재인	8.6	91.4		100(58)
	안철수	11.2	85.7	3.1	100(98)
	다른 후보/없음	33.3	66.7		100(18)
	전체	27.5	71.1	1.4	100(211)
30대	박근혜	89.7	10.3		100(68)
	문재인	16.4	80.8	2.8	100(73)
	안철수	19.2	78.2	2.6	100(78)
	다른 후보/없음	22.7	77.3		100(22)
	전체	38.6	59.8	1.6	100(241)
40대	박근혜	89.7	9.0	1.3	100(78)
	문재인	9.5	90.5		100(84)
	안철수	22.8	73.4	3.8	100(79)
	다른 후보/없음	54.8	41.9	3.2	100(32)
	전체	41.5	56.6	1.8	100(272)
50대	박근혜	95.3	3.9	0.8	100(128)
	문재인	8.9	91.1		100(45)
	안철수	29.7	70.3		100(37)
	다른 후보/없음	57.9	36.8	5.3	100(19)
	전체	64.6	34.5	0.8	100(229)
60대이상	박근혜	98.7	0.6	0.6	100(157)
	문재인	7.7	88.5	3.8	100(26)
	안철수	28.1	71.9		100(32)
	다른 후보/없음	65.2	34.8		100(23)
	전체	76.1	23.1	0.8	100(238)

■ 자료 : KEPS 2012, 4차 및 7차 조사.

면 40대에서는 54.8퍼센트가 박근혜 당선인 지지로, 41.9퍼센트가 문 후보 지지로 나타났고, 50대에서는 57.9퍼센트가 박 당선인 지지, 60대 이상 미결정층에서는 65.2퍼센트가 박 당선인 지지로 이동했다. 요약하면 2030세대에서 최종 투표에서 이전에 비해 문재인 후보 지지로 돌아섰지만, 5060세대에서는 박근혜 당선인을 선택해서 세대균열을 강화시키는 방향으로 표심이 이동한 것으로 나타났다. 40대의 경우, 전체적인 지지율에서 박근혜 당선인보다는 문재인 후보 지지가 우위를 보였지만 미결정층과 군소후보층에서는 최종투표에서 박근혜 후보가 우세를 보여 박후보가 열세를 만회하는데 기여했음을 알 수 있다.

세대별 투표율·연령 효과·세대 구성 효과

세대별 투표율 변화 : "50대 투표율 반란?"

18대 대선에서 젊은 층에서 진보성향 후보에 대한 지지가 높고 나이든 세대에서 보수성향 후보에 대한 지지가 강한 세대 간 투표균열 양상이 커지면서 그 어느 때보다 세대별 투표율에 대한 관심이 높아졌다. 상대적으로 투표율이 낮았던 2030세대의 투표율이 중요하다는 인식이 커지면서 야당의 경우 '투표시간 연장'이나 유명인들의 '젊은 세대' 투표 참여 독려가 중요한 선거운동의 일환으로 진행된 바 있다. 반대로 여당 일각에서 투표 참여를 낮추기 위해 선관위 사이트를 공격하는 사건도 발생했다. 2040세대와 5060세대 간 투표 선호의 차이가 이전보다 뚜렷해진 상황에서 많은 전문가들은 2030세대의 투표율을 선거 결과에 영향을 미치는 결정적인 변수로 예측했다(김지윤 2012).

실제로 선거 당일 투표율 예측이 70퍼센트를 넘기는 것으로 나타나자 대다수 언론들은 높은 투표율이 문재인 후보에게 유리하게 작용할 것으로 예측하였고 야당은 매우 고무되었다. 그러나 75.8퍼센트의 높은 투표율에도 불구하고 개표 결과가 박근혜 당선인의 승리로 나타나자 대부분의 언론에서는 출구조사의 투표율 추정 결과를 토대로 예상과 다른 결과가 나온 원인을 50대의 높은 투표율에서 찾았다. 선거 당일 발표된 출구조사 추정치에 따르면 20대 63.8퍼센트, 30대 70.6퍼센트, 40대 76.7퍼센트, 50대에서는 무려 89.3퍼센트, 60대 이상 77.9퍼센트로 추정되었다. 그러나 사후 선관위가 발표한 투표율 결과는 20대의 경우 69.0퍼센트로 출구조사 추정치보다 5.2퍼센트포인트 높았고 30대는 70.0퍼센트로 0.6퍼센트포인트 낮았고 40대는 75.6퍼센트로 1.1퍼센트포인트 낮았다. 그러나 관심이 집중된 50대는 추정치보다 7.3퍼센트포인트나 낮은 82.0퍼센트였다. 60대 이상은 80.9퍼센트로 50대 투표율과 비슷한 수준이었다.[3] 30대와 40대의 투표율은 거의 실제 투표율과 유사했지만, 20대, 50대, 60대 이상의 경우 출구조사 추정치와 실제 투표율이 상당한 차이를 보여준다. 출구조사는 기본적으로 투표자 대상의 조사이기 때문에 투표자와 기권자 비율로 산출하는 투표율 추정자료로 적합지 않다. 4·11 총선에서도 출구조사 결과로 추정한 서울 20대 투표율이 60퍼센트를 넘었다는 기사들이 나오기도 했지만 선관위 발표로는 46.2퍼센트로 큰 격차를 보여줘 이미 투표율 추정자료로는 타당치 않음이 확인된 바 있다(정한울 2012b).

이전 16대 대선, 17대 대선과 비교한 18대 대선 투표율은 2002년 전국 투표율 70.6퍼센트를 뛰어넘어 75.6퍼센트까지 상승했다. [그림2]의 (1)은 16대, 17대, 18대 대선에서의 동일한 연령기준에 따른 연령집단별 투표율의 변화를 보여준다. 젊은 세대 투표율 상승을 선거 승리의 주요 전략으로 삼은 진보진영과 야권의 바람대로 20대 투표율은 2002년 16대 대선에 비해 13.5퍼센트포인트, 30대 투표율은 67.4퍼센트에서 70.0퍼센트로 2.6퍼센트포인트 상승했다. 반면 40대 투표율은 76.3퍼센트에서 75.6퍼센트로, 50대의 투표율은 83.7퍼센트에서 82.0퍼센트로 미세하게 낮아졌고, 60대 투표율은 78.7퍼센트에서 80.9퍼센트 수준으로 2.2퍼센트포인트 정도 상승하는 데 그쳤다. 전체적으로 20대의 투표율이 10년 전에 비해 높아졌고, 야당 지지성향인 젊은 세대의 투표율이 상대적으로 높아진 점은 야당에 유리하게 작용했을 것임은 분명하다고 할 수 있다.

[그림2]의 (2)는 같은 세대집단(코호트)의 투표율이 상이한 선거에서 어떻게 변화했는지 보기 위해 출생년도를 기준으로 코호트를 나누고 16대 대선과 18대 대선에서 코호트별 투표율의 변화를 추적한 결과이다. 2002년의 20대는 2012년의 30대이며, 2012년의 20대는 새롭게 유권자 층에 포함된 신규 유권자 층으로 2002년의 20대와는 동일한 집단이 아니다. 특정 세대(코호트)의 투표행태 변화를 살펴보기 위해서는 대부분의 기존 연구들처럼 10년 전 20대와 10년 후 20대를 비교하는 연령집단별[4] 분석이 아닌 동일한 세대집단(코호트)의 투표행태가 시간 변화에 따라 어떻게 달라지는가를 살펴봐야 한다.

현재 시점에서 20대 이하 유권자(1983년-1993년 생, 10년 전 투표권 없음), 30대 유권자(1973년-1982년 생, 10년 전 20대), 40대 유권자(1963년-1972년 생, 10년 전 30대), 50대(1953년-1962년 생, 10년 전 40대), 60대 이상(1953년 생 이전, 10년 전 50대) 출생연도로 분류하고 10년 간격의 두 선거의 투표율을 비교해보자. 1953년 이전 출생자, 1953-1962년 출생자의 경우 10년 전과 비교하여 투표율이 정

[표 5] 출구조사의 세대별 투표율 추정치와 선관위 발표 차이

	20대	30대	40대	50대	60대 이상	전체
출구조사추정	63.8	70.6	76.7	89.3	77.9	
선관위 발표	69.0	70.0	75.6	82.0	80.9	75.8%
차이	+5.2%p	-0.6%p	-1.1%p	-7.3%p	+3.0%p	

■ 자료 : 〈18대 대선 출구조사 추정 세대별 투표율〉(2012), 〈중앙선관위 투표율 분석자료〉(2013).

---

3) 선관위가 발표한 세대별 투표율도 전체 투표구에 대한 전수조사 결과는 아니다. 실제 투표구 중 10퍼센트를 인구규모 기준으로 체계적으로 샘플링한 투표구 대상의 전수조사로 추정한 결과다. 다만 실제 투표결과와 거의 오차기 없어 실제 투표결과로 간주해도 큰 무리는 없다(중앙선거관리위원회 2013년 1월).
4) 이는 새로 유입된 세내와 이전 세대가 동일연령대에서 보여주는 행태 차이를 분석하는 방법이다.

체되거나 다소 낮아졌고 그 아래 세대에서는 10년 전 선거에서보다 투표율이 다소 높아졌다. 특히 현재 30대가 된 10년 전 20대 집단은 14.5퍼센트포인트의 투표율 상승을 기록하고 있다. 10년 전에는 선거에 참여하지 못했던 현재의 20대는 69.0퍼센트로 10년 전 20대에 비해 상당히 높은 투표참여를 보여주는 코호트라고 볼 수 있다. 연령기준별로 보건 동일 코호트 기준으로 보건 젊은 층의 투표율은 야권의 기대대로 많이 상승했고, 5060세대의 투표율은 2002년 16대 대선과 비슷한 수준이었다.

연령효과

그렇다면 2030세대의 높은 투표율에도 불구하고 박근혜 후보가 승리할 수 있었던 이유는 무엇인가? 선거 결과는 투표율 외에도 득표에 영향을 미치는 요인들이 복합적으로 작용한 결과이다. 무엇보다 나이가 들수록 보수적 투표성향이 강화되는 연령효과(aging effect)를 주목할 필요가 있다. 다시 [표1]로 돌아가 보면, 2002년과 비교하여 문재인 후보는 2030세대에서 노무현 후보와 이회창 후보 사이의 지지율 격차 이상으로 우위를 보였지만, 5060세대에서 노무현-이회창 후보 사이의 격차보다 더 많은 격차로 박근혜 당선인이 우세했다. 특히 2012년 박근혜 당선인 지지가 압도적인 50대는 10년 전 40대로서 노무현 후보와 이회창 후보에 대한 지지율이 팽팽히 맞섰던 세대다. 60대 역시 10년 전 50대로서 당시 노무현 후보 대 이회창 후보 간 지지율 격차는 18퍼센트포인트 수준에 불과했지만, 10년 후 2012년에는 40퍼센트포인트가 넘게 박근혜 후보가 우세했다. 10년의 시간이 흐르면서 보수적 투표성향이 강화된 것으로 볼 수 있다.

그러나, 10년 전 40대와 달리 현재의 40대(10년 전 30대)는 상대적으로 야당 성향의 지지선호를 유지하고 있다. 이들은 10년 전처럼 여전히 진보적 투표성향을 유지하고 있다는 점에서 보수적 연령효과가 뚜렷하지는 않았

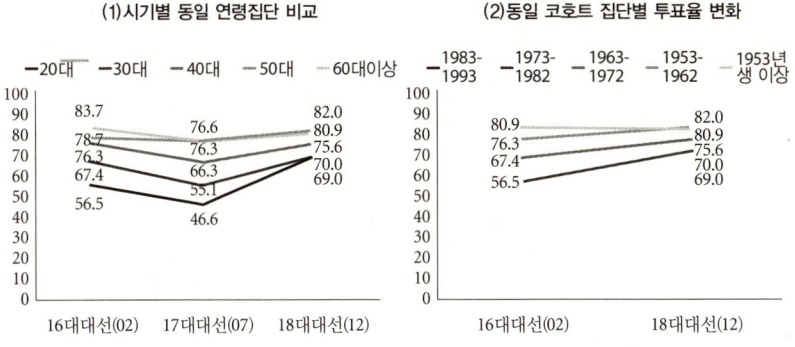

[그림 2] 세대별 투표율 변화 : 선거별 연령세대 비교와 동일세대의 시기별 비교 (단위 : 퍼센트)

■ 자료 : (1)과 (2) 모두 중앙선관위 〈18대 총선 투표율 분석〉(2013), 〈17대 대선 투표율분석〉(2008), 16대 대선 표2. 〈연령대별 자료〉(선관위 2003 보도자료)를 토대로 필자가 계산한 결과임.

다. 30대는 오히려 10년 전에 비해 진보적 투표성향이 강해졌고, 새로 유입된 20대 역시 진보적 투표성향이 두드러진다는 점에서 연령효과는 주로 5060세대에서 집중적으로 나타나고 있음을 알 수 있다. 그러나 40대의 경우 2030세대만큼 압도적으로 문후보를 지지하지 않고 박후보 지지로 이탈했다는 점에서 일부 보수화 경향이 작용했다는 점도 부정할 수는 없을 것이다.

세대구성효과 : 2030세대가 대선을 좌우한다?

18대 대선 투표 결과에 보다 직접적인 영향을 준 요인은 세대 구성(composition) 효과라고 볼 수 있다. 세대 간 투표행태에서의 차이가 두드러진 경우 시간의 변화에 따라 새로운 세대가 유입되고, 기존 세대의 일부가 생을 마감하면서 세대별 구성비의 변화가 발생할 수 있기 때문이다(Rentz and Reynolds 1981). 서구의 연구에서 투표율 하락 경향이 정치적 관심과 관여도가 낮은 베이비부머 세대나 1960년대, 1970년대 태생의 유권자들이 새로 유권자 구성에 진입하면서 나타난 현상이라는 주장도 나오고 있다(Bhatti and Hansen 2012). 이와 함께 한국사회도 빠르게 고령화사회로 진입하면서 인구구성 상의 변화가 빠르게 진행되고 있다.

[표6]은 지난 2002년 16대 대선부터 17대 대선, 10년 후인 2012년 대선 선거인단 수의 변화와 각 세대별 유권자수의 구성비 변화를 표로 정리한 것이다. 상당히 높은 투표율의 상승, 특히 젊은 세대에서의 투표율이 급상승했지만 야권이 패배한 중요한 이유 중의 하나는 박근혜 당선인이 강세를 보인 5060세대의 증가와 문재인 후보 지지경향이 강한 2030세대의 구성비 감소효과를 빼놓고 설명할 수 없다(정한울 2012b). [표6]에서 확인되듯이 16대 대선에서 811만 명으로 전체 유권자의 23.2퍼센트를 차지하던 20대 유권자가 725만 명으로 줄어 전체 유권자의 17.9퍼센트 수준으로 감소했고, 30대 역시 2002년 870여만 명으로 25.1퍼센트 정도 차지했지만 불과 10년 후 2012년에는 810만여 명 20.0퍼센트로 감소했다. 40대는 780만 명 정도에서 880만 명 정도로 늘었지만 전체구성비는 22.4퍼센트에서 21.8퍼센트로 다소 감소했다. 대신 50대는 450만여 명에서 무려 320만이 증가한 770만여 명으로 늘어 12.9퍼센트에서 19.2퍼센트로 증가했다. 60대 이상 유권자는 570만여 명에서 280여만 명이 늘어 850만 명으로 16.3퍼센트에서 21.1퍼센트로 증가했다. 2030세대가 10년 전 전체 유권자의 48.3퍼센트로 절반에 가까운 유권자 구성비를 자랑했지만 10년 후에는 현재 37.9퍼센트 수준으로 감소했고, 반대로 29.2퍼센트에 불과했던 5060세대가 39.3퍼센트로 2030세대 유권자의 수를 추월했다.

이러한 세대구성의 변화가 선거 결과에 미치는 영향을 직관적으로 확인해보기 위해 간단한 시뮬레이션 결과를 소개하고자 한다. 통계청에서 발표한 2017년 19대 대선 시기의 세대별 인구구성 추산결과를 보면 5년

[표 6] 세대별 유권자 구성의 변화

선관위	총 유권자수	20대 이하	30대	40대	50대	60대 이상
16대 대선	34,991,529 100%	8,117,803 23.2	8,782,623 25.1	7,837,878 22.4	4,513,778 12.9	5,703,456 16.3
17대 대선	37,653,518 100%	7,907,239 21.1	8,585,002 22.8	8,472,042 22.5	5,836,295 15.5	6,852,940 18.2
18대 대선	40,507,842 100%	7,250,904 17.9	8,101,568 20.0	8,830,710 21.8	7,777,506 19.2	8,547,155 21.1
18대-16대	+5,516,313	-866,899 -5.3	-681,054 -5.1	+992,831 -0.6	+3,263,727 6.3	+2,843,698 4.8

■ 자료: 중앙선관위 〈18대 총선 투표율 분석〉(2013), 〈17대 대선 투표율분석〉(2008), 16대 대선 표2. 〈연령대별 자료〉(선관위 2003 보도자료).
■ 주. 괄호안의 수치는 전체 유권자수 대비 세대별 선거인 구성비. 각 세대별 선거인 수는 총유권자수×구성비로 계산한 결과임.

뒤 선거에서 20대는 687명 수준으로 16.7퍼센트, 30대는 742만명 18.0퍼센트 수준으로 떨어져 2030세대의 구성비는 35.7퍼센트 수준으로 줄어들고, 40대는 832만 수준으로 20.1퍼센트 수준으로 다소 떨어지고, 50대는

[표 7] 2017년 세대별 인구구성 변화와 19대 대선 결과 추산

세대	19대 대선 유권자수	18대 대선 투표율	18대 지지율		득표수		새누리-야권 득표차
			새누리	야권	새누리	야권	
20대	6,870,523 (16.7%)	0.690	0.265	0.707	1,256,275	3,351,647	-2,095,372
30대	7,424,329 (18.0%)	0.700	0.375	0.606	1,948,886	3,149,400	-1,200,514
40대	8,321,413 (20.2%)	0.756	0.419	0.563	2,635,924	3,541,826	-905,902
50대	8,292,169 (20.1%)	0.820	0.645	0.348	4,385,728	2,366,253	2,019,475
60대 이상	10,298,781 (25.0%)	0.809	0.769	0.224	6,407,088	1,866,304	4,540,784
전체	41,207,215	76.1%	53.5%	45.9%	16,633,902	14,275,431	2,358,470

■ 자료: 19대 대선 세대별 유권자수는 통계청 추산(한국일보 2012/12/22).

820여만 명, 60대는 1천만 명 수준으로 증가하여 각각 20.1퍼센트, 25.0퍼센트의 구성비를 차지할 것으로 추산되고 있다(표7).

만약 5년 후 선거에서 각 세대별 투표율과 세대별 지지율이 2012년과 동일하다고 가정하고, 5년 후 추산된 인구구성비를 적용할 경우 [표7]처럼 새누리당 후보는 1,660만표, 야권 단일 후보는 1420만 표를 얻어 235만표의 차이가 나는 것으로 나타난다. 18대 대선의 세대별 구성비를 기준으로 박근혜 후보가 문재인 후보에 117만여 표 우세했던 것을 감안하면 고연령층의 증가는 역시 보수정당에 유리하게 작용할 수 있음을 보여주는 결과이다.

결론

지금까지 18대 대선에서 다양한 세대 요인이 투표 결과에 미칠 수 있는 영향을 세대균열 효과, 세대구성의 변화 및 투표율 효과로 나누어 살펴보았다. 우선 대선 사후조사에서의 세대별 특정 후보에 대한 지지율 격차를 분석하여 세대균열 효과를 검증해보았고, 또한 패널조사의 특성을 살려 총선 투표와 대선 투표에서의 투표 선호의 변화를 세대별로 분석하였다.

주요 결과를 정리하면 다음과 같다. 첫째, 세대균열의 영향력이 급감했던 2007년 17대 대선은 물론 한국에서 "세대전쟁"의 우려를 낳았던 16대 대선보다 18대 대선의 투표선호에서 더욱 뚜렷해진 세대균열을 볼 수 있었다. KEPS 2012 조사 결과와 18대 출구조사 결과 모두 2030세대에서는 2002년 노무현 후보와 이회창 후보의 지지율 격차보다 문재인 후보와 박근혜 당선인 간 지지율 격차가 더 커졌다. 5060세대에서는 반대로 박근혜 당선인으로의 쏠림 현상이 더욱 강화되었다. 19대 총선에서 18대 대선까지의 투표선호 유지율을 세대별로 살펴 보면, 박 당선인과 문재인 후보 모두 자신에 대한 지지가 약한 취약 세대에서는 총선에서 지지했던 표를 충분히 흡수하지 못했다. 다만 자신에 대한 지지가 강한 세대 및 40대에서 총선에서의 지지가 대선 지지로 이어지는 지지결집력에서 박근혜 후보가 상대적 우위를 보였다. 한편 대선 기간 중 박-문-안의 3자 구도에서의 지지표가 최종 양자대결에서 이전되는 양상을 살펴본 결과 안철수 전 교수 지지자들의 경우 고연령층일수록 박근혜 당선인 지지로 이탈한 비율이 컸다.

둘째, 2012년과 2002년 대선 10년 사이 동일세대의 투표양상을 비교해 보면 2012년 기준 50대의 경우는 2002년 40대 당시 노무현 후보와 이회창 후보의 지지율이 대등했던 세대인데, 2012년 선거에서는 박근혜 당선인 지지율이 문재인 후보를 압도하는 세대로 바뀌었다. 2012년 60대의 경우도 10년 전 50대 시기에 비해 보수후보로의 쏠림 현상이 두드러졌다. 50대 이상에서는 나이가 들수록 보수화 경향이 강해지는 소위 '연령효과'(aging effect) 패턴에 부합하는 변화를 보여주었다. 반면 2012년 기준 40대의 경우 2002년 선거에서 균형적 태도를 보였던 40대와 달리 야당후보를 선호하는 경향이 두드러져 2030세대와 유사한 투표선호 구조를 보여주었다. 18대 대선에서의 40대는 10년 전 선거에서 노무현 돌풍의 주역이었던 30대로서 인격형성기에 공유된 정치적 성향이 유지되는 '세대효과'(cohort effect)의 특징이 나타났다. 그러나 이들 40대의 경우 2002년 30대 당시에 노무현 후보 지지율이 25퍼센트포인트 가량 이회창 후보를 앞섰던 압도적인 쏠림현상을 보여주었는데, 2012년 선거에서는 문재인 후보가 박근혜 후보를 11퍼센트포인트(출구조사)-14퍼센트포인트(KEPS 2012) 정도 앞서는 수준이었다. 세대효과와 함께 연령효과도 일부 작용한 결과로 볼 수 있을 것이다.

셋째, 이전 선거들에 비해 세대균열이 뚜렷한 조건에서 세대별 투표율과 세대별 구성의 변화는 선거결과에 중요한 변수로 작용하였다. 투표율을 보면 출구조사 추정 결과를 토대로 50대 투표율 반란이 박근혜 당선인 승리의 주요인이라는 진단이 나왔지만, 최종 선관위 발표 자료를 보면 5060세대의 투표율은 2002년에 다소 못 미치거나 비슷한 수준이었고, 20대에서는 10년 전에 비해 높은 수준의 투표율을 보여주었다. 세대별 투표율을 보면 야권에 매우 유리한 조건이었으나, 박근혜 당선인에 대한 지지 쏠림 현상이 두드러진 5060세대의 유권자 구성비가 크게 상승하고 2030세대의 세대구성 비율이 급감한 것이 선거 결과에 매우 중요한 영향을 미쳤음을 확인할 수 있었다.

본 연구의 결과는 한국 선거정치에 몇 가지 중요한 함의를 주고 있다. 우선, 2007년 선거에서 잠시 완화되었던 세대균열은 여전히 중요한 투표 결정 요인으로 복원되었다는 점이다. 물론 이번 선거에서 나타난 세대균열이 앞으로도 강화될 것이라고 단정할 수는 없다. 그러나 5060세대에서 나타난 소위 보수화 경향에 비해 새로운 유권자로 진입한 젊은 세대의 경우 이전에 비해 더욱 진보성향의 후보를 선호하는 경향이 두드러져 세대균열은 앞으로도 불가피할 전망이다. 더구나 2030세대가 40대 허리세대로 진입하면서도 야당성향이 유지되고 있다는 점은 현 야당진영에 유리한 환경으로 작용할 것이다. 그러나 10년 전 노풍의 주역이었던 30대가 10년이 지난 지금 야당 후보 지지의 강도 측면에서는 상당히 약화되었음이 확인되고 있고 인구구성에서 나타나고 있는 급격한 고령화 현상은 보수정당에 유리한 환경이다.

결론적으로 선거 결과는 세대별 지지율, 세대별 투표율, 연령효과, 세대 구성효과 등이 종합적으로 작용한 결과이며 그 변화의 방향은 여당에 유리한 경향성과 야당에 유리한 경향성이 공존하고 있다. 지난 대선에서

처럼 특정세대의 투표율과 같은 단일요인으로 선거 결과를 예측하는 것은 세대가 투표에 미치는 영향력을 왜곡할 가능성이 높다. 앞으로도 세대요인이 선거 결과에 미치는 영향력은 여전히 중요할 것이며 각 정당과 후보들의 세대전략의 중요성은 계속 커질 것으로 전망할 수 있다. ■

■ 참고문헌

강원택. 2010.《한국 선거정치의 변화와 지속 : 이념, 이슈, 캠페인과 투표참여》. 파주 : 나남 출판사.
_____. 2009. "386세대는 어디로 갔나? 2007년 대선과 2008년 총선에서의 이념과 세대". 《변화하는 한국유권자 3 : 패널조사를 통해 본 18대 국회의원선거》, 김민전 · 이내영 공편. 서울 : 동아시아연구원.
김민전. 2008. "2007대선, 그리고 정치균열의 진화".《변화하는 한국유권자 2 : 패널조사를 통해 본 2007 대선》, 이현우 · 권혁용 공편. 서울 : 동아시아연구원.
김지윤. 2012. "2% 부족한 박근혜 대세론".《한국 유권자의 선택 1 : 2012 총선》, 박찬욱 · 김지윤 · 우정엽 편. 서울 : 아산정책연구원.
박원호. 2012. "세대 균열의 진화 : '386' 세대의 소멸과 30대 유권자의 부상".《한국 유권자의 선택 1 : 2012 총선》, 박찬욱 · 김지윤 · 우정엽 편. 서울 : 아산정책연구원.
박찬욱. 2009. "사회균열과 투표선택 : 지역 · 세대 · 이념의 영향".《변화하는 한국유권자 3 : 패널조사를 통해 본 18대 국회의원선거》, 김민전 · 이내영 공편. 서울 : 동아시아연구원.
이갑윤. 2011.《한국인의 투표행태》. 서울 : 후마니타스.
이내영. 2011. "6 · 2 지방선거와 세대균열의 부활".《변화하는 한국유권자 4 : 패널조사를 통해 본 2010 지방선거》, 이내영 · 임성학 공편. 서울 : 동아시아연구원.
_____. 2002. "세대정치와 이념".〈계간사상〉가을.
정한울. 2012a. "여론으로 본 4 · 11 총선평가와 대선쟁점".〈EAI오피니언리뷰〉2012-04. 4월 25일.
_____. 2012b. "세대 투표율 분석을 통해 본 2012 대선 예측 : 10년 새 570만 표 늘어난 5060 세대가 대선 좌우 한다".〈EAI오피니언리뷰〉2012-05. 7월 19일.
_____. 2013. "정당 태도갈등이 투표행위 변동에 미치는 영향 : 18대 총선 및 19대 총선 패널조사(KEPS) 데이터 분석을 중심으로."〈한국정당학회보〉12, 1: 243-277.
황아란. 2009. "정치세대와 이념성향 : 민주화 성취세대를 중심으로".〈국가전략〉15, 2: 123-151.
〈경향신문〉. 2012. "[경향의 눈] 50대의 반란인가". 12월 24일.
〈성한용 이슈진단〉. 2012. "18대 대통령, 2030 세대가 결정한다". 한겨레캐스트 #15. 12월 16일. http://youtu.be/7xL5dBUxZB8(검색일 : 2013.3.11).
〈오마이뉴스〉. 2012. "투표율 70% 넘으면 문 역전?……과연 그럴까". 12월 16일.
〈중앙일보〉. 2012. "[판세분석] 대선 D-5, 투표율이 치명적 변수인 이유는". 12월 14일.

〈주간경향〉. 2012. "[2030세대]세대투표 : 야당의 승패는 역시 2030이 결정". 972호. 4월 24일.
〈조선일보〉. 2012. "[투표로 뭉친 50대들] ①50代, 투표위해 해외출장 날짜도 바꿔". 12월 24일.
〈한국일보〉. 2012. "새누리 120-129석, 민주 134-143석 : 총선 D-60, 여론전문가 10인
_____. 2012. "5060은 박근혜, 2030은 문재인 쏠림 뚜렷… 세대별 투표율이 판세 좌우". 12월 11일.

Bhatti, Yosef and Kasper M. Hansen. 2012. "The Effect of Generation and Age on Turnout to the European Parliament - How Turnout Will Continue to Decline in the Future." *Electoral Studies* 31: 262-272.

Blais Andre. 2006. "What Affects Voter Turnout?" *Annual Review of Political Science* 9: 111-125.

Erikson, Robert S. and Kent L. Tedin. 2005. *American Public Opinion: Its Origins, Content, and Impact*. 7th Edition. New York: Pearson.

Lee, Junhan and Wonjae Hwang. 2012. "Partisan Effects of Voter Turnout in Korean Elections, 1992-2010." *Asian Survey* 52, 6: 1161-1182.

Rentz, Joseph O. and Fred D. Reynolds. 1981. "Seperating Age, Cohort, Period Effects in Consumer Behavior." *Advances in Consumer Research* 8: 596-601.

4장
무당파의 선택
_2012년의 양대 선거를 중심으로

박원호

지난 18대 대통령선거는 한국의 유권자들이 정당을 어떻게 내면화하고 있는지를 가장 극적으로 드러내 보인 선거였다. 지난 대통령선거 국면에서 '안철수 현상'으로 통칭되는 한국 유권자들의 '정당으로부터의 이탈'은 그 규모나 지속성에 있어서 예전에는 볼 수 없는 현상이었다. 2011년 여름 서울시장 보궐선거에서 잠재 후보로서 압도적인 지지세를 보인 이래 대통령선거 전 11월 23일 야권후보 단일화를 위한 후보자 사퇴에 이르기까지 무려 일 년 반 동안 유지된 정당정치와는 무관한 삶을 살아왔던 안철수 전 교수에 대한 유권자들의 지지는 기존 거대 정당들이 선거에서 지니고 있는 인적, 조직적, 기술적 자원의 프리미엄이 그리 큰 것은 아니라는 사실을 드러내 보였다.

한국의 대통령선거에서 '제3당' 후보가 선거에 참여하여 일정한 지지를 얻었던 것은 물론 새로운 일이 아니다. 1992년 대통령선거에서 국민당 정주영 후보를 필두로 1997년 선거의 이인제 후보, 2002년 선거의 정몽준 후보와 2007년 선거에서의 문국현 후보에 이르기까지 한국의 대통령선거에서 기존 거대 정당들이 담아내지 못하는 유권자들의 요구와 지지는 항상 존재해 왔다. 그러나 지난 18대 대통령선거 국면에서의 '안철수 현상'은 정당 자체의 존립에 대한 공격이었다는 그 내용적 측면이나 최소한 일년 반 이상 유지되었다는 지속성의 측면에 있어 매우 크나큰 사건이었다고 할 수 있다. 역설적이게도 지난 대통령선거는 양대 정당들이 유효투표의 99.6퍼센트를 획득한 가장 '당파적'인 선거로 귀결되었지만 자연인 안철수 전 교수와는 무관한 유권자내(in-the-electorate) '안철수 현상'은 그 원인이 무엇이었건 어떤 형태로든 지속될 것으로 보인다(최장집 2012).

이러한 새로운 움직임의 이면에 근본적으로 한국 정당정치의 위기가 있으며, 이 위기의 핵심에 한국의 유권자들이 드러내는 정당정치로부터의 이탈이 있었음은 주지의 사실이다. 물론 정당정치의 위기가 새로운 것도 그리고 지지하거나 가깝게 느끼는 정당이 없는 무당파(independents)의 존재와 성장이 특별한 일인 것도 아니다. 예를 들어 전통적인 투표행태 문헌에서는 이러한 현상을 유권자들의 정당일체감(partisan identification)의 약화로 설명할 것이며, 이것은 전반적으로 증가하는 정치 자체에 대한 무관심으로 해석할 수 있을지도 모른다.[1] 아마도 중요한 질문은 이러한 무당파층이 정치적 무정향성을 띠는 것이 아니라 특정한 정치적 지향성을 지니고 있는지의 여부일 것이며, 이것이 새로운 정치적 전망으로 동원될 수 있을 것인가 하는 질문일 것이다. 즉 무당파적 당파성이 과연 존재하는가 하는 질문이 그것이다.

본 장은 그런 의미에서 매우 단순한 질문을 던지는 것으로 시작된다. 지난 대통령선거에서 무당파층은 어떠한 사람들이었으며 어떠한 정치적 선택을 했는가라는 질문이다. 이 질문이 단순하다는 것은 이에 대한 대답이 매우 서술적(descriptive)일 것이라는 의미이다. 그러나 한국의 무당파층에 대한 보다 깊은 이해를 위해서는 매우 기본적인 서술적 연구가 전제되어야

---

[1] 그러나 한국에서 무당파 유권자의 숫자가 양적으로 크게 증가하고 있다는 증거 또한 그리 명백한 것도 아니다 (박원호·송정민 2012).

할 것이다. 예를 들어 아직도 한국의 선거연구는 무당파층에 대한 정의가 무엇인지에 대해 합의에 이르지 못하고 있으며, 이들에 대한 제대로 된 서술도 보다 심화된 이론화 작업도 수행하고 있지 못하기 때문이다.

따라서 이 장에서는 우선 무당파층에 대한 이론적 검토를 통해 이들을 보다 엄밀하게 정의하고자 한다. 이는 물론 투표 행태 문헌의 한 주요한 축이라 할 수 있는 정당일체감에 대한 기본적인 재검토를 전제로 해야 할 것이다. 무당파층은 전통적으로 정당일체감의 부재라는 방식으로 정의되어 왔기 때문이다. 특히 본 연구에서는 EAI·SBS·중앙일보·한국리서치 공동 2012 총선대선패널조사(KEPS 2012)의 특성을 이용하여 정당일체감과 무당파층의 여러 다양한 그룹들을 추출한 후, 이러한 당파적 그룹들의 여러가지 인구학적 의식적 속성들을 기술하고자 한다. 그 중요성은 앞서 제안되고 구현된 정당일체감의 측정과 구분이 얼마나 타당한지에 대한 간접적인 검토의 기회가 될 것이다. 마지막으로 본 장에서는 무당파층의 선택이라는 이들의 투표행태와 관련된 특성들을 기술할 것이다. 이번 대선 국면에서 이들이 최종적으로 어떤 후보자를 선택하였는지를 설명하고 어떤 의미에서는 무당파층의 매우 체계적인 당파적인 선택이 있었음을 설명하고자 한다.

이상과 같은 질문들과 서술들이 매우 새롭고 유의미한 것은 본고에서 사용된 자료의 패널적 속성에 기인한다. KEPS 2012 자료는 지난 총선 직전인 3월 30일 시작된 조사를 기점으로 연말의 대선 직후까지 이어진 7차에 걸친 패널조사이다. 패널조사의 장점에 대한 것은 널리 알려져 있는 바이지만 특히 이곳에서는 유권자들이 지니고 있는 정당일체감과 여타 정치의식 및 행태의 변화를 상대적으로 긴 기간 동안 추적함으로써 기존의 단속적인 횡단면(cross-sectional) 조사자료의 한계를 극복할 수 있다는 점에서 연구자에게 매우 유의미한 레버리지를 제공해 준다고 할 수 있다.

무당파의 정의와 측정

전통적인 투표행태 문헌에서 무당파를 정의할 때 정당일체감과 관련짓는 것이 일반적이었다. 구체적으로는 미국의 전국선거조사(National Election Studies)를 주도했던 미시간학파의 문항들을 근거로 정당일체감을 측정해 왔다. 이곳에서 응답자들은 자신들이 민주당이나 공화당 중 한 당의 지지자인지 무당파인지에 대해 먼저 응답해야 하고[2] 양당 중 하나의 지지자라면 얼마나 적극적 지지자인지, 그렇지 않다면 양당 중 가깝게 느끼는 정당이 있는지[3]에 대한 질문을 받게 된다. 이러한 질문들을 통해 구성된 일차원적인 7점 척도가 바로 투표행태 연구의 하나의 표준이 된(canonical) 정당일체감 척도이다.

그런 의미에서 정당일체감이나 무당파의 개념은 지극히 미국적인 개념일 수밖에 없다. 여기에서는 먼저 이러한 개념의 한국적 적용과 관련된 몇 가지 중요한 점들을 짚고 넘어가야 할 것이다. 첫째, 전통적인 정당일체감은 개념적 지향에 있어서나 측정에 있어서 상당한 지속성을 지니며 외부로부터의 영향에 상대적으로 자유로운 안정성을 지니는 것으로 그려지고 있다. 스스로를 공화당원 혹은 민주당원으로 생각하느냐는 질문은 한 유권자를 규정하는 개인사적 — 정치사회화 과정을 포함한 — 아이덴티티와 관련될 수밖에 없으며, 이 내용이 단기적으로 바뀔 것이라고는 생각하기 힘들다. 또한 질문에 포함되어 있는 장기간의 시간성을 지칭하는 부사들('generally speaking' 혹은 'usually')도 이러한 경향성을 의도적으로 포착하려는 시도라는 것을 알 수 있다. 이는 정당일체감이 오랜 정치사회화 과정을 통해 형성되는 심리적 애착심이며, 적어도 단기적으로는 다른 요인들에 의해 영향을 받기보다는 영향을 주는 독립변수라는 개념을 반영한 것이다(Campbell et al. 1960/1980; Jennings et al. 1981).

이를 한국 선거연구에 적용할 때 적절히 대응되는 번역이나 대응되는 개념이 존재하지 않는다는 점은 커다란 난점일 수밖에 없다. 왜냐하면 "지지하는 정당이 있는가?" 혹은 "다음 중 지지하는 정당은 무엇인가?"라는 질문들은 개인들의 아이덴티티와 관련된 것이 아니라 정당에 대한 태도나 정향을 묻는 것이기 때문이고[4] 그 이면에는 한국 유권자들의 상당 부분이 스스로를 일상적인 의미에서 '당원'이라고 생각할 정도로 정당이 생활세계에 침투한 적이 없기 때문이다. 더 나아가 '지지하는 정당'을 선거 직후 혹은 직전에 물어본다는 것은 선거에서의 실질적 투표라는 행태적 측면과도 직접적인 관련이 있을 수밖에 없다. 그런 의미에서 한국의 정당일체감의 개념과 측정은 미국적 맥락과 상당한 차이가 있을 수밖에 없다.

따라서 둘째, 한국의 선거연구에서 측정되거나 발견되는 정당일체감이나 무당파층의 존재는 의도하건 의도하지 않았건 구미 투표행태 문헌의 수정주의적 입장에 보다 이론적으로 가까워 보인다. 피오리나(1981)에 의하면 정당일체감은 비합리적일 수밖에 없는 심리적 애착심이라기보다는 유권자들이 항상 업데이트하는 정당의 국정운영이나 정치적 성과의 총합(running tally)이라는 의미에서 "추동되지 않는 추동자"(unmoved mover)가 아니라, 경제적 상황이나 쟁점 및 후보자 평가와 같은 비교적 중단기적 요인에 의해 변화할 수 있는 것이다. 그것이 한국정당의 제도화 과정에 의거

---

2) 원문은 다음과 같다. "Generally speaking, do you usually think of yourself as a Republican, a Democrat, an Independent, or what?"
3) 이에 대한 원문은 다음과 같다. "Do you think of yourself as closer to the Republican or Democratic party?"
4) 이상과 같은 이유로 인해서 '지지하는' 정당이 아니라 '가깝게 느끼는' 혹은 '좋아하는' 정당이 무엇인지를 묻는 설문문항들도 상당히 널리 사용된 바 있다. 비교선거체제연구(Comparative Study of Electoral Systems: CSES)에서 '가깝게 느끼는 정당'이라는 문구를 표준화하여 사용하는 것도 이러한 맥락이다. 여전히 전통적 혹은 미국적 의미의 정당일체감과는 거리가 있는 것이 사실이지만(Blais et al. 2001) 한국적 맥락에서 본다면 '가깝게 느끼는 정당'이 보다 전통적인 정당일체감을, '지지하는' 정당은 보다 더 수정주의적 정당일체감과 관련이 있다고 볼 수 있을 것이다.

한 것이건 아니면 우리가 가지고 있는 조사와 설문문항 표현의 한계에서 기인하는 것이건, 한국에서 연구되는 정당일체감의 특징은 이러한 의미에서의 수정주의적 입장에서 그리는 상에 가까울 것으로 예상할 수 있다.[5]

셋째, 무당파들의 형성과 쇠퇴라는 것도 이러한 맥락에서 살펴보아야 한다. '지지정당 없음'으로의 이동이 정당 간 그리고 블록 간 유권자들의 정체성의 '이동'[6]보다 훨씬 더 쉬울 것으로 예상할 수 있다면 한국의 유권자들은 보다 더 유동적인 환경에서 움직인다는 가설을 생각해 볼 수 있

[그림 1] 정당일체감의 변화양상 : 2012년 총선에서 대선 국면까지

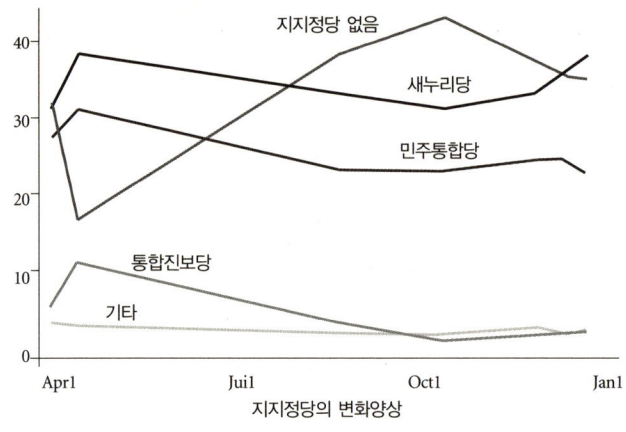

■ 주. 분석에 선택된 케이스는 마지막 7차 조사까지 남아있었던 KEPS 2012 참여 유권자만을 대상으로 했으며, 성별, 연령, 지역에 따른 가중치를 적용했음.

---

5) 다른 가능성으로서 장승진(2012)은 정서적(affective) 측면이 강조된 한국적 정당일체감에 대한 가능성을 타진하고 있는데, 그러한 입론이 보다 정교한 패널자료에서도 확인되는 것인지는 주요하게 지켜보아야 할 지점이다.
6) 한국 선거에서의 회귀성 부동층과 비회귀성 부동층에 대한 흥미로운 서술은 진영재(2008) 및 진영재·김민욱(2009)을 참조.

을 것이고, 또 이러한 부분은 본 자료에 훨씬 더 손쉽게 포착될 것이다. 요컨대 미국의 무당파들이 여러 대안들 중의 하나로서 선택한 '무당파' 라는 아이덴티티와 한국의 유권자들이 '지지하는 정당의 부재'라는 형태로 사고하는 '무당파'는 다르며, 후자가 더 유동적일 가능성이 크다는 것이다. 만약 그것이 사실이라면 무당파들의 증감은 비교적 단기간에 이루어지는 환경의 변화에 조응하여 반응할 것이며 이것은 위에서 살펴본 수정주의적 정당일체감이 가정하는 평가적(evaluative) 차원에서 이루어질 것이라고 생각된다.

[그림1]은 19대 총선 국면에서부터 시작하여 대통령선거가 끝난 시점까지 7차에 걸쳐 조사된 KEPS 2012 참여 유권자들의 정당일체감 혹은 지지정당의 변화양상을 나타낸 것이다. 앞에서 언급한 것처럼 다음의 세 가지 점이 눈에 띤다. 첫째, 측정된 정당일체감은 길지 않은 기간 내에 상당한 수준의 변화 양상을 보인다. 앞서 예측한 바와 같이 한국 유권자들의 정당일체감은 외적 환경의 변화에 상당히 민감한 것으로 나타났다. 둘째, 역시 예상했던 것처럼 가장 눈에 띄는 변화의 핵심에는 무당파층의 증감이 두드러졌다. 이것은 4월 총선 직후 통합진보당의 급격한 몰락에 기인한 부분도 있는 것으로 보이며, 또한 선거 국면에서 상시적으로 일어나는 현상일 수도 있을 것이다. 셋째, 이것과 관련하여 한국에서의 정당일체감이 선거에서의 투표선택이라는 행태적 차원과 직결될 것이라는 앞서의 예측과도 일치한다는 점이다. 이것은 특히 선거에 임박할수록 많은 유권자들이 자신이 선거에서 어느 정당을 지지할 것인지 — '찍을' 것인지 — 를 마음속으로 결정하는 과정을 혹은 선거 후 조사에서 어느 정당(후보)을 '지지했는지'를 정당일체감 문항에서 대답할 것이라는 짐작과 궤를 같이 한다는 것이다. [그림1]에서 볼 수 있는 것처럼, 4월 총선 직후 실시된 2차 조사에서 지지정당이 없는 무당파층의 크기가 보름 전의 33퍼센트에

서 17퍼센트까지 하락한 것은 이러한 점을 특히 잘 보여준다. 나아가 총선 국면이 지나고 대선이라는 완전히 새로운 세팅인 3차 조사에서 응답자들은 자신들의 정당일체감을 새롭게 '고민'하기 시작하고 있는 것으로 보인다. 이것은 전통적인 정당일체감이 아니라 매우 평가적이며 반응적인 일체감이라 할 수밖에 없다.

아마도 [그림1]의 가장 주요한 메시지는 한국의 어떤 주요 정당에 대한 지지자들보다도 더 많은 유권자들이 지지하는 정당이 없는 무당파로서 대통령선거를 치렀다는 사실일 것이다. 다음 장에서는 무당파를 좀 더 엄밀하게 구분해서 살펴보고 이들이 누구이며 어떤 특성을 지니는지를 자세하게 살펴볼 것이다.

무당파의 세분화와 이들의 특징

무당파들이 하나의 단일한 일괴암(一塊巖; monolithic)적 그룹은 아니라는 것은 매우 자명한 사실이다. 구미의 선거행태 연구에서도 일관되게 무당파들을 진정하게 순수한 무당파층과 특정 정당과 '가깝게 느끼는' 편향적 무당파층(leaning independents)으로 나누고 있으며, 흥미롭게도 이러한 편향적 무당파층은 오히려 소극적 정당지지자들(weak partisans)보다도 더 당파적인 투표행태를 보이기도 한다(Petrocik 1974).

이와 관련된 그리고 이 장에서의 논의와도 직결되는 하나의 중요한 해석은 무당파층에서 고전적 민주주의의 이상에 접근하는 '심의적 공중'(deliberative public)의 가능성을 찾은 달튼(Dalton 2013)의 해석일 것이다. 그에 의하면 무당파층은 단순히 정치에 무관심한(apolitical) 그리고 정당정치의 안정성을 파괴하고 체제에 정당성의 위기를 가져올 수도 있는 정치적 소외

계층만으로 이루어진 것은 아니다. 오히려 높은 수준의 정치적 관심도와 지적 자원을 가진, 그리고 다만 정당과 거리를 둔 채 냉정하게 평가하는 인지적 무당파도 포함하고 있다는 것이다. 이것은 물론 정당일체감에 대한 수정주의적 해석과 정확하게 궤를 같이하고 있으며 나아가 무당파층은 기존의 선거와 정당을 통한 '좁은 참여통로'를 넘어서서 직접적으로 정치과정에 참여하고자 하는 '시민적 공중'으로 거듭날 수 있다는 해석이 가능할 것이다.

문제가 되는 것은 이러한 다양한 수준의 무당파를 구분하여 측정하기 위해서는 보다 많은 수의 문항이 사용되어야 한다는 점이다. 앞에서 예로 든 미국 선거연구의 '편향적 무당파'들을 구분해 내려면 최소한 두 문항이 필요하며, 앞서 언급한 비교선거체제연구(CSES)에서 표준적으로 요구하는 문항은 세 개의 문항이다. 따라서 문항 수의 제약을 받는 전화설문조사에서 이것은 일반적으로 구현이 불가능하다. 또한 면접조사 등을 통해서 이러한 무당파의 구분이 가능하다고 하더라도 이러한 편향적 무당파들이 반드시 '인지적 무당파'라는 경험적 근거는 아직 없다. 특히나 앞서 살핀 것처럼 한국적 특수성이 존재하는 정당일체감의 측정의 어려움을 생각하면 무당파의 측정 자체가 그다지 쉬운 일은 아니며, 아직 통일되고 확립된 측정(measurement)의 기준이 없다(박원호·송정민 2012).

이 장에서는 상대적으로 장기적 환경에서 동일한 응답자들을 대상으로 자료를 수집한 패널자료의 이점을 살려 새로운 정당일체감의 수준들, 나아가 분화된 무당파층을 새롭게 구성하고자 한다. 어떤 의미에서는 본인에게 스스로의 정당일체감의 정도를 밝히게 하는 것보다 오히려 선거국면이 지속되면서 얼마나 심리적 끈을 일정하게 유지하는가를 보는 것이 앞에서 재구성한 한국 유권자들의 정당일체감의 프로파일과 더 조응한다고 볼 수 있을 것이다.

우선 패널자료를 이용하여 정당일체감을 구성하는 방법은 다음과 같다. 첫째, 총 7회의 조사 중에서 5회 이상 정당일체감 질문에 응답한 사람만 분석에 포함되었다. 또한 통합진보당이나 군소정당에 대해 지속적인 일체감을 보고한 응답자들도 결과의 간결성과 "새누리당-무당파-민주통합당"으로 이어지는 일차원적인 구성을 위해 분석에서 제외하였다. [그림1]에서 보이는 것처럼 총선 국면에서 통합진보당을 지지하다가 다시 주요 정당들이나 무당파로 이탈한 응답자들은 일반적으로 분석에 포함되었다. 이 결과 대상자인 1,355명의 샘플들 중 1,134명이 분석에 포함되었다. 둘째, 일관되게 하나의 정당을 지지하거나 일관되게 무당파라고 응답한 이들은 각각 '강한 새누리당 지지자', '강한 민주통합당 지지자' 그리고 '순수무당파'로 분류하였다. 한편 매우 제한된 횟수[7]의 이탈을 보인 이들은 각각 소극적 혹은 약한 당파로 그리고 무당파에서 양 정당으로

[표 1] 정당일체감의 구분

구분	케이스[a]	분포	정의
강한 민주통합당 지지	141.9	12.5%	일관된 민주통합당 지지
약한 민주통합당 지지	72.4	6.4%	제한된 무당파로의 이탈과 복귀
민주-무당파 표류층	93.1	8.2%	민주-무당파 사이에서 표류
민주통합당 편향 무당파	121.6	10.7%	제한된 민주통합당으로의 이탈과 복귀
순수 무당파	135.1	11.9%	일관된 무당파층
새누리당 편향 무당파	58.6	5.2%	제한된 새누리당으로의 이탈과 복귀
새누리당-무당파 표류층	90.9	8.0%	민주-무당파 사이에서 표류
약한 새누리당 지지	86.2	7.6%	제한된 무당파로의 이탈과 복귀
강한 새누리당 지지	270.9	23.9%	일관된 새누리당 지지
민주통합당-새누리당 표류층	63.4	5.6%	양당 사이에서 표류
계	1,134	100%	

■ 주. a. 인구학적 가중치를 적용한 값.

---

[7] 두 정당과 무당파로부터 1회의 이탈, 7회 모두 대답한 경우에는 총 2회까지의 이탈을 인정하였다.

제한적으로 이탈한 경우에는 '편향적 무당파'로 분류하였다. 셋째, 이러한 양당과 무당파 사이에서 2번 이상의 이탈과 표류를 보이는 경우에는 '표류층'으로 분류하였다. 특히 한 당과 무당파 사이의 표류가 아니라 양당 사이에서 표류하는 것으로 보이는 응답자들은 독립적인 표류층으로 다시 구분하였다.

[표1]은 이러한 기준 하에서 자료에 나타난 응답자들을 정당지지의 강도와 관련하여 구분한 것이다. 무당파층은 편향적 무당파층을 포함하여 27퍼센트 정도 되는 것으로 나타났는데 이는 기존 연구들에서 나타난 무당파층의 크기와도 그리 크게 다르지 않다(소순창·현근 2006). 특기할만한 점은 새누리당 편향의 무당파층의 크기가 5퍼센트 정도에 불과한 반면 민주편향 무당파의 크기는 그 두 배에 이른다는 점이다. 반면 양대 정당에 대한 가장 충성도가 높은 정당지지자들은 새누리당의 경우에는 24퍼센트 정도, 민주통합당의 경우에는 12.5퍼센트로 나타났는데 이것은 어떤 의미에서 '고정표'에 있어서 양당이 지난 대선에서 상당한 격차를 가지고 시작했다고 해석할 수 있을 것이다. 뒤에서 보겠지만 문재인 후보가 순수 무당파를 포함한 범야권 지지층에서 압도적인 지지를 획득했음에도 불구하고 선거에서 패배한 것은 이러한 기본 정당 지지층에 있어서의 열세를 극복하지 못했기 때문인 것으로 보인다. 만약 정당일체감이 단기적으로 변화하는 평가적인 차원의 내용이 맞는 것이라면, 지난 선거에서 문재인 후보의 패배는 후보자 개인보다는 민주통합당의 열세에 기인한 것이라는 해석이 가능하다.

이하에서는 이들의 인구학적 분포와 기본적인 특성을 기술한다. 우선 결론부터 말하자면 눈에 가장 띠는 그룹은 민주편향의 무당파그룹이다. 이 집단은 가구소득과 교육수준이 가장 높으며 자가보유 비율과 소셜네트워크서비스(social network service: SNS) 사용도가 높은 것으로 나타났다. 만약

달튼이 말하는 심의적 공중, 혹은 인지적 무당파가 있다면 이들이야말로 그것이 되기 위한 기본적인 자원을 지니고 있는 유권자층이라고 말할 수 있을 것이다.

우선 이들과 순수무당파층과의 대조는 매우 흥미로운데 조사기간 동안의 정당지지의 차이가 그리 크지 않음에도 불구하고 성별이나 소득, 정보화에 있어서 상당한 차이가 있는 것으로 나타났다. 또한 순수무당파층에 대해 인구학적으로 가장 대척점에 있는 집단은 민주통합당과 새누리당 사이에서 표류하는 — 어떤 의미에서는 대중매체에서 부동층, 혹은 스윙보터(swing voter)라고 불리는 — 응답자들이었다. 일반적으로 무당파층은 잘 알려져 있는 것처럼 가장 연령이 낮은 그룹이다. 특히 순수무당파는 평균 37.6세로서 가장 낮은 것으로 나타났고 민주통합당 편향 무당파와 표류층이 그 뒤를 이었다. 이 세 집단의 연령은 다른 어떤 집단과 비교해서도 통계적으로 유의미한 차이가 있는 것으로 나타났다. 연령과 관련된 더 중요한 사실은 연령이 높아질수록 양당으로의 일체감이 더 강화된다는 사실이다. 이것은 보다 전통적인 정당일체감의 모델, 즉 매우 안정된 정당에 대한 심리적 애착심이 나이가 들어갈수록 혹은 선거참여 등의 정치적 실천을 통해 더욱 강화된다는 관점이다.

각 집단별 성별의 구성도 매우 흥미로운데, 특히 고정적인 민주통합당 지지자들은 약 60퍼센트 이상이 남성들로 구성되어 있는 것으로 나타난 반면, 민주통합당 표류층이나 편향 무당파의 경우에는 40퍼센트를 약간 상회하는 수준이어서 거의 20퍼센트포인트나 차이가 났다. 다시 말해 민주통합당의 지지자이건 잠재적인 지지자이건 간에 여성들의 경우가 보다 더 관망의 경향이 크고 일관된 지지를 보이지는 않았던 것으로 해석할 수 있을 것이다. 교육수준에 있어서는 새누리당의 고정 지지자들과 민주통합당-새누리당 표류층이 가장 낮은 것으로 나타났으며 소득에서도 이들

[표 2] 그룹별 인구학적 특성

구분	연령	성별 (남성)	소득 (월400만 이상)	대학교육	자가 소유	SNS (주2회 이상사용)
강한 민주통합당 지지	44.6	60.9%	43.5%	57.7%	71.8%	18.8%
약한 민주통합당 지지	43.8	56.5%	39.2%	64.0%	70.3%	16.6%
민주-무당파 표류층	39.0	42.0%	42.3%	55.4%	58.1%	23.4%
민주통합당 편향 무당파	38.4	41.6%	46.0%	71.5%	71.8%	36.6%
순수 무당파	37.6	46.7%	34.8%	69.5%	66.0%	33.2%
새누리당 편향 무당파	44.1	50.7%	41.2%	59.7%	71.4%	18.4%
새누리당-무당파 표류층	44.8	48.6%	38.0%	54.8%	75.0%	16.8%
약한 새누리당 지지	52.2	48.9%	37.1%	47.0%	74.0%	15.9%
강한 새누리당 지지	54.9	50.7%	35.3%	34.5%	79.8%	14.4%
민주통합당-새누리당 표류층	48.2	48.3%	25.3%	34.8%	67.3%	18.9%
전체	45.8	49.7%	38.3%	53.0%	72.0%	21.2%

이 가장 낮은 집단인 것으로 나타났는데, 특히 민주통합당-새누리당 표류층은 평균적 소득이 가장 낮은 그룹인 것으로 드러났다.

무당파의 선택

위에서는 무당파의 세분화와 이들의 인구학적 특성을 살펴보았다. 이곳에서는 이들의 지난 대통령선거에서의 정치적 선택에 대해서 살펴본다. 아래의 [표3]은 지난 선거에서 이들의 투표와 참여의 패턴을 보여주는데 대선 직후 조사에서 보고된 양대 주요 후보자들에 대한 지지의 양상을 보면 각 그룹이 양당의 주요 후보들에게로 매우 극화되어 나누어지는 것을 알 수 있다. 당파성에 있어서 일관되게 무당파임을 주장했던 순수 무당파층의 65퍼센트가 문재인 후보에게 투표한 것으로 나타났으며 이들은 박근혜 당선인에게는 30퍼센트에도 미치지 못하는 지지를 보였다. 흥미로

[표 3] 투표와 참여의 패턴

구분	박근혜 투표	문재인 투표	투표참여 (대선)	투표참여 (총선)	TV토론 시청[a]	이념[b]
강한 민주통합당 지지	3.6%	96.4%	97.3%	92.1%	56.5%	1.65
약한 민주통합당 지지	7.6%	91.0%	100.0%	89.7%	55.9%	1.75
민주-무당파 표류층	11.0%	89.0%	92.8%	89.7%	47.5%	1.78
민주통합당 편향 무당파	15.6%	84.4%	94.1%	83.6%	54.2%	1.88
순수 무당파	28.2%	65.4%	91.9%	79.0%	50.2%	2.04
새누리당 편향 무당파	67.8%	26.1%	100.0%	89.9%	62.2%	2.34
새누리당-무당파 표류층	75.5%	24.5%	91.9%	73.4%	55.5%	2.39
약한 새누리당 지지	93.9%	5.1%	96.3%	89.9%	65.2%	2.62
강한 새누리당 지지	98.5%	1.5%	99.6%	91.4%	71.2%	2.74
민주통합당-새누리당 표류층	65.1%	34.9%	94.7%	85.2%	63.0%	2.24
전체	51.2%	47.5%	96.1%	87.0%	59.5%	2.20

■ 주. a. 해당 기간 TV 토론을 모두(2회) 시청한 응답자의 비율.
　　b. 진보=1, 중도=2, 보수=3.

운 사실은 이러한 지지분포가 본고의 당파적 그룹 중에서 가장 균분된 것이라는 사실이다. 대선 최종집계가 52 : 48이었고 자료에서도 이에 상당히 근접하는 선거 결과를 고려해본다면, 이번 대통령선거에서 가장 중요한 요인은 유권자들의 정당일체감이었던 셈이고 무당파층조차 문재인 후보에게 비교적 압도적인 지지를 보인 이번 선거는 매우 당파적이었다는 것이다.

이러한 순수 무당파와는 매우 대조적으로 새누리당 지지로 조금이라도 이탈한 적이 있는 응답자들은 놀랍게도 박근혜 당선인에게 거의 70퍼센트에 육박하는 지지를 보인 반면 문재인 후보에게는 26퍼센트 정도의 지지밖에 보이지 않았다. 정당일체감에 있어서 매우 미세한 동요가 무려 30퍼센트포인트 정도의 지지율 차이로 나타난다는 점이다.

이들보다 조금이라도 더 새누리당에 대한 일체감이 강한 유권자들은 박 당선인에게 더 높은 지지를 나타내었고, 특히 일관된 새누리당 지지자들은 무려 98.5퍼센트가 박 당선인을 지지한 것으로 드러났다. 민주통합당 지지자들의 패턴도 이와는 다르지 않았는데 한번이라도 민주통합당에의 일체감을 표현한 적이 있었던 응답자들은 84퍼센트 이상이 문재인 후보를 지지한 것으로 나타났다. 특히 일관된 민주통합당 지지자들의 96퍼센트 이상이 문 후보에게 투표한 것으로 나타났다. 비록 문 후보가 가장 중립적 위치에 있는 것으로 보이는 순수 무당파들의 압도적 지지를 획득하기는 했지만 [표1]에서 보였던 것처럼 그 분포에 있어서 무게중심이 새누리당에 이미 쏠려있는 상황에서 선거결과를 뒤집기에는 역부족이었다.

거의 '전복적'(tipping)이라 할 만한 이러한 후보자 선택의 극화는 어디서 기인한 것일까? [표3] 마지막 열에 나타난 것처럼 정당일체감의 정도에 따라 선형적으로 변화하는 각 그룹의 평균이념 스코어와 대비해서 볼 때 이러한 의문은 더 깊어진다. 점진적인 정당일체감과 이념성향에도 불구하고 선거에서의 투표가 순수무당파를 기점으로 후보의 지지가 완전히 전복되는 양상을 볼 때, 무당파층들이 양대 후보 진영으로 체계적으로 움직였다는 결론을 내릴 수 있다. 무당파들이 정치적 전망이나 선호가 부재하는 비정치적인 그룹이 아니며 나름의 방식으로 적극적으로 지난 선거에 참여하여 자신들의 의견을 표출했던 것으로 보인다.

대통령선거에서의 모든 그룹에 걸친 높은 투표율 또한 이러한 가설과 일치하는 것으로 해석할 수 있다. KEPS 2012 자료의 특성으로 인해 보고된 투표율이 전반적으로 높아서[8] 엄밀한 해석에 난점이 있지만 정당지지자와 무당파를 막론하고 모든 그룹에서의 투표율은 92퍼센트를 상회했으며 특히 '편향적' 무당파층의 투표율은 강한 정당지지자들의 투표율에 비해 뒤떨어지지 않았던 것으로 나타났다. 이것은 지난 선거에서 무당파

---

8) 패널자료의 속성상 다수의 설문에 지속적으로 대답한 응답자들만이 자료에 포함되는 탈락효과(attrition effect)로 인해 참여 성향이 강한 유권자들이 자료에 과대 대표되는 문제가 있을 것이나.

층이 자신들의 특정한 전망과 선호를 가지고 선거에 적극적으로 참여했다고 해석할 수 있을 것이다. 이에 반해 무당파와 정당지지자들 사이의 전형적인 선거참여의 패턴은 지난 총선에서의 투표참여율에 나타나는데 그것은 순수 무당파가 가장 낮고 정당일체감이 강해지면서 보다 참여율이 높아지는 일반적인 패턴이다. 즉 지난 총선에서는 무당파들이 자신들의 대안을 찾지 못하여 상대적으로 낮은 투표율을 보였던 반면 대선에서는 상당히 높은 수준의 선거참여를 보인 점이 특기할 만하다.

TV토론 시청 등을 통해 선거과정에서 정보를 수집하는 과정은 무당파층이 다소 낮았던 것으로 나타났지만 일반적으로 더 많이 TV토론을 시청하는 경향이 있었던 새누리당 지지층과 그렇지 않았던 민주통합당 지지층을 나누어서 보자면 특별히 무당파층이 더 낮았다고 보기는 힘들다. 오히려 토론 시청을 가장 하지 않은 그룹은 무당파층이 아니라 '표류층'으로 분류된 그룹이었으며 편향적 무당파층은 상당한 관심을 가지고 TV토론을 지켜보았던 것으로 보인다. 표에는 보고되지 않았지만 선거기간 동안 측정된 선거관심도에 있어서도 무당파층이 특별히 정당지지자들에 비해서 낮은 것으로 드러나지는 않았다.

자료에서 무당파층이 정당지지자들에 비해 가장 뚜렷하게 다른 패턴을 보인 부분은 이들의 투표 후보 결정시기인 것으로 나타났다. 새누리당과 민주통합당의 강한 지지자들의 과반은 대선 한 달 혹은 이미 그 이전에 누구에게 투표할 것인지를 결정했다고 응답했고 이는 후보자 등록을 전후해서는 약 90퍼센트 정도에 육박한 것으로 나타났다. 반면 무당파들의 경우, 순수 무당파 및 편향적 무당파 공히 과반 이상이 선거 1주일 전이나 그 이후에야 투표후보를 결정할 수 있었다고 응답하였다. 선거 참여율, 선거 관심도 그리고 후보자 지지율에 있어서 무당파와 당파의 차이가 그리 크지 않았던 것에 반해서 이들이 누구를 찍을 것인지를 결정한 시점

[그림 2] 투표 후보 결정시기

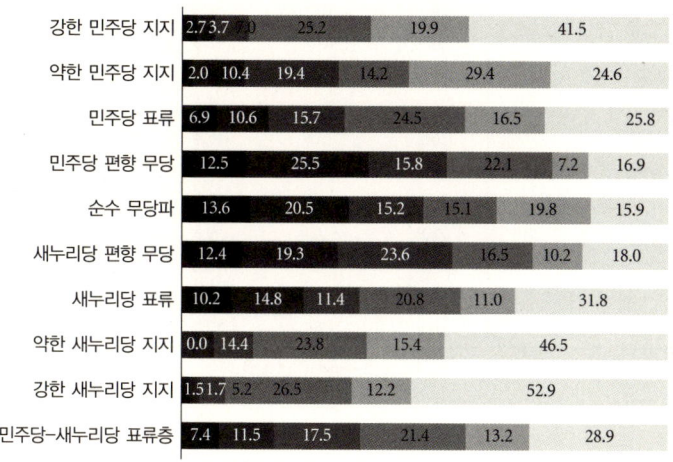

에 있어서는 상당한 차이가 나타난다는 것이다. 다시 말해 정당 지지자들이 정당이나 후보에 대한 애착심이나 충성심에 의해 선거과정과는 무관하게 이미 지지할 후보를 결정해 놓은 '전통적' 투표행태 문헌의 결정모델을 따르고 있다면, 무당파층들은 이 과정에서 소외되고 참여를 포기하는 비정치적인 모습이 아니라 선거과정을 통해서 투표할 후보자에 대한 결정을 끝까지 미뤄놓는 특징이 있는 것으로 나타났다.

그럼에도 불구하고 이렇게 결정을 지체한 무당파들의 선택은 [표3]에서 알 수 있듯이 매우 '당파적'인 것이었다. 즉 새누리당 편향 무당파의 68퍼센트는 박근혜 당선인을, 그리고 민주통합당 편향 무당파의 84퍼센트와 순수무당파의 65퍼센트는 문재인 후보를 지지하였던 것으로 드러났다. 이에 대한 보다 세심한 해답은 아마도 선거과정에서 찾아야 할 것이

[표 4] 다자 대결 투표 의사(4차 조사 : 10월 11일)

구분	박근혜	문재인	안철수	지지후보 없음	안철수→문재인[a] (총케이스 수)
강한 민주통합당 지지	4.7	61.2	28.5	5.6	100%(38)
약한 민주통합당 지지	4.1	40.9	47.2	7.7	97%(31)
민주-무당파 표류층	3.6	41.6	48.0	6.8	94%(34)
민주통합당 편향 무당파	6.9	25.4	50.2	17.5	85%(52)
순수 무당파	16.2	25.6	43.4	14.8	82%(45)
새누리당 편향 무당파	35.2	13.9	35.8	15.0	44%(18)
새누리당-무당파 표류층	54.3	8.2	18.7	18.8	57%(14)
약한 새누리당 지지	78.8	2.3	9.8	9.1	33%(6)
강한 새누리당 지지	95.0	0.3	2.6	2.1	14%(7)
민주통합당-새누리당 표류층	41.1	25.9	22.3	10.7	38%(13)
전체	40.8	22.5	27.2	9.5	79%(258)

■ 주. a. 4차 조사 안철수 지지자 중 선거에서 문재인 투표로의 전환율.

고 특히나 선거과정에서 매우 독특한 방식으로 이탈한 안철수 후보와 무당파 유권자들의 관계를 살펴볼 필요가 있다. 서두에서 언급한 것처럼 정당정치의 경험이 전무한, 그리고 의도적으로 기존 정치에 대한 대중적 실망감의 극복을 전면에 내세운 안 후보의 정치적 행보는 무당파 유권자들과 애초에 상당한 친화성을 띨 수밖에 없었다. 안 후보가 야권후보 단일화와 함께 사퇴를 함으로써 과연 무당파층의 지지가 얼마나 직접적인 득표로 연결되었을지는 알 수 없게 되었지만, 그가 사퇴하기 이전 마지막으로 수행되었던 4차 조사에서 이들의 투표 의향을 통해 간접적으로나마 살펴볼 수 있을 것이다.

[표4]는 각 수준의 정당일체감에 따른 4차 조사에서의 투표 의향을 나타낸 것이다. 응답자들은 다자대결 구도에서 '내일이 선거일이라면' 누구에게 투표하겠는지에 대해 대답하였다. 여기에서 안철수 후보는 전체적으로는 27퍼센트 정도의 지지만 획득하고 있는 것으로 나타나지만 무

당파층이나 범민주통합당 지지자들을 중심으로 거의 50퍼센트에 육박하는 지지를 받고 있었던 것으로 보이며 이러한 지지의 대부분을 문재인 후보는 매우 효율적으로 흡수했던 것으로 판단된다. 우선 민주통합당에 대한 당파심이 상당히 존재하는 당파층이나 표류층을 살펴보면 이곳에서 안철수 전 교수에 대한 지지가 매우 높았고 최소한 90퍼센트 이상의 안 전 교수 지지자들이 성공적으로 문 후보에 대한 투표로 전환되었음을 알 수 있다.

가장 흥미로운 그룹은 민주통합당 편향 무당파층과 순수 무당파층인데 이 그룹에 있어서 안 후보는 다른 후보자들에 비해 압도적인 ― 2배 이상이나 이에 가까운 ― 지지를 획득했던 것으로 보인다. 특히나 앞서 강조되었던 교육, 소득, 정보 등의 자원을 가진 젊은 유권자들로 구성된 민주 편향 무당파층에서는 안 전 교수가 50퍼센트를 넘어서는 지지를 얻고 있었고 이러한 지지의 대부분(약 85퍼센트)이 문 후보에 대한 투표로 전환되었다. 순수무당파의 경우에도 비슷한 경향을 보여주었는데 다르게 이야기하자면 이상의 두 그룹에서 문 후보가 획득한 높은 득표의 상당부분이 안 전 교수 지지자들로부터 전환된 것이라는 점을 알 수 있다.

새누리당 편향 무당파층에서는 안철수 전 교수가 상당한 지지 ― 박근혜 당선인보다 높은 수준의 ― 를 받고 있었음에도 불구하고 절반 이하만이 문 후보를 지지한 것으로 나타나서 문 후보에 대한 지지로 그리 효율적으로 전환되지는 못한 것으로 나타났다. 그러나 [표3]에서 보인 것처럼 새누리당 편향 무당파층과 새누리당 표류층에서의 문 후보 득표율이 25-26퍼센트에 머무르는 것을 감안한다면 44퍼센트와 57퍼센트의 전환 비율이 그리 낮다고만 할 수는 없다. 다시 말해 여권성향 유권자들 사이에서 문 후보의 득표의 중심에는 안 전 교수 지지자들이 있다고 말할 수 있을 것이다. 여타의 여권성향 지지자들에게 있어서는 안 전 교수에 대한 지지가 애초에 그리 높지 않았다.

이상의 논의를 요약하자면 다음과 같다. 첫째, 지난 대선에서 무당파들은 선거관심도나 참여에 있어서 정당지지자들과 비교하여 특별한 차이가 보이지 않는다. 둘째, 다만 이들은 선거의 초반보다는 후반에 그리고 선거과정을 통해 자신들의 지지후보를 좁혀나가고 발견해 나가는 모습을 보인다. 셋째, 이 과정에서 안 전 교수는 상당히 중요한 요인이었는데 그는 무당파층과 범민주통합당 지지층에 걸쳐 가장 높은 지지를 받는 후보였다. 넷째, 안 전 교수에 대한 지지는 그의 사퇴 이후에 상당히 효율적으로 문 후보의 득표로 흡수되었다. 그런 의미에서 지난 선거는 무당파층의 매우 체계적인 당파적 선택이 있었던 당파적 선거였다.

결론

본고의 핵심 문제의식은 과연 무당파층이 정치적으로 적실하지 않은 정치적 무관심층인가 하는 것이다. 이것은 특히 정치사회화를 통해 개인의 정치적 삶을 규정하는 아이덴티티로서의 정당일체감을 사고하는 투표행태 문헌의 전형적인 인식과 맞물려 있으며 이에 의하면 무당파로의 소속은 선택하는 것이 아니라 선택되어지는 것이다. 그러나 만약 정당일체감이 정치적 환경에 대한 평가의 과정에서 형성되고 변화되어 나가는 것이라면 한 유권자가 정당에 대한 충성을 철회하고 스스로를 무당파층이라 선언하게 되는 것도 선택의 과정으로 생각할 수 있을 것이다.

지금까지 9개월에 걸쳐 일곱 차례 수집된 KEPS 2012 자료를 이용하여 동태적 함의를 지닌 정당일체감의 여러 집단들을 구성하였고, 아울러 여러 단계의 무당파층을 새롭게 정의하고 도출하려고 시도하였다. 이를 통해 무당파층은 일괴암적인 그룹도 아니고 또 고정되어 있지도 않으며 그 정치적 선택에 있어서 비체계적으로 움직이는 그룹도 아니라는 점을 알 수 있었다. 무당파층은 연속적이며, 변화하고, 주어진 특정 국면 — 예를 들어 대통령선거라는 국면 — 에서는 매우 체계적으로 움직일 수도 있는 집단임이 드러났다. 또한 무당파층, 특히 약간의 편향성을 띠는 무당파층 — 전통적 문헌에서 리너스(leaners)라고 부르는 — 은 한국 유권자들 중에서 정치적으로 활성화될 수 있는 매우 다양하고 풍부한 자원을 가장 많이 가지고 있는 것으로 보인다.

지난 대통령선거는 여러가지 의미에서 무당파층의 선거였다. 한국선거에 대한 지난 여러 연구들이 전체 유권자들의 약 25퍼센트에서 50퍼센트 정도로 추산하는 특정 정당에 대한 일관된 충성심을 지니고 있지 않은 이상의 유권자들은, 모든 선거국면에서 동원의 대상이며 선거운동의 핵심 타깃일 수밖에 없다. 지난 선거는 '안철수 현상'을 경유하여 이러한 무당파들에 대한 전면적인 동원이 야권에 의해 비교적 성공적으로 이루어진 선거였다. 역설적이게도 선거 결과는 '고정표'로 지칭되는 양대 정당지지자 그룹의 크기에서 결정되었지만 이에 못지않게 중요한 사실은 지난 선거를 통해서 무당파층의 동원가능성과 그 정치적 활성화를 위한 잠재력이 확인되었다는 사실일 것이다.

본 연구는 무당파층에 대한 재정의와 이들의 다양한 측면에 대한 기본적인 서술에 지나지 않고 어떤 의미에서는 하나의 변수에 대한 재정의와 새로운 측정방법의 가능성을 제시한 것으로 볼 수 있다. 이러한 무당파층이 어떠한 정치적 환경에서 어떠한 정치적 전망을 구성할 수 있으며 어떻게 조직되고 동원될 수 있는가 하는 보다 더 진전된 이론적 논의와 경험적 이해를 위한 연구가 후속 작업으로 남아있다 할 것이다. ■

■ 참고문헌

고승연. 2004. "16대 대선에서의 무당파층 특성 및 행태연구". 〈사회연구〉 8: 97-127.
박원호·송정민. 2012. "정당은 유권자에게 얼마나 유의미한가? : 한국의 무당파층과 국회의원 총선거". 〈한국정치연구〉 21, 2: 115-143.
소순창·현근. 2006. "한국 선거에서 나타난 '무당파층' 과 정당정치". 〈한국정책과학학회보〉 10, 2: 47-75.
장승진. 2012. "한국 유권자들의 정당에 대한 태도 : 정당지지와 정당투표의 이념적, 정서적 기초". 《2012년 국회의원 선거 분석》, 박찬욱·강원택 편. 서울 : 나남.
진영재. 2008. "'부동층 집단' 의 세분화를 통한 부동층의 이해". 《변화하는 한국유권자 2 : 패널조사를 통해 본 2007 대선》, 이현우·권혁용 공편. 서울 : 동아시아연구원.
진영재·김민욱. 2009. "18대 국회의원선거에 나타난 '부동층'". 《변화하는 한국유권자 3 : 패널조사를 통해 본 18대 국회의원선거》, 김민전·이내영 공편. 서울 : 동아시아연구원.
최장집. 2012. "안철수 현상이 남긴 것". 〈경향신문〉. 11월 26일.

Blais, André et al. 2001. "Measuring Party Identification: Britain, Canada, and the United States." *Political Behavior* 23, 1: 5-22.
Campbell, Angus et al. 1960/1980. *The American Voter*. Chicago: The University Of Chicago Press.
Craig, Stephen C. 1985. "Partisanship, Independence, and No Preference: Another Look at the Measurement of Party Identification." *American Journal of Political Science* 29, 2: 274-290.
Dalton, Russell J. 2013. *Citizen Politics: Public Opinion and Political Parties in Advanced Industrial Democracies*. Washington DC: CQ Press.
Fiorina, Morris P. 1981. *Retrospective Voting in American National Elections*. New Haven, CT: Yale University Press.
Jennings, M. Kent, and Richard G. Niemi. 1981. *Generations and Politics?: a Panel Study of Young Adults and Their Parents*. Princeton, N. J.: Princeton University Press.
Miller, Arthur H., and Martin P. Wattenberg. 1983. "Measuring Party Identification: Independent or No Partisan Preference?" *American Journal of Political*

  Science 27, 1: 106-121.
Petrocik, John R. 1974. "An Analysis of Intransitivities in the Index of Party Identification." *Political Methodology* 1, 3: 31-47.
Weisberg, Herbert F. 1980. "A Multidimensional Conceptualization of Party Identification." *Political Behavior* 2, 1: 33-60.

제2부
새로운 선거 이슈와 현상

5
안철수 현상의 분석
_김준석

6
유권자들의 정책선호와 투표선택
_지병근

7
당파적 성향과 후보의 이념적 위치에 대한 인식
_장승진

8
18대 대통령선거에서의 미디어이용과 후보선택
_서현진

5장
안철수 현상의 분석

김준석

2011년과 2012년 두 해의 한국정치를 논하면서 빠질 수 없는 가장 중요한 키워드 중 하나는 "안철수 현상"이다. 이전까지 정치에 몸을 담아본 적도 없고 공직경험도 전무한 키 작은 전직 서울대 교수가 2011년 가을 서울시장 보궐선거의 이른바 '양보'를 토대로 단숨에 대권후보군으로 올라섰다. 그 해 9월의 양자 대결을 전제로 한 대선 여론조사에서 야권이 절대 넘을 수 없는 산처럼 여겼던 박근혜 후보를 지지율에서 앞서면서 2012년 대선의 주요 변수로 자리매김했다. 이후 1,700억 상당의 사재를 출연해 공익재단을 설립한 것이나 총선에서의 "앵그리버드" 동영상 투표 독려, 지난 9월의 대선 후보 출마 선언과 후보단일화 협상, 돌연한 후보 사퇴, 문재인 후보에 대한 유세 지원 그리고 심지어 대선투표일 미국 출국까지 안철수 전 교수의 행보는 18대 대선의 중요 방점이 되었다.

서울시장 재보선, 19대 총선 그리고 18대 대선까지 굵직한 선거가 연이었던 지난 일 년 반, 안철수라는 키워드를 빼고는 2012년의 한국정치를 설명하는 것이 불가능한, 사람 그 자체가 현상이었다. 안철수 현상이 한국 정치판을 구조적으로 뒤흔들 수 있었던 배경에는 정당도 조직도 없이 여론조사 지지율로 대변되는 대선 경쟁력을 가지고 있던 후보가 있었다. 그리고 자신들의 목소리를 기성 정당이 아닌 새로운 한 인물을 통해 표출하고자 했던 대중의 힘이 있었다.

대선 정국에 커다란 영향력을 미친 제3후보가 없었던 것은 아니다. 해방 이후 진보당의 조봉암 후보까지 거슬러 가지 않더라도 민주화 이후 한국 정치에서 김종필, 이인제, 권영길, 문국현 등 제3후보가 지속적으로 등장해왔다. 하지만 이전의 어떤 후보도 안철수 전 교수처럼 1년 이상 대선 후보로서의 지위를 단단히 유지하면서 양자대결에서 여당 후보를 앞설 만큼 위협적인 경우는 없었다. 또한 대선 이후에도 여전히 큰 관심, 기대 그리고 우려를 함께 받는 제3후보는 드물다.

흥미로운 것은 안 전 교수가 지난 두 해의 굵직한 선거에 깊이 개입되어 있었고 선거결과에 중요한 영향을 미쳤음에도 불구하고 실제 선거에서 투표용지에 이름을 올린 적은 한 번도 없었다는 점이다. 두 번의 큰 양보와 외곽에서의 지원을 통한 안 전 교수의 행보가 그의 '새 정치'의 핵심일 수는 있다. 하지만 안철수 현상 그 자체를 이해하고 설명하는데 있어 실증적 자료 수집의 한계가 있음은 분명하다. '안철수가 출마하였다면~' 식의 가정에 기반을 둔 설명과 시나리오가 제시되거나 일회적 여론조사 결과를 활용한 특정 시점의 안 전 교수 지지자의 특징, 관심 또는 지지이유 정도가 제시될 수 있다. 그렇다고 안철수 현상이 실제 투표 결과를 통한 검증이 불가능하기 때문에 현상 자체를 부정하는 것 역시 분명한 비약이다.

결국 가장 좋은 자료는 안 전 교수 지지자들에게 긴 호흡을 가지고 반복적인 조사를 진행하는 것이다. 이 글은 안철수 현상에 나타난 유권자의 표심이 지난 1년 간 어떻게 형성되었고 변화하였는지를 파악하는 데 초점을 둔다. 먼저 안철수 전 교수 개인을 통해 표상화 된 목소리의 주인공들, 즉 안 전 교수 지지자들은 누구였고 어떠한 특징을 가지고 있었는지를 사회경제적 배경과 정치적 이념의 측면에서 분류하여 살펴본다. 그리고 안 전 교수에 대한 유권자의 호감이 어떻게 변화하였고 다른 주요 후보들의 결과와 어떠한 차이점을 나타내는지 역시 살펴볼 것이다. 한 정치인의 갑작스런 부상은 당시 시대정신 또는 시대상황을 반영하는 경우가 많다. 유권자들이 안 전 교수를 통해 기대했던 정치인의 상이 무엇인지를 제시하는 것 역시 이 글의 중요한 목적이다.

이 글은 한 편의 연구 에세이다. 따라서 "안철수 현상"이라는 하나의 주제에 대해 EAI·SBS·중앙일보·한국리서치 공동 2012 총선대선패널 조사(KEPS 2012) 자료를 통해 가능한 쉽게 접근하고자 한다. 따라서 이 글에서 제기하는 안철수 현상에 대한 질문과 답은 확정된 것이라기보다 이후의 연구를 위한 문제제기의 역할을 수행한다.

안철수의 지지도 변화

안철수 현상을 보여주는 데 가장 적절한 지표는 안철수 전 교수의 가상대결 지지율의 변화일 것이다. 2011년 가을 서울시장 출마 고려와 이른바 지지율 50퍼센트의 5퍼센트에 대한 양보로 안 전 교수는 정치권의 태풍으로 등장하였다. 그 해 9월 여론조사에서 한나라당 박근혜 후보와의 양자 가상대결에서 승리하는 최초의 야권후보가 되면서 안철수 현상이 시작되었고 2012년 11월 23일 안철수 전 교수가 대통령 예비후보를 사퇴하기까지 부동의 지지율 2위를 고수하였다. 소속 정당은 물론 정치경험도 없는 안 전 교수를 일약 '현상'으로까지 끌어올린 것은 대선에서의 가상대결 지지율이었다.

KEPS 2012의 일곱 차례 대선 가상대결 지지도 변화의 추이를 정리하면 [그림1]과 같다. 우선 총선 전, 3월 30일부터 4월 1일까지 진행된 1차 조

[그림 1] KEPS 2012에서 나타난 대선후보 지지율 변동(퍼센트)

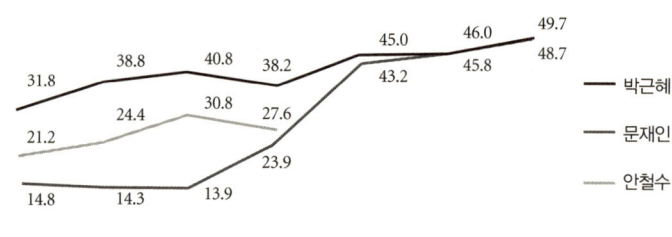

■ 주. 분석에 선택된 케이스는 마지막 7차 조사까지 남아있었던 KEPS 2012 참여 유권자만을 대상으로 했으며, 성별, 연령, 지역에 따른 가중치를 적용했음.

사에서 안철수 전 교수의 대선후보 지지율은 21.2퍼센트였다. 총선 후, 4월 12일부터 4월 15일까지 진행된 2차 조사에서 안 전 교수의 지지율은 24.4퍼센트였고 8월 3차 조사에서 지지율 30퍼센트를 돌파(30.8퍼센트)하였다.

안 전 교수가 대선 출마를 공식선언하고 본격적인 대선행보를 시작할 시점이던 10월 4차 조사에서의 지지율은 27.6퍼센트였다. 4월 조사시점은 흥미롭게도 안 전 교수와 민주통합당 문재인 후보 간의 후보단일화 가능성이 암묵적인 수준에서이지만 예측되던 시점이다. 안 전 교수가 11월 23일 예비후보직을 사퇴한 후 실시된 세 차례(5-7차)의 조사에서 문재인 후보가 안 전 교수의 지지율을 흡수하면서 오차 범위 내에서 새누리당 박근혜 후보와 팽팽한 지지율 접전을 이어갔다.

질문 하나, 누가 안철수를 지지했는가?

이 절에서는 안철수 전 교수를 지지하는 유권자가 누구이고 어떠한 특성을 가지고 있는지를 파악하려 한다. 안 전 교수에 대한 지지를 통해 기존 정치권에 대한 불신을 보여준 이들이 누구인지를 파악하여 이들의 소리에 귀를 기울이지 않는다면 제2, 제3의 안철수 현상은 계속해서 나올 것이기 때문이다.

안철수 전 교수의 지지자를 파악하는 일은 또한 문재인 후보의 낙선과 떼어놓고 생각할 수 없다. 민주통합당을 비롯한 야권은 여전히 대선패배에 따른 책임 논란과 내홍(內訌)에서 벗어나지 못하고 있다. 18대 대선에 임하는 야권의 대전략이 "문재인과 안철수 후보 단일화"였던 까닭에 야권의 대선패배에 대한 진단은 우선 문재인과 안철수 두 후보의 지지자 간 화학적 결합이 이루어졌는가에 대한 점검에서부터 시작되어야 한다. 이를 위해 우선 문재인 후보와 안철수 전 교수 지지자의 특성을 고려해야 한다. 그리고 두 후보의 지지자들에게 있어 단일화의 어떤 부분이 만족스러웠고 어떤 부분이 만족스럽지 못했는지를 18대 대선 결과에 비추어 평가하는 작업이 선행되어야 한다. "문재인 후보가 아니라 안철수 전 교수로 후보 단일화가 되었다면 야권에 유리한 국면이 전개되었을 것인가?"라는 식의 질문을 떠올리는 것은 엄밀한 과학적 추론과는 거리가 있는 일이겠지만 흥미로우면서도 중요한 질문일 것이다. 본 절의 문재인 후보와 안철수 전 교수 지지층 비교분석은 "만약에~ 하면?"(what if?)이란 질문에 대해 흥미로운 생각거리를 제공할 수 있다. 이를 위한 자료는 안 전 교수가 대선출마를 공식적으로 선언하면서 박근혜 당선인과 문재인 후보와 더불어 대선 삼자구도를 형성하게 된 2012년 10월 4차 조사부터이다.

안철수 전 교수 지지자의 사회경제적 측면을 살펴보면, 우선 연령대에서는 20대 전체 유권자의 절반에 해당하는 46.6퍼센트의 지지를 받음으로써 문재인 후보(25.1퍼센트)나 박근혜 당선인(18.3퍼센트)보다 두 배 가량 높았다. 성별에서 있어서는 안 전 교수에 대한 여성들의 지지율이 26.4퍼센트로 문재인 후보의 지지율 20.9퍼센트보다 높았으며 전업주부 층에서도 안 전 교수의 지지율(23.7퍼센트)이 문 후보의 지지율(17.2퍼센트)보다 높았다. 여성 응답자의 열 명 중 네 명은 박근혜 당선인을 지지한다고 답했고(40.7퍼센트) 주부층에서의 지지율은 46.9퍼센트에 달했다. 거주지역에서 안 전 교수의 지지율이 가장 높은 지역은 광주, 전남, 전북이었다. 안 전 교수가 문재인 후보보다 지지율에서 뒤지는 지역은 부산, 경남, 울산이 유일했으며 다른 지역에서는 안 전 교수의 지지율이 문 후보보다 높았다. 특히 대전, 충남, 충북 지역에서 안 전 교수의 지지율이 27.1퍼센트로 박근혜 당선인의 지지율(44.7퍼센트)에는 미치지 못했지만 문재인 후보의 지지율(17.6퍼센트)과 비교해서는 약 1.5배 정도 높았다. 인천, 경기 지역에서도 안 전 교수의 지지율은 31.9퍼센트로 문 후보의 지지율(26.8퍼센트)과 비교하여 높았을 뿐만 아니라 박근혜 당선인의 지지율(31.9퍼센트)과 같았다.

지역 규모로 보면 안철수 전 교수와 문재인 후보의 지지율이 크게 차별화 되는 지역은 광역시나 도시가 아닌 군-읍-면 지역 유권자의 표심이었다. 군-읍-면 지역에서 가장 선호되는 후보는 역시 박근혜 당선인(49.4퍼센트)이었으나 안 전 교수에 대한 지지율(28.1퍼센트)은 문재인 후보에 대한 지지율(13.7퍼센트)과 비교하여 두 배 이상 높았다. 지지정당에 따른 지지율 차이를 살펴보면 새누리당 지지자 중 안철수 전 교수를 지지한다고 답한 비율은 5.4퍼센트로 문재인 후보를 지지한다고 답한 비율 3.1퍼센트보다 높았다. 무당파의 지지율에서는 안 전 교수가 40.0퍼센트로 문 후보에 대한 지지율 21.6퍼센트나 박 당선인에 대한 지지율 23.0퍼센트 보다 높았다. 주관적 이념 성향별로 살펴보면 안 전 교수는 중도적 유권자로부터

[표 1] 대선후보 3인의 지지자 비교 : 사회경제적 분석(KEPS 2012 4차 조사 기준. 단위 : 퍼센트)

		박근혜	문재인	안철수	계
		38.2	23.9	27.6	100.0
성별	남성	35.6	27.0	28.9	100.0
	여성	40.7	20.9	26.4	100.0
연령	19-29세	18.3	25.1	46.6	100.0
	30-39세	26.8	30.6	33.8	100.0
	40-49세	29.6	30.9	27.7	100.0
	50-59세	52.2	20.7	17.9	100.0
	60세 이상	64.1	11.4	12.9	100.0
학력	고졸 이하	49.6	19.6	19.4	100.0
	대재 이상	28.1	27.7	34.9	100.0
	모름/무응답	72.4	27.6	0.0	100.0
직업	농/임/어업	59.9	15.6	16.0	100.0
	자영업	46.8	25.7	21.8	100.0
	판매/영업/서비스	38.4	23.0	28.7	100.0
	생산/기능	44.3	23.0	24.8	100.0
	사무/관리/전문	21.8	34.0	31.4	100.0
	주부	46.9	17.2	23.7	100.0
	학생	10.9	28.9	48.5	100.0
	무직/퇴직/무응답	41.5	18.1	32.1	100.0
지역	서울	36.1	24.6	27.9	100.0
	인천/경기	31.9	26.8	31.9	100.0
	대전/충남/충북	44.7	17.6	27.1	100.0
	광주/전북/전남	12.3	34.5	43.8	100.0
	대구/경북	61.8	13.4	15.0	100.0
	부산/울산/경남	46.1	23.2	19.7	100.0
	강원/제주	50.1	18.5	19.3	100.0
지역규모	광역시	37.9	24.6	27.2	100.0
	시지역	36.4	25.1	28.0	100.0
	군지역	49.4	13.7	28.1	100.0
지지정당	새누리당	85.0	3.1	5.4	100.0
	민주통합당	7.6	54.7	31.8	100.0
	통합진보당	14.7	27.9	45.6	100.0
	다른정당	9.5	29.9	48.2	100.0
	지지정당없음/기타	23.0	21.6	40.0	100.0
이념	진보	17.0	39.1	36.0	100.0
	중도	33.6	24.9	31.5	100.0
	보수	57.2	14.5	18.0	100.0
	모름/무응답	58.5	12.6	13.8	100.0

31.5퍼센트의 지지를 받았으며 문 후보의 경우 중도적 유권자의 네 명당한 명 정도(24.9퍼센트)의 지지를 받는데 그쳤다. 반면 박 당선인은 보수적 유권자의 압도적 지지우위(57.2퍼센트)는 물론 중도적 유권자에서도 33.6퍼센트의 지지를 받음으로써 안 전 교수와 문 후보보다 우위를 점했다.

이러한 안철수 전 교수와 문재인 후보의 지지층 분석을 18대 대선 결과와 연결하면 어떠한 추론이 가능할까? 먼저 중앙선관위가 투표일 당일 오후 6시 잠정 집계한 18대 대선 투표율은 75.8퍼센트였다. 지난 17대의 투표율 63.0퍼센트나 16대의 70.8퍼센트였다는 점과 비교한다면 높은 투표율이었다. 높아진 투표율은 지난 두 번의 선거에 투표하지 않은 새로운 유권자가 2012년 대선 투표장에 대거 등장하였음을 의미한다. 세간의 해석처럼 "진보(좌파)세력에 분노한 중장년층의 반란"이 일어난 것일까? 대선 당일 방송 3사의 출구조사의 50대의 투표율 추정치 89.1퍼센트는 일단 이러한 주장에 힘을 실어 주었다.

그러나 중앙선관위가 실제 투표 자료에 근거해 투표율을 추산한 자료에 따르면 50대의 투표율은 82.0퍼센트였다. 이는 당시 새천년민주당의 노무현 후보와 한나라당의 이회창 후보가 맞붙었던 16대 대선의 50대 투표율 83.7퍼센트보다 오히려 낮아진 수치다. 지금 50대는 10년 전 노무현 후보를 대통령으로 만들었던 핵심지지층이었다는 점을 감안하면 '반공 보수-박정희 향수'의 늙은 유권자들이 결집했다는 주장은 더더욱 설득력을 잃는다. 60대의 경우에서도 투표율 상승이 있었으나 그 폭은 크지 않았다(16대 78.7퍼센트, 18대 80.9퍼센트).

오히려 여성의 투표 참여가 크게 늘어난 것이 전체 투표율의 상승은 물론, 선거 판세에 큰 영향을 미친 것으로 보인다. 이번 대선에서 여성의 투표율(76.4퍼센트)은 남성(74.8퍼센트)을 앞섰으며 민주화 이후 치러진 선거 가운데 여성의 투표율이 중 가장 높았을 뿐만 아니라 여성 투표율이 남성 투표율보다 처음으로 높았다. 뿐만 아니라 선거 판세를 좌우한 연령층은 50대가 아닌 20대 여성으로 보인다. 20대 여성 중에서도 20대 전반의 여성들이 투표에 더욱 적극적이었다. 실제 17대 대선과 비교하면 모든 성별, 연령대별 투표율이 상승한 가운데 20대 전반의 여성(46.2퍼센트→70.1퍼센트)과 20대 후반 여성(46.0퍼센트 → 69.2퍼센트)의 투표율이 크게 상승했다. 대선 두 달 전에 실시한 조사의 결과에도 여성과 20대에서 문재인 후보에 대한 지지율이 저조하게 나타났던 것이 실제 대선 결과에 그대로 나타났다고 해석할 수 있는 부분이다(김준석 2013).

  문재인 후보의 선거 전략의 실패는 10월 조사에서 분명히 나타난다. 당시 문 후보의 지지층은 민주통합당 지지자와 진보적 성향의 지지자에 국한되어 있었고 30-40대 남성들이 핵심 지지층으로 기능했지만 표의 확장성에는 한계를 나타냈다. 여성들의 표심은 박근혜 당선인의 절반에 지나지 않았고, 특히 주부층에서 안철수 전 교수는 물론 박 당선인의 3분의 1에 지나지 않았다. 대전, 충남, 충북 지역의 지지율은 박 당선인의 절반에도 미치지 못했으며 서울과 수도권의 지지에서도 박 당선인보다 크게 뒤지고 있었다.[1]

  하지만 선거 당일까지 문재인 후보 캠프는 "박정희 대 노무현" 혹은 "군부독재 대 민주화 세력"의 낡은 선거 프레임을 유지하고 있었으며 "문재인+안철수 〉 박근혜"라는 지지율 셈법만 보고 안 전 교수의 확실한 지원사격만 얻어내려 매달렸다. 여성의 표심잡기를 위한 특화된 공약이나 관련 인선 등은 거의 이뤄지지 않았고, 특히 박 당선인에 대한 정치적 공세가 역풍을 불러올 수 있다는 점을 간과하고 있었다. 뿐만 아니라 취약

---

1) 18대 대선 결과는 대전, 충남, 충북에서 박근혜 당선인이 문재인 후보를 상당히 큰 격차로 따돌렸을 뿐 아니라 야권이 승리를 기대했던 인천, 경기 지역에서도 문 후보를 앞섰다 (대전은 박근혜 50.6퍼센트, 문재인 49.7퍼센트, 충남은 박근혜 56.7퍼센트, 문재인 42.8퍼센트, 충북은 박근혜 56.2퍼센트, 문재인 43.3퍼센트, 인천은 박근혜 51.6퍼센트, 문재인 48.0퍼센트, 경기는 박근혜 50.4퍼센트, 문재인 49.2퍼센트).

지역이라 할 수 있는 농어촌지역 및 서민생활권지역은 거의 배제한 채 광장 중심의 대도시 방문에 집중하고 있었다.[2]

질문 둘, 안철수에 대한 대중의 호감, 어떻게 바뀌어 갔는가?

안철수 전 교수에 대한 KEPS 2012 참여유권자들의 호감은 어떻게 변하였는가? 안 전 교수에 대한 호감은 지지정당에 따라 어떻게 다르게 나타나는가? 문재인 후보와의 호감도와는 어떠한 차이가 있는가? 본 절에서는 안철수 전 교수에 대한 KEPS 2012 참여유권자들의 호감을 시간의 흐름, 지지정당 그리고 후보단일화의 파트너였던 문재인 후보에 대한 호감과 비교하고자 한다. KEPS 2012 중 안철수 전 교수에 대한 호감을 묻는 설문은 2차(4.12-4.15), 3차(8.20-8.23), 4차(10.11-10.14), 6차(12.11-12.17)에 포함되었다. 설문은 안 전 교수에 대한 호오를 0점(매우 싫음)에서 10점(매우 좋음)의 범위에서 1점 단위로 답할 수 있도록 구성하였다.

[그림2]는 안철수 후보에 대한 KEPS 2012 참여 유권자들의 호감도 변화를 조사 시기에 따라 상자그림(box plot)으로 나타낸 것이다. 투표일이 다가올수록 안 전 교수에 대한 호감도의 중간값(median)은 낮아지고(응답자의 25퍼센트에서 75퍼센트 범위의 값을 포함하는) 상자의 크기가 점점 아래로 기우는 현상이 나타난다. 또한 0점(매우 싫음)의 비중이 투표일을 일주일 남긴 시점에서 크게 증가하였다. 이러한 변화는 안 전 교수의 출마선언 이후, 후보 단

---

[2] 물론 지지도 조사에서 드러나듯이 모든 측면에서 박근혜 당선인이 문재인 후보를 앞서고 있는 가운데 안철수 전 교수가 가져올 수 있는 지지도의 단순결합만이 야권이 이번 대선에서 이길 수 있는 길이라고 판단했을 수는 있다.

[그림 2] 안철수 전 교수에 대한 호감의 변화

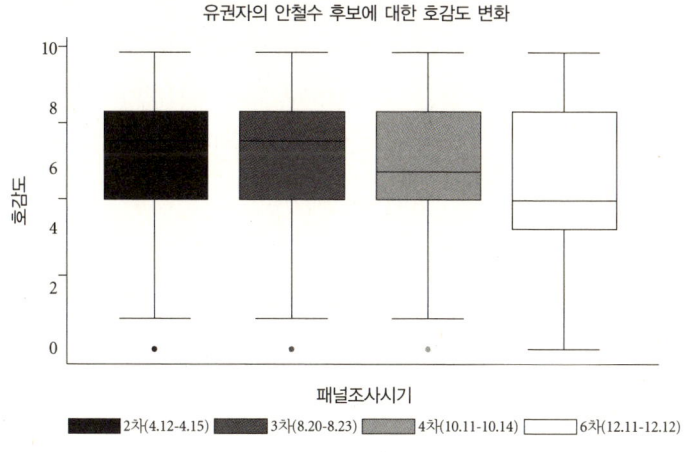

일화 → 사퇴 → 문재인 후보 지원을 거치는 과정에서 안 전 교수에 대한 특정 계층 응답자의 호감이 큰 폭으로 낮아졌음을 의미한다. 그리고 이러한 변화의 배경에는 안 전 교수에 대한 호감이 전반적으로 내려간 요인도 작용하였겠으나 극단적으로 싫어하는 응답자도 상당수 발생한 데 기인한 것으로 이해된다.

안철수 전 교수에 대한 KEPS 2012 참여유권자들의 호감도가 대선 출마를 공식 선언한 시점부터 후보사퇴 시점까지 계속해서 하락한 원인은 무엇일까? 안 전 교수에 대한 호감도를 KEPS 2012 참여유권자들의 지지정당에 따라 분류하여 살펴보면 그 맥락을 일부 파악할 수 있다. [그림3]은 안 전 교수에 대한 호감도를 시계열로 배열한 것이다.

민주통합당 지지자들에게서 안 전 교수에 대한 호감도가 가장 높았음을 알 수 있다. 안 전 교수의 대선 출마 공식선언 전에 조사된 2차(3월), 3차(8월)에서는 물론 공식선언 이후에 조사된 4차(10월) 그리고 후보 사퇴 이

후인 대선 일주일 전 조사된 6차(12월) 모두에서 나타나는 현상이다. 다만 정도의 차이는 있었다. 투표일이 다가오면서 호감도가 조금씩 떨어지는 현상이 나타난 것이다. 흥미로운 점은 민주통합당 지지자에서의 안 전 교수에 대한 호감도의 중간값은 거의 변화를 나타내지 않았다는 점이다. 후보 사퇴 이후 안 전 교수의 문재인 후보 지원 강도를 놓고 논란들이 있었다는 점을 본다면 이례적인 결과이다.

새누리당 지지자들에게서 안 전 교수에 대한 호감도는 초기의 '좋지도 싫지도 않은' 정도에서 투표일을 일주일 남겨놓은 시점에서는 '매우 싫은' 정도로 하락했다. 6차 조사(12월)에서 새누리당 지지자들 중 52.8퍼센트가 안 전 교수를 싫어하는 것으로 나타났으며 특히 네 명 중 한 명 이상은 안 전 교수를 극단적으로 싫어하는, 즉 0점으로 답한 비율이 27.2퍼센트였다. 무당파에서의 안 전 교수에 대한 호감도는 대체로 높게 형성되어

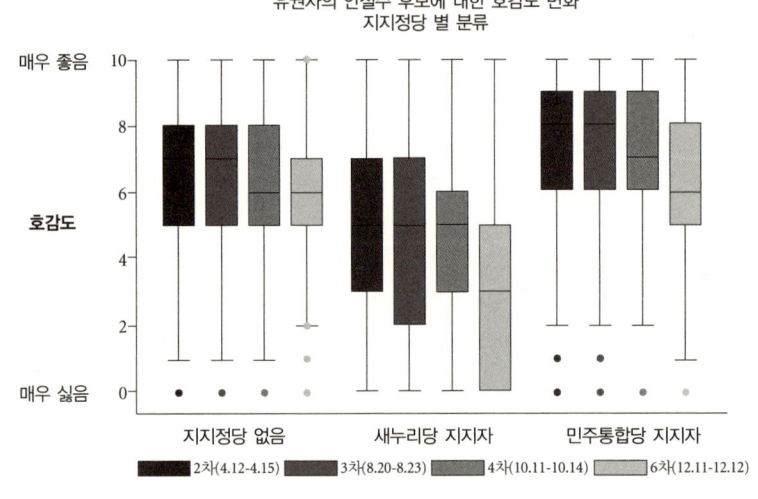

[그림 3] 안철수 전 교수에 대한 호감도 변화 : 지지정당별 분류

[그림 4] 안 전 교수와 문 후보 간 호감도 비교 (KEPS 2012 2차 조사)

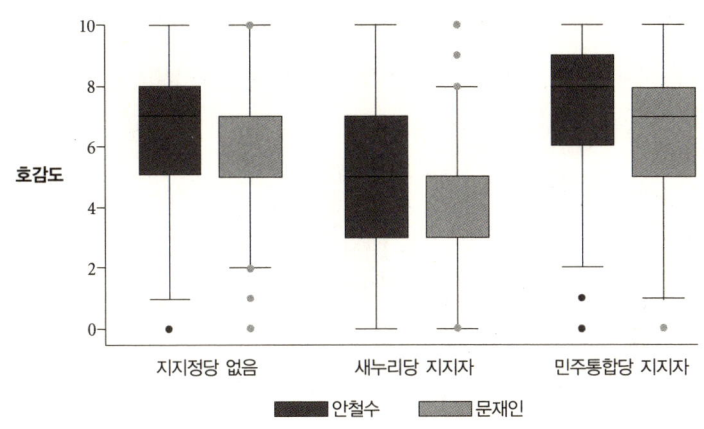

있었으나 투표일이 가까워짐에 따라 다소 하락하는 추세가 보였다.

[그림4]와 [그림5]는 안철수 전 교수와 문재인 후보에 대한 호감도를 2차(3월) 조사와 6차(12월) 조사로 나누어 비교한 것이다. 19대 총선 직후에 실시된 2차(3월) 조사에서 안 전 교수에 대한 호감도는 새누리당 지지자들에게서 4.8점 민주통합당 지지자들에게서 7.5점 그리고 무당파에서 6.7점 정도였다. 안 전 교수를 "매우 싫어한다"(0점)라고 답한 새누리당 지지자들의 비율은 12퍼센트 정도였다. 문 후보의 호감도에 대해서는 새누리당 지지자들에게서 4.1점, 민주통합당 지지자들에게서 6.8점, 무당파에서 5.7점 정도였다. 문 후보를 "매우 싫어한다"(0점)라고 답한 새누리당 지지들의 비율은 14.1퍼센트 정도로 안 전 교수보다는 높았다.

6차(12월) 조사에서는 새누리당과 박근혜 당선인 지지자들의 미움이 문재인 후보가 아니라 안철수 전 교수에게 향하고 있는 것으로 나타났다.

[그림 5] 안 전 교수와 문 후보 간 호감도 비교(KEPS 2012 6차 조사)

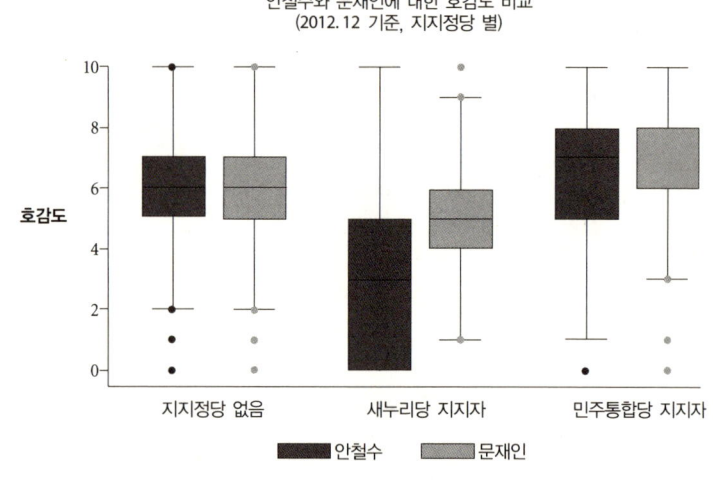

안 전 교수에 대한 비호감 비율은 26.5퍼센트로 박근혜 당선인(32.1퍼센트) 보다는 낮았으나 문재인 후보(17.2퍼센트)보다 높았다. 안 전 교수에 대해 "매우 싫어한다"(0점)라고 답한 비율은 박 당선인 지지자들의 23.2퍼센트, 새누리당 지지자들의 27.2퍼센트에 달했다. [표2]에서와 같이 60대 이상의 50.1퍼센트가 안 전 교수를 싫어한다고 답하였고 매우 싫어한다(0점)고 답한 비율도 32.6퍼센트에 달했다. 반면 문재인 후보의 경우는 열성적 지

[표 2] 세대별 대선후보에 대한 극단적 애증 표시비율

	박근혜		문재인		안철수	
	매우싫다	매우좋다	매우싫다	매우좋다	매우싫다	매우좋다
20대	20.6	1.5	1.8	5.4	2.2	5.7
30대	15.7	4.7	1.9	6.7	2.1	5.4
40대	15.3	7.2	2.7	5.1	5.9	6.1
50대	8.3	18.4	3.2	8.4	14.2	4.5
60대 이상	3.1	33.3	9.9	6.1	32.6	4.0

지층도 그리고 적극 반대층도 없는 '무색무취'의 후보로 보는 경향을 나타냈다.

질문 셋, 안철수의 표는 온전히 문재인 후보에게로 흡수될 수 없는 표였나?

문재인 후보가 안철수 전 교수 지지자의 표심을 온전히 흡수하기 어려웠을 것이란 주장은 안 전 교수 후보 사퇴 이후 지지자들의 투표 참여의지가 다른 후보에 비해 현저히 저하된 것에 기인한다. 그러나 이러한 현상은 반드시 안 전 교수의 후보 사퇴 때문이라고 보는 것은 무리이다. 실제 안 전 교수의 본격적인 대선행보 이후에도 지지자들의 투표참여 의지는 다른 후보 지지자들과 비교해서도 낮아지고 있었다. 4차(10월) 조사에서 "이번 대선에서 반드시 투표하겠다"라는 응답률은 박근혜 당선인 지지자들에서 86.6퍼센트, 문재인 후보 지지자들에서 89.9퍼센트였지만 안철수 전 교수 지지자들에서의 79.7퍼센트로 차이를 보였다. 대선 직전, 안 전 교수 지지자들의 응답 비율이 83.3퍼센트로 오르긴 했지만 박 당선인 지지자들에서의 응답비율 92.3퍼센트나 문 후보 지지자들에서의 응답비율 92.4퍼센트와는 차이를 보였다. [그림6]은 지난 대선에서 반드시 투표하겠다고 응답한, 즉 적극 투표의지층의 비율을 지지후보별로 나타낸 것이다.[3]

---

3) 해당 문항은 "12월에 열릴 대통령선거에 투표할 생각이십니까? 투표하지 않을 생각이십니까?"라고 묻고 이에 대한 응답을, "투표하지 않겠다, 아마 투표하지 않을 것이다, 아직 결정하지 못했다, 아마 투표할 것이다, 반드시 투표하겠다"라는 다섯 가지로 기록하였다. 해당 문항은 7차에 걸친 KEPS 2012 4차, 5차 그리고 6차 조사에 포함되었다. [그림 6]은 이 중 "반드시 투표하겠다"고 답한 비율만을 나타낸 것이다.

[그림 6] 지지후보별 적극 투표의지층 비율

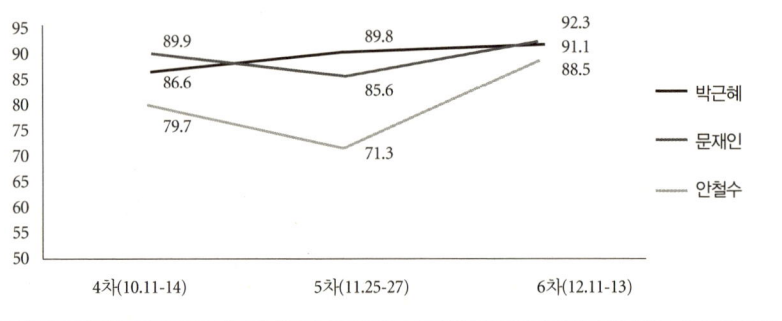

질문 넷, 안철수 지지자 중 투표 당일 박근혜를 찍은 사람은 누구인가?

18대 대선에서 야권의 필승전략은 '후보 단일화'였다. 16대 대선의 노무현 대통령을 통해 검증된 모형이기도 했고 19대 총선에서도 비록 새누리당에 과반 의석을 내어주긴 했지만 야당이 얻은 표의 합은 여당이 얻은 표보다 많았다. 다자대결에서 야권이 절대 열세였지만 양자대결에서는 박근혜 당선인과 비교하여 오차범위 내에서 접전을 펼치거나 오히려 우세한 결과가 나타난 여론조사도 여기에 힘을 보탰다. KEPS 2012 중 지지율 조사에서도 이른바 "후보단일화=야권 필승"론은 산술적 근거가 있어 보였다. 4차(10월) 조사 중 다자대결에서 문재인 후보의 지지율은 23.9퍼센트였고 안철수 전 교수는 27.6퍼센트로 그 합(51.5퍼센트)이 박근혜 당선인의 38.2퍼센트보다 높게 나왔다. 이에 따라 대두되는 핵심적인 문제는 후보 단일화가 성사되었을 경우 야권 후보 간 지지자들의 화학적 결합을 극대화하는 것이었다. 그러나 이러한 야권의 기대와 달리 대선 결과는 박근혜 당선인 51.6퍼센트 그리고 문재인 후보 48.0퍼센트였다.[4] 야권의 후보 단일화가 성사되었음에도 이탈표가 상당했으며 이 중 일부는 오히려 박근혜 당선인에게로 옮겨갔을 수 있음을 의미한다.

문재인 후보는 안철수 전 교수의 지지자를 어느 정도나 자신의 지지자로 흡수하였는가? 안철수 전 교수의 지지자 가운데 박근혜 당선인에게 투표한 비중은 어느 정도일까? 그리고 그들은 누구인가? 여기에서는 이러한 질문에 답하고자 한다.[5]

4차(10월) 조사에서 안 전 교수 지지자들 중 대선 직후 실시된 7차 조사에서 문재인 후보에게 투표했다고 답한 비율은 78.8퍼센트였다. 박근혜 당선인에게 투표했다고 답한 비율은 18.1퍼센트나 된다. 기존의 안철수 전 교수 지지자들 중 박근혜 당선인에게 투표한 유권자의 수는 18대 대선의 전체 투표자 수 30,721,459명을 기준으로 보면, 5,560,584명(18.1퍼센트 적용 기준)이 된다. 18대 대선에서 1위와 2위 간 득표 차가 1,080,496표라는 점을 고려한다면 결국 '야권 단일후보' 문재인 후보가 안철수 전 교수의 지지층을 온전히 흡수하지 못한 것이 18대 대선에서 야권 패배의 중요한 요인이었다는 해석이 가능하게 된다.[6]

야권의 지지자 이탈은 안 전 교수 지지자들에게서만이 아니라 문 후보의 지지자들에게서도 나타났다. 4차(10월) 조사에서 문 후보를 지지한다고 답한 KEPS 2012 참여유권자 중 11.2퍼센트가 7차 조사에서 박근혜 당선인에게 투표했다고 답했다. 조사의 표본오차를 감안하더라도 10월 이후

---

4) 18대 대선 직후 조사에서 "누구에게 투표했는가?"라는 질문에 대해 박근혜 당선인이라고 답한 비율은 47.7퍼센트였고 문재인 후보라고 답한 비율은 48.7퍼센트였다. 이러한 결과는 실제 두 후보 간 득표율 차이(1.0퍼센트포인트)에 있어 KEPS 2012의 결과가 대단히 정확한 것임을 알 수 있다.

5) 이 절의 "안철수→박근혜 지지이동자"는 안 전 교수의 대선출마 선언 이후 실시된 4차(10월) 조사 중 다자간 대결 문항에서 안 전 교수를 지지하였으나 대선 직후 실시된 7차(12월 20-22일) 조사에서 박근혜 당선인에게 투표한 유권자패널이다.

6) 물론 이는 과학적인 방법에 근거하지 않은 단순 환산 수치이다.

[표 3] 안철수 전 교수 지지자의 대선 표심 이동(단위 : 퍼센트)

4차 조사(10월 11일-14일) : 지지후보		7차 조사(12월 20일-22일) : 실제투표			
		박근혜	문재인	다른 후보	모름/무응답
4차 조사(10월 11일-14일) : 지지후보	박근혜	95.0	4.5	0.0	0.6
	문재인	11.2	87.0	0.5	1.4
	안철수	18.1	78.8	0.8	2.3
	지지후보 없음	51.7	47.1	0.0	1.1

진행된 본격적인 대선가도에서 야권은 기존 지지자들의 이탈에 제대로 대응하지 못했음을 알 수 있다. [표3]은 안철수 전 교수 후보사퇴 이후의 표심 이동을 정리한 것이다.

안철수 전 교수 지지자 중 박근혜 당선인에게 투표를 한 사람들은 누구인가? 4차(10월) 조사 중 다자대결구도에서 안 전 교수를 지지한다고 답한 KEPS 2012 참여 유권자의 수는 259명이었다.[7] 이들 중 7차 조사에서 박근혜 당선인에게 투표했다고 답한 수는 47명(4차 조사에서 안 전 교수 지지자 중 18.1퍼센트)이었다. 47명의 성별, 거주지역, 연령, 학력, 직업별로 살펴보면, 성별에서는 우선 여성의 비율이 높았으며 거주지역에서는 서울과 수도권 및 부산, 울산, 경남권의 비율이, 그리고 거주자 연령대에서는 30대와 40대의 비율이 다른 연령대와 비교하여 상대적으로 높게 타났다. 학력에서는 대재 이상의 비율이 고졸 이하에서의 비율보다 상대적으로 높았다. 직업에서는 사무/관리/전문직과 가정주부의 비율이 상대적으로 높았다.

안철수 전 교수 후보 사퇴 이후 박근혜 당선인으로 지지를 선회한 KEPS 2012 참여 유권자 중 새누리당 지지자의 수는 12명(25.8퍼센트)이었다. 무당파의 비중은 34명(72.8퍼센트)에 달했다. 결과적으로 안 전 교수 지지자들 중 선거 당일 박근혜 당선인에게 투표한 사람들의 대부분은 지지

---

7) 4차(10월) 조사에서 박근혜 당선인을 지지한다고 답한 KEPS 2012 참여유권자의 수는 358명이었으며 문재인 후보를 지지한다고 답한 수는 215명이었다.

[표 4] 안 전 교수 지지자 중 박 당선인 투표자 특성 1

구분	항목	응답자 수	%
성별	남성	20	41.8
	여성	27	58.2
거주 지역	서울	11	23.4
	인천/경기	13	28.6
	대전/충북/충남	3	6.6
	광주/전남북	6	12.1
	대구/경북	5	9.8
	부산/울산/경남	8	18.0
	강원/제주	1	1.5
연령	20대	10	20.6
	30대	11	23.3
	40대	14	28.7
	50대	9	18.4
	60세 이상	4	9.0
학력	고졸 이하	21	44.9
	대재 이상	26	55.1
직업	농/임/어업	1	1.7
	자영업	6	13.1
	판매/영업/서비스	8	17.6
	생산/기능/노무	2	5.0
	사무/기술직	10	20.7
	주부	15	30.9
	학생	2	4.1
	무직/퇴직	3	6.9

정당이 없거나 새누리당 지지자였음을 알 수 있다. 안 전 교수에서 박 당선인으로 지지를 선회한 KEPS 2012 참여유권자의 상당수는 안 전 교수 사퇴 이후 "누구를 지지할지"에 대해 마지막 순간까지 고민했던 것으로 나타났다. 선거 당일에서야 투표할 후보를 결정했다고 답한 비율이 19.5퍼센트였으며 투표 2-3일 전이라고 답한 비율이 23.8퍼센트였다. 투표 일주일 전 경이라고 답한 비율은 16.2퍼센트였다. 결과적으로 과반수(59.5퍼센트)에 달하는 안 전 교수 지지자들이 대선 일주일 전까지 지지후보를 정

하지 못했음을 알 수 있다. 이번 선거 결과에 대해서는 "야권 후보 단일화가 잘 안 되어서"라고 답한 비율이 66.4퍼센트에 달함으로써 전체 조사 결과의 응답비율 50.1퍼센트와 비교하여 상대적으로 높은 수준임을 알 수 있다. 그리고 이들 중 20.7퍼센트는 "민주당이 잘못해서"를 꼽으면서도 "박근혜 당선인이 잘해서"를 꼽은 비율은 6.0퍼센트에 불과했다. 안 전 교수에서 박 당선인으로 지지선회를 하게 된 주요 원인으로 원활하지 못했던 후보 단일화와 민주당의 과실을 유추하게 하는 결과이다.

[표 5] 안 전 교수 지지자 중 박 당선인 투표자 특성 2

구분	항목	응답자 수	해당 %	전체 %
지지정당	새누리당	12	25.8	35.3
	민주통합당	1	1.4	23.0
	없음/모름/무응답	34	72.8	37.8
투표결정 시점	투표 당일에	9	19.5	6.3
	투표 2-3일전에	11	23.8	10.5
	투표일 1주일 전 경	8	16.2	12.3
	후보자 등록전후	6	12.1	22.0
	투표일 한 달 전 경	4	9.0	15.3
	투표일 한 달 이상 전에	9	19.3	33.7
선거결과 요인	박근혜 후보가 잘해서	3	6.0	15.4
	새누리당이 잘해서	3	5.4	1.2
	문재인 후보가 잘못해서	1	1.5	4.7
	민주당이 잘못해서	10	20.7	18.2
	야권후보 단일화가 잘 안되서	31	66.4	50.1

결론

"단순다수제 선거제도는 양당체제를 선호한다." 뒤베르제의 법칙(Duverger's Law)으로 잘 알려진 이 간결한 가설은 무소속 혹은 제3당의 후보가 왜 당선되기 어려운지를 설명하는 이론으로 받아들여진다. 다수득표를 한 후보 1인이 당선되는 선거제도에서 유권자는 당선가능성을 우선시할 수밖에 없으며 이는 양당제를 견고하게 한다. 반면 제3후보는 "사표를 만들고 싶지 않다."라는 유권자의 심리적 제약을 안고 선거에 임할 수밖에 없다. 1987년 민주화 이후 한국정치는 여섯 차례의 대통령선거를 치르면서 다양한 정치적 실험을 시도하였다. 그 과정에서 국민의 정치불신과 새로운 정치에 대한 기대를 토대로 기존 정당의 틈바구니를 뚫으려는 제3후보의 시도 역시 쉽이 없었다. 제3후보의 영향이 대통령선거 결과에 커다란 영향을 주기도 하였지만 제3후보가 당선된 적은 없었다. 우리와 큰 틀에서 유사한 대통령제를 채택하고 있는 미국 역시 민주당과 공화당의 양당체제가 정립된 1852년 이래 41차례나 대통령선거를 치렀지만 당선자는 양대 정당 후보자 중 일인이었다.

안철수 현상으로 인해 바짝 긴장한 것은 기존 정치권이었다. 안철수 전 교수의 부상이 곧 정당정치의 위기라는 표현으로 묘사되었기 때문이다. 이 글은 안철수 전 교수에 대한 글이 아닌 안철수 현상에 대한 글이다. 따라서 안철수 전 교수를 대선 유력후보자로 끌어올린 유권자는 과연 누구이고 안 전 교수의 후보사퇴 이후 단일후보인 문재인 후보가 아니라 박근혜 당선인을 선택한 사람들이 누구인지를 분석한 것이다. 안철수 전 교수와 문재인 후보의 지지자들은 상호 이질적이어서 "1+1=2"와 같은 지지율 결합은 애초부터 쉽지 않았다. 야권은 단일후보를 만드는 데는 성공했을지언정 기존 안 전 교수 지지자들의 이탈을 최소화 하는데 실패하였다.

야권의 대선전략은 안 전 교수 지지자들의 이탈을 막는 데 그다지 효과적이지 못했고 문재인 후보의 취약 지지층을 회복할 정책의 제시나 체계적인 선거운동 역시 실현하지 못했다. 야권이 안 전 교수를 잡으면 지지자들도 그대로 잡을 수 있을 것이란 착각에 빠져있던 것은 아닐까?

이번 18대 대선에서 분명한 것은 최종 승자는 새누리당 박근혜 당선인이라는 점이다. 그리고 지난 5년 동안 박근혜 당선인은 대선후보 지지율 조사에서 부동의 1위였다. 결국 18대 대선은 이른바 안철수 현상과 야권의 후보단일화 논의에 가려진 박근혜 대세론이 그대로 유지된 결과라는 해석도 가능해 보인다. ■

■ 참고문헌

김준석. 2013. "정치시평 : 지난 대선 50·60의 역습은 없었다". 〈내일신문〉. 2월 25일.

Abramson, Paul R., John H. Aldrich, Phil Paolino and David W. Rohde. 1995. "Third-Party and Independent Candidates in American Politics: Wallace, Anderson, and Perot." *Political Science Quarterly* 110, 3: 349-367.

6장
유권자들의 정책선호와 투표선택

지병근

박근혜 후보의 당선으로 종결된 2012년 18대 대선에서 유권자들의 정책선호가 투표선택에 어떠한 영향을 주었을까? 이미 잘 알려져 있듯이 민주화 이후 개최된 역대 선거에서 한국의 유권자들은 지역주의에 의존한 투표행태를 보여왔다. 최근에는 한국의 사회적 균열구조가 재구성되면서 이를 반영하여 지역 이외에 세대, 이념, 소득에 기초한 투표행태가 부상하였다. 하지만 이러한 투표행태의 변화에도 불구하고 여전히 한국의 유권자들의 투표결정 과정에서 정당과 후보자들이 제시한 정책이나 유권자 자신의 정책선호가 별다른 영향을 주지 못한다고 알려져 있다.

이 연구는 정책투표(policy voting) 혹은 정책지향적 투표, 즉 정책에 기초한 유권자들의 투표행위가 선출된 공직자의 민주적 책임성(democratic accountability)을 강화시킬 수 있는 핵심적 요건이라는 전제에서 출발한다. 유권자가 자신이 가장 선호하는 정책을 제시하는 후보자에게 투표한다면 후보자들은 당선을 위해 정책경쟁에 주력할 것이며, 당선자들은 자신을 지지했던 유권자들이 요구하는 정책을 실현하기 위해 노력할 것이라는 것이다. 다시 말해 정책투표를 통해서 유권자들의 선호에 조응하는 정책을 추진하는 정부를 출범시킬 수 있다는 것이다(Highton 2004; 송근원 2009; 김민성·이상헌 2010).

이번 대선에서는 경제민주화 이슈를 필두로 후보들 간의 정책경쟁이 비교적 활발히 이루어졌다고 볼 수 있다. 전통적으로 한국의 주요한 선거 이슈였던 경제성장과 분배, 안보와 민주주의를 둘러싼 정책갈등뿐만 아니라 사회적 양극화가 심화되면서 관심이 집중되었던 각종 복지정책, 재벌규제정책, 대북정책, 정치개혁 방안 등을 중심으로 주요 후보들 간의 정책경쟁이 이루어졌다. 그럼에도 불구하고, 이번 대선이 정책경쟁을 중심으로 진행되었다고 볼 수만은 없다. 과거와 마찬가지로 이번 대선 과정에서도 후보단일화, 이정희 후보의 TV토론 참여, 국정원의 조직적인 선거개입 의혹 등 다양한 비정책 이슈가 핵심쟁점으로 부상하였다. 더구나 후보자들은 뚜렷한 재원마련 방안을 제시하지 않은 채 각종 유사 공약을 남발함으로써 유권자들이 이들의 정책을 제대로 평가하고 구별하기 어렵게 만들었다.

이 장은 18대 대선에서 나타난 한국 유권자들의 정책투표 성향에 관한 것이다. 특히 이 연구는 EAI · SBS · 중앙일보 · 한국리서치 공동 2012 총선대선패널조사(KEPS 2012) 자료를 이용하여 유권자들이 과연 새누리당과 민주통합당의 정책을 얼마나 정확히 이해하고 있는지, 아울러 이들의 정책선호가 투표할 후보를 결정하거나 지지후보를 바꾸는 데 어떠한 영향을 미쳤는지를 분석하는 데 초점을 두었다. 그 동안 한국의 정책선거에 관한 연구가 상당히 진전되어왔음에도 불구하고 여전히 후보자들이 제시한 정책에 대한 유권자들의 인지 과정과 정책선호가 투표행태에 미친 영향에 관한 설명이 충분히 이루어지지 못하였다는 점에서 이 연구가 이러한 한계를 극복하는 데 조금이나마 기여할 수 있기를 기대한다.

이 장의 분석결과를 요약하면 다음과 같다. 첫째, 양당의 정책에 대한 유권자들의 이해 수준이 비교적 높은 편이며, 이념과 정책을 고려하여 투표할 후보를 결정한 이들의 비율 또한 높았다. 후보단일화, 이정희 후보의 TV토론, 국정원 여직원의 비방 댓글 의혹 등 선거 과정에 부상한 비정책 이슈들이 양당 후보들에 대한 선호에 상당한 변화를 가져왔으며, 특히 박근혜 당선인에 대한 선호를 강화시켰다. 둘째, 유권자들의 연령, 이념, 거주지역뿐만 아니라 이들이 우선시하는 차기정부의 중점 과제가 무엇이냐에 따라 투표할 후보선택에 상당한 차이가 나타났다. 이러한 분석결과를 토대로 이 연구는 이번 대선에서 한국의 유권자들이 사회적 균열구조를 반영한 투표성향과 함께, 이슈 우선성(issue priority)에 따른 합리적 투표행태를 보여주었다고 주장한다.

이 장의 구성은 다음과 같다. 우선 한국에서 후보자들의 정책이 유권자들의 투표행태에 미친 영향에 관한 주요 선행연구들을 간략히 소개하고 18대 대선에서 나타난 정책경쟁 과정의 특징을 설명할 것이다. 이하에서는 이 연구의 분석방법을 제시하고 새누리당과 민주통합당의 정책에 대한 유권자들의 인식과 이들의 정책지향이 투표할 후보를 결정하는 데 미친 영향에 관한 분석결과를 각각 제시할 것이다. 결론에서는 이 연구의 주요한 발견을 요약하고 그 함의를 논할 것이다.

정책투표에 관한 선행연구와 제18대 대선에서의 정책경쟁

정책투표행태에 관한 선행연구

한국 유권자들의 투표행태에 관한 연구들 가운데 일부는 유권자들의 다양한 정책선호와 투표성향 사이의 상관성을 추적해왔다(김민정 외 2003; 송근원 2006; 김민성·이상헌 2010; 강우진 2012). 예를 들어 김민정 외(2003)는 16대 대선 시기 여론조사자료를 이용하여 여성정책에 대한 태도가 투표행태에 미친 영향을 분석하여 여성들 가운데 여성정책(호주제)에 대한 태도가 긍정적일수록 정책지향적 투표성향이 증가한다는 점을 밝혀냈다.[1] 아울러 그들은 사회경제적 변수들(성별, 연령, 학력, 소득), 사회자본(단체가입 여부), 이념과 달리 효능감과 인지수준(대통령 임기)이 높거나, 야당성향이 강할수록 정책지향적 투표성향이 증가한다는 점을 밝혀냈다.[2]

그런데 한가지 주목할 만한 것은 경제투표에 관한 연구들을 제외하면 한국 유권자들의 정책투표에 관한 대부분의 연구들이 특정한 이슈효과보다 이념적 성격이 강한 주요정책들에 대한 선호들을 고려하여 이들이 투표행태에 미친 영향을 분석하였다는 점이다. 예를 들어 송근원(2006)은 한국사회과학데이터센터의 선거 후 여론조사자료를 이용하여 16대 대선에서 유권자들 가운데 약 25퍼센트 정도가 정책 혹은 공약을 기준으로 지지 후보를 결정하였다는 점과 함께 기업규제를 제외한 대북지원, 보안법 폐지, SOFA 개정, 여성할당제, 호주제 폐지, 복지 수준 향상 등의 정책이슈에 대하여 긍정적인 태도를 보이는 유권자일수록 진보적인 후보들(노무현, 권영길, 김영규)에게 투표하는 경향성이 있다는 점을 보여주었다(유의도 .01).

최근의 연구들은 유권자들의 인지적 특성과 이에 따른 정책선호의 일관성에 주목하였다. 예를 들어 이소영(2011)은 18대 총선에서 정치정보가 충분한 이들이 대체로 정책에 대한 태도에서 보수적인 성향을 보였을 뿐만 아니라 한나라당 후보에게 투표할 가능성이 높았다는 점을 밝혔다. 아

---

1) 김민정 외(2003, 91)는 정책지향적 투표를 "유권자들이 정당이나 후보들이 제시한 정책이나 공약을 판단의 준거로 투표하는 경향"이라고 정의하였다.
2) 그 외에도 특정한 이슈가 투표행태에 미친 영향에 관한 연구는 적지 않다. 예를 들어, 김형준(2007)은 2002년 선거를 앞두고 북풍변수가 발생했지만 선거 결과에 별다른 영향을 주지 못하였으며, 이는 반미변수에 의한 "상쇄효과현상" 때문이라고 주장하였다. 그는 대북지원에 대한 태도가 노무현 후보에 대한 투표가능성에 오히려 긍정적인 영향을 미쳤다고 주장하였다. 강우진(2012)은 18대 총선 후 여론조사자료를 분석하여 사교육비 지출이 증가할 것이라고 전망하는 유권자일수록 기권할 가능성이 높아진다는 점을 밝혔다. 백승주 · 금현섭(2012)은 서울시 복지패널 자료를 이용하여(2008-2010) 소득불평등의 악화가 복지정책선호의 증가를 촉진한다는 점을 밝혔다.
3) 정치정보의 인지 수준에 대한 측정방법은 정치인 혹은 정치현상에 대한 지식, 조사자 자신의 평가, 정당과 정치인의 정책적 위치 등을 이용하여 측정할 수 있다. 이에 관한 논의는 이소영(2011)을 참조할 것.

울러 그녀는 정치정보 수준이 높은 유권자들 역시 정책선호에서 일관성이 그다지 높지 않으며 결국 정당들이 정책적 위치를 선정하는 것이 어렵다고 주장하였다.[3]

정한울(2011) 또한 한국 유권자들의 정책선호가 이념성향에 따라 일관되게 형성되지 않으며, "'진보=친노동=복지=친북=반미', '보수=친자본=성장주의=반북=친미'라는 이분법적 이념균열이 약화되고 서로 모순되어 보이는 가치와 정책선호가 공존하는 상충적 태도"에 주목하였다. 그는 이념적 성향에 따라 '북한주적 명시', '공공영역 종사자의 정치활동 허용', '민노당 가입교사 처벌'에 대한 태도에서 현격한 차이가 있지만 비정규직 이슈, 부동산 보유세 인상, 기업법인세 인하 및 사형제 폐지"등의 이슈에 대한 차이는 거의 없다는 점을 밝혔다. 그의 주장에 따르면 "성장/복지, 대미이슈에서 상충적 태도"가 급증하였으며, "보수적 복지주의자" 혹은 "진보적 한미동맹론자"가 등장하게 되었다.

18대 대선에서 주요 후보들의 정책경쟁

18대 대선에서 박근혜 당선인과 문재인 후보 사이에 진행된 정책경쟁은, 첫째, 박근혜 당선인이 경제민주화 이슈를 선점하였다는 점에서 그 특징을 찾을 수 있다. 박근혜 당선인는 재벌규제를 포함하는 경제민주화 이슈를 선점함으로써 이명박 정부와의 차별성을 부각시키고 극단적 보수의 이미지를 탈피하였으며 선거과정에서도 '국민행복위원회'를 통해 지속적으로 국민의 삶과 밀접한 연관이 있는 각종 경제정책과 정치개혁 관련 정책들을 제시하였다.

둘째, 문재인 후보의 경우 후보들 가운데 가장 체계적으로 공약을 제시하였음에도 불구하고 후보단일화 과정에서 안철수 전 교수에 의해 제기된 정치개혁공약 이슈가 부각되면서 정책경쟁을 주도하지 못하게 되었다. 안 전 교수의 후보사퇴 이후에도 TV토론회에서 주목받은 것은 박근혜 당선인의 친부인 박정희 전 대통령의 친일행위와 부정축재를 비판한 이정희 통합진보당 후보였다. 결국 정책경쟁 과정에서 문재인은 유권자들의 지지를 끌어내는 데 별다른 성과를 거두지 못하였다.

셋째 이번 대선에서 후보들 사이의 정책경쟁 과정에서 상당 수준의 정책수렴 현상이 발생하였다고 볼 수 있다. 예를 들어 노동정책과 관련하여 박근혜 당선인을 포함한 대부분의 후보들이 비정규직의 축소, 노동시간 단축, 최저임금 인상, 정년연장, 노사정 대타협 추진 등을 공약으로 제시하였다(중앙선거관리위원회 정책공약알리미). 비록 국가경제의 운영방안에 대한 이들의 접근법은 달랐지만 상당수준의 정책적 수렴이 이루어졌다고 볼 수 있다. 물론 이러한 정책수렴 현상은 한국에서 심화되어가는 사회적 양극화 문제에 대한 유권자들의 우려와 정부가 이를 해결하는 데 앞장서야 한다는 점에 대한 사회적 공감대가 널리 형성되었기 때문에 가능한 것이었다.

넷째, 후보자들의 정책이 추상적이며 유사한 공약을 남발하였으며, 구체적인 정책 차이가 잘 드러나지 않았다. 아울러, 후보단일화가 지체되면서 문재인 후보와 박근혜 당선인 사이의 정책대결이 제대로 이루어지지 못하였다. 그리고 이러한 조건에서 유권자들이 후보자들의 정책차이를 제대로 이해하고 투표에 반영하기는 힘들었다고 볼 수 있다(김시현 2012).

분석방법

이 연구는 KEPS 2012에 포함된 다양한 질문들을 이용하여 후보들의 정책에 대한 유권자들의 인식과 함께 이들의 정책투표성향을 분석하였다.[4]

먼저 이 연구는, ① 선별적 복지와 보편적 복지, ② 성장과 분배, ③ 재벌 규제 완화 혹은 강화, ④ 대북 강경정책과 교류협력 강화 등 네 가지 차원에서 새누리당과 민주통합당의 정책지향에 대한 의견을 묻는 질문들(5차 조사)을 이용하여 양당의 정책에 대한 '평가의 일관성'을 측정하였다. 아울러 각 정책이슈에 조응하는 복지, 성장, 재벌, 대북통일과 관련한 양당의 정책적 입장의 차이(1-4: 1=전혀 없다, 4=매우 크다, 3차 조사)를 묻는 질문을 이용하여 양당의 '정책차별성'에 대한 응답자들의 인식을 측정하였다.

이 연구는 또한 유권자들의 투표결정에 정책선호가 어떠한 영향을 미쳤는지를 분석하기 위하여, KEPS 2012 7차 조사에서 응답자들에게 투표와 지지후보를 바꾼 경우 과연 "정책이나 이념"을 고려하였는지 여부를 묻는 질문을 이용하였다. 아울러 정책 이외에 선거 과정에서 부상했던 다양한 이슈들이 후보자 선호에 미친 영향을 분석하기 위하여 "이번 선거에서 지지후보를 결정하는 데 가장 많은 영향을 미친 이슈"를 묻는 질문과 개별 선거이슈들이 후보에 대한 선호에 긍정적인 혹은 부정적인 영향을 미쳤는지를 묻는 질문을 이용하였다.

아울러 이 연구는 이항로지스틱모델(logistic regression model)을 이용하여 유권자들의 정책 우선성(policy priority)이 투표할 후보선택에 미친 영향을 분석하였다. 이를 위해 여기서는 박근혜 당선인과 문재인 후보에게 투표한 이들만을 대상으로 분석하였으며 기본모델에는 종속변수로 문재인 후보에 대한 투표여부(=1)가 사용되었다. 독립변수로는 차기 정부의 중점과제로 경제성장과 국제경쟁력, 정치적 안정과 국가안보 등 통상적인 보수적 정책과제 대신에 경제적 양극화 완화, 남북관계 개선, 정치개혁, 삶의 질 개

---

4) 이 연구에 사용한 KEPS 2012 1차와 2차 조사를 제외하고 대선 직후까지 진행된 3차 조사(2012년 8/20-24), 4차 조사(2012년 10/11-14), 5차 조사(2012년 11/25-27), 6차 조사(2012년 12/11-13), 7차 조사(2012년 12/20-22) 자료이다.

선 등 '진보적' 정책과제를 우선시하는지 여부(진보적 정책이슈=1, 나머지=0, 6차 조사)를 포함시켰다. 통제변수로는 성별(남성=1, 여성=0), 연령(50대 이상=1, 40대 이하=0), 교육수준(중졸 이하=1, 고졸=2, 대재 이상=3, 대졸 이상=4), 이념(0-11: 0=진보, 10=보수)과 두 개의 지역 더미변수(호남=1, 영남=1)를 포함시켰다.

양당의 정책에 대한 인식

새누리당과 민주통합당은 보수정당이라는 공통점에도 불구하고 상이한 정책을 추구해 왔다. 지난 2011년 서울시장 보궐선거에서 확연히 드러난 것처럼 새누리당과 민주통합당은 각각 선별적 복지정책과 보편적 복지정책을 추구한다. 이번 대선에서도 양당은 유권자들의 지지를 얻기 위해 다양한 복지공약을 제시하며 격전을 벌였다. 새누리당은 분배보다는 성장에 우선적인 가치를 두고, 대기업 중심의 경제발전전략을 추구해왔다. 아울러 비록 공식적으로는 '흡수통일'을 지향하지 않는다고 밝혔지만 "햇볕정책"을 포함한 유화적인 대북정책에 반대해왔다. 이에 반해 '진보적 개혁세력' 임을 자처하는 민주통합당은 성장보다는 분배를 중시하고, 권위주의체제 하에서 추진되었던 성장 우위의 경제발전전략을 비판하며 재벌에 대한 규제를 강화하는 정책을 추진해왔다. 아울러 북한에 대해서는 "햇볕정책"을 비롯한 대북유화정책을 채택해왔다.

한국의 유권자들은 양당의 정책적 지향과 이들 사이의 차이를 어떻게 인식하고 있을까? 아래의 [표1]은 복지문제(선별적 복지와 보편적 복지), 성장과 분배문제, 재벌규제(완화와 강화), 대북정책(강경정책과 교류협력 강화) 등 네 가지 차원에서 양당의 입장이 어디에 가까운지를 묻는 질문을 이용하여 양당의 정책적 지향에 대한 응답자들의 인식을 보여준 것이다.

[표 1] 정책이슈별 양당의 정책에 대한 인식

	선별적 복지	보편적 복지	성장	분배	재벌규제 완화	재벌규제 강화	대북 강경	교류 협력
새누리당	74.7	25.3	64.6	35.4	52.3	47.7	66.0	34.0
민주통합당	40.0	60.0	25.1	74.9	18.6	81.4	19.6	80.4
차이*	2.80		2.76		2.96		3.15	

- 주. *양당의 정책차이(1-4)의 평균값(KEPS 2012 3차 조사).
- 자료 : KEPS 2012 5차 조사.

위의 표에서 잘 드러나듯이, 첫째, 유권자들은 양당의 정책적 지향을 비교적 정확히 이해하고 있는 것으로 보인다. 다수의 응답자들이 새누리당은 선별적 복지정책, 성장우위와 재벌규제완화정책, 대북강경정책을 채택하고 있는 반면, 민주통합당은 보편적 복지정책, 분배우위와 재벌규제강화, 대북교류협력 강화정책을 채택하고 있다고 답하였다. 양당의 정책적 지향에 대한 유권자들의 인지 수준은 양당의 정책에 대한 평가의 일관성에서도 확인할 수 있다. [부록]에서 나타나는 바와 같이 64.8퍼센트의 응답자들이 양당의 정책적 지향을 묻는 질문에 대하여 5개 이상의 정답을 제시하였다.

둘째, 유권자들은 전반적으로 새누리당보다 민주통합당의 정책지향을 더 잘 이해하고 있는 것으로 나타났다.[5] 복지정책을 제외하면 새누리당의 정책적 선명성은 민주통합당에 비해 떨어지는 것으로 나타났다. 응답자들 가운데 약 4분의 3(74.7퍼센트)이 새누리당이 선별적 복지정책을 취하고 있다고 응답한 반면, 60퍼센트의 응답자들만이 민주통합당이 보편적 복지정책을 취하고 있다고 답하였다. 하지만, 나머지 정책들, 특히 대북정책과 재벌규제정책에 대해서는 80퍼센트가 넘는 응답자들이 민주통합당이 대북교류협력과 재벌규제강화정책을 취하고 있다고 답한 반면, 이

---

5) 이러한 경향성은 새누리당보다 민주통합당의 정책적 지향에 대하여 제대로 응답한 이들이 차지하는 비율이 더 높았다는 점에서도 확인할 수 있다([부록 1] 참조).

에 훨씬 못 미치는 비율의 응답자들은 새누리당이 성장우위의 정책, 재벌규제완화정책, 그리고 대북강경정책을 취하고 있다고 답하였다. 특히 재벌규제완화와 관련해서는 절반을 겨우 넘은 52.3퍼센트의 응답자들만이 새누리당이 재벌규제완화정책을 취하고 있다고 답하였다.

셋째, 양당의 정책차이에 대한 유권자들의 인식은 정책마다 다르게 나타났다. 특히 대북정책(평균 3.15)은 이 조사에 포함된 양당의 정책들 가운데 가장 많은 차이가 있는 것으로 유권자들이 인식하고 있었다. 그리고 재벌규제(2.96), 복지정책(2.80), 성장정책(2.76) 등이 그 뒤를 따랐다. 북한에 대한 햇볕정책의 효용성을 둘러싸고 양당의 정책갈등이 지속되어왔다는 점에서 이러한 분석 결과는 그다지 놀라운 것은 아니다. 오히려 사회적 양극화에 대한 대응책을 둘러싸고 양당의 복지정책과 고용 및 성장정책이 이번 선거에서 중요한 쟁점으로 부각되었음에도 불구하고 이들 사이의 정책적 차이에 대한 인식이 그다지 확연히 나타나지 않았다는 점을 주목할 필요가 있다.

유권자들의 정책선호와 투표결정

투표할 후보선택과 지지후보 변경 과정에서 정책의 중요성

이미 앞에서 언급하였듯이 이번 대선에서 후보들 간의 정책경쟁이 비교적 활발히 전개되었다고 할 수 있다. 이러한 평가는 KEPS 2012 조사 결과에서도 확인할 수 있다. 이번 선거가 정책대결 중심의 선거였다는 주장에 대하여 '매우' 혹은 '대체로' 그렇다고 답한 이들은 응답자 전체 가운데 절반에 가까웠다(49.5퍼센트, KEPS 7차 조사).

그렇다면 한국의 유권자들은 투표과정에서 얼마나 후보들의 정책을 고

[그림 1] 투표할 후보결정과 지지후보 변경에 영향을 미친 요인들

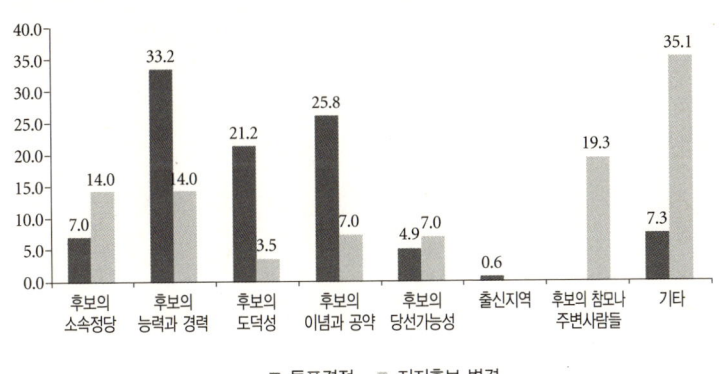

■ 자료 : KEPS 2012 7차 조사.

려하였을까? 아래의 [그림1]은 이번 대선에서 정책을 포함한 다양한 요인들이 응답자들의 투표할 후보 결정과 지지후보 변경에 어떠한 영향을 주었는지를 보여준다. 응답자들 가운데 약 25.8퍼센트는 '후보의 이념과 공약'을 보고 투표하였다고 답하였다. 이는 '후보의 능력과 경력'(33.2퍼센트)을 제외하면, 후보선택의 기준들 가운데에는 가장 높은 비중을 차지하는 것이며, 후보의 소속정당(7.0퍼센트)이나 출신지역(4.9퍼센트)에 비하여 훨씬 높은 것이다.

하지만 지지후보의 변경에는 후보의 정책이나 이념이 거의 영향을 미치지 않은 것으로 나타났다. 이번 조사에서 투표자들 가운데 지지후보를 바꿔 투표하였다고 응답한 이들은 불과 4.7퍼센트(57명/1289명, 4.7퍼센트)에 불과하였다. 이들 가운데 그 이유가 "후보의 정책이나 이념"이 마음에 들지 않아서라고 답한 이들 또한 지극히 소수에 불과하였다(4명, 7.0퍼센트). 응답자들 가운데 상당수가 지지후보를 바꿔 투표한 이유가 후보의 '참모나 주변사람들이 마음에 안들어서'(19.3퍼센트), '소속정당에 실망해서'(14.0퍼센

트), '국정운영능력이 불안해서'(14.0퍼센트)라고 답하였다. 후보의 당선가능성(7.0퍼센트)과 후보의 도덕성(3.5퍼센트) 또한 별다른 영향을 미치지 않은 것으로 나타났다.[6]

비정책적 선거이슈가 후보선호에 미친 영향

아래의 [표2]는 정책 이외의 선거이슈들이 박근혜와 문재인 두 후보들에 대한 선호에 어떠한 영향을 주었는지를 보여준다. 여기에는 "지지후보 결정에 가장 영향을 미친 이슈"라고 답변한 응답자들의 비율, 이 이슈들이 발생한 이후 각 후보들에 대한 생각이 "좋아졌다"고 응답한 이들과 "싫어졌다"고 응답한 이들의 비율 차이(예를 들어, 문재인 후보가 좋아졌다-싫어졌다)로 측정한 '후보선호', 그리고 두 후보에 대한 '선호차이' 등이 포함되었다. 아울러, 이 표에는 이슈별 응답자 비율과 '선호차이'를 곱하여 백분율로 계산한 이슈별 영향력이 포함되었다.

[표2]에서 잘 나타나는 바와 같이, 이번 대선에서 유권자들이 지지후보

[표 2] 주요 비정책적 선거이슈들과 후보들에 대한 선호

주요 이슈	응답자 비율	박근혜 선호(P)	문재인 선호(M)	선호차이 (P-M)	이슈* 영향
안철수 전 교수의 사퇴 및 문재인 후보 지원	39.0	12.3	8.3	4.0	1.6
이정희 후보 tv토론과 후보 사퇴	18.8	47.8	-7.4	55.2	10.4
박근혜 당선인 6억 수수 문제	3.3	-44.4	-2.8	-41.6	-1.4
박정희 전대통령 친일 논란	5.8	-33.3	1.6	-34.9	-2.0
국정원 여직원 비방댓글 의혹	10.4	0.0	-20.4	20.4	2.1
박근혜 당선인 아이패드컨닝 의혹	4.7	9.8	3.9	5.9	0.3
민주통합당의 정운찬·윤여준 영입	1.8	15.8	31.6	22.3	-0.3
새누리당의 한광옥·이회창·이인제 영입	5.7	24.2	1.6	39.6	1.3
북한의 로켓발사	4.9	37.7	-1.9	44.3	1.9
NLL 녹취록 공개 논란	5.7	23.0	-21.3		2.5

■ 주. *이슈영향=응답자 비율×선호차이/100.
■ 자료 : KEPS 2012 7차 조사.

를 결정하는 데 가장 큰 영향을 미친 이슈는 '안철수 후보의 사퇴 및 문재인 후보 지원'(39.0퍼센트)인 것으로 나타났다. '이정희 후보의 TV토론과 후보 사퇴'(18.8퍼센트)와 '국정원 여직원 비방댓글 의혹'(10.4퍼센트) 또한 상당한 비율의 응답자들이 영향을 받았다고 답하였다. 반면, 박근혜 당선인 6억 수수 문제(3.3퍼센트)와 민주통합당의 인재 영입(1.8퍼센트)은 물론 나머지 이슈들(박정희 전 대통령 친일 논란, 박근혜 당선인의 아이패드 컨닝 논란, 새누리당의 인재영입, 북한의 로켓발사, NLL 녹취록 공개 논란)이 이번 대선에서 지지후보 결정에 가장 큰 영향을 주었다고 답한 응답자들은 5퍼센트 내외에 불과하였다.

그 외의 흥미로운 발견으로는, 첫째, 이번 대선에서 가장 높은 비율의 응답자들이 지지후보 결정에 가장 큰 영향을 미쳤다고 답한 세 가지 이슈들, 즉 야권후보단일화, 이정희 후보의 TV토론과 후보 사퇴, 국정원 여직원 비방댓글 의혹 등이 모두 문재인 후보에 대한 선호를 높이기보다 박근혜 당선인에 대한 선호에 오히려 긍정적인 영향을 미쳤다는 것이다. 박근혜 당선인에게 결정적으로 불리하게 작용할 수 있었던 이 이슈들이 이처럼 예상과 다른 효과가 나타난 것은 안철수 전 교수의 사퇴 과정이 소위 '아름다운 후보단일화'가 되지 못한 점, TV토론 과정에서 이정희 후보의 발언에 대한 보수층의 반발과 결집 그리고 국정원의 선거 개입에 대한 문 후보 측의 어설픈 대응 때문인 것으로 보인다.[7)]

그뿐만이 아니라 박 당선인의 아이패드 컨닝 의혹 또한 문재인 후보에게 불리하게 작용한 것으로 나타났다. 다만 이정희 후보가 TV토론 과정

---

6) 기타에 포함된 'TV토론에서 실망'(3.5퍼센트), '상대후보 비방'(3.5퍼센트) 등 또한 거의 영향을 주지 않은 것으로 나타났다.
7) 이정희 후보가 TV토론을 통해 박근혜 당선인의 6억 수수 문제(3.3퍼센트)와 박정희 전 대통령 친일 논란(5.8퍼센트)을 제기하였던 것을 고려하면, 이번 대선에 그녀가 미친 영향은 상당하였다고 평가할 수 있다. 국정원의 선거개입 이슈는 이 사건의 진상규명 요구 과정에서 발생한 폭력행위와 감금 논란이 언론을 통해 부각되면서 문재인 후보 측이 오히려 '가해자'로 인식되고 이들의 진상규명 요구가 네거티브 선거운동으로 비춰지면서 박 당선인에게 오히려 유리하게 작용했을 가능성이 있다(박훈상·조동주 2013; 이남희·박준용 2013).

에서 신군부로부터 박 당선인이 6억을 수수했다는 점과 박정희 전 대통령의 친일행적을 공중파를 통해 제기한 것, 그리고 민주당의 인재영입만이 박 당선인에 비해 문 후보의 선호를 높이는 데 긍정적인 영향을 미친 것으로 나타났다. 그런데 이러한 결과는 보수후보에게 유리한 이슈라고 할 수 있는 북한의 로켓발사나 NLL 녹취록 공개 논란, 새누리당의 호남인재 영입 등이 박 당선인의 선호를 일관되게 강화시킨 것과는 대조적이다.

둘째, 이정희 후보의 TV토론과 후보 사퇴가 박근혜와 문재인 후보에 대한 선호격차(10.4퍼센트)를 벌리는 데 가장 큰 영향을 준 것으로 나타났다. 비록 야권후보 단일화가 응답자들에게 가장 큰 영향을 주었다고 평가되었지만, 이 이슈는 두 후보 모두에 대한 선호를 동시에 증가시킴으로써 결과적으로 이들에 대한 선호 격차에 별다른 영향을 미치지 못하였다. 국정원 여직원의 비방댓글 의혹 문제를 포함한 나머지 이슈들 또한 두 후보의 선호격차에 미친 영향은 지극히 제한적이었다(2.5퍼센트 이하).[8]

차기 정부의 중점과제 인식과 투표할 후보 결정

아래의 [그림2]는 차기 정부가 "가장 중점을 두고 추진해야할 국정과제"를 응답자들이 어떻게 인식하고 있는지를 보여준다. 이 그림에서 잘 나타나듯이 가장 많은 응답자들이 경제적 양극화(29.3퍼센트)가 차기 정부의 가장 중요한 국정과제로 인식하고 있으며, 경제성장(22.8퍼센트)과 삶의 질 개선(17.1퍼센트)을 가장 중요한 국정과제로 인식하고 있는 이들의 비율은 이보다 낮았다.

아래의 [표3]은 차기 정부가 우선적으로 추진해야 할 국정과제를 "가장

---

8) 이 표에서 응답자들의 선호 변화가 지지후보의 변경을 의미하는 것이 아니라는 점에 주의할 필요가 있다. 이 분석 결과가 이정희 후보가 문재인 후보의 낙선에 결정적인 영향을 미쳤다는 일부 언론의 주장을 뒷받침하는 것은 아니다.

[그림 2] 차기 정부의 국정 우선과제

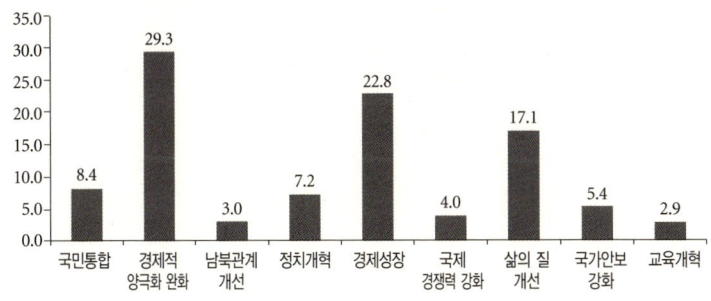

■ 자료 : KEPS 2012 6차 조사.

잘 해결할 후보"에 대한 인식과 투표한 후보의 분포를 보여준다. 이 표에서 잘 나타나듯이 경제적 양극화의 완화와 정치개혁, 삶의 질 개선에는 문재인 후보가, 국민통합, 경제성장, 국가경쟁력 강화, 국가안보 강화는 박근혜 당선인 가장 잘 해결할 것이라고 믿는 이들이 현격하게 많았다. 이 표에서 한 가지 더 주목할 만한 것은 문 후보에는 미치지 못하지만 박 당선인 또한 남북관계를 개선할 수 있는 후보로서 평가받고 있다는 점이다.

차기 정부의 중점과제를 해결할 수 있는 능력에 대한 평가는 투표후보의 결정에 상당한 영향을 미친 것으로 보인다. 아래의 [표3]에서 나타나는 바와 같이 응답자들은 개별 국정과제 해결에 우위를 보일 것으로 평가한 후보들, 즉 해당 이슈에 대한 소유권을 가지고 있는 후보들에게 더 많이 투표한 것으로 나타났다(Petrocik 1996). 경제적 양극화의 완화와 정치개혁, 삶의 질 개선을 중시하는 이들 가운데 문재인 후보에게 투표한 이들이 월등히 더 많았던 반면, 국민통합, 경제성장, 국가경쟁력 강화, 국가안보 강화, 교육개혁을 중시하는 이들 가운데 박근혜 당선인에게 투표한 이들이 더 많았다. 다만 남북관계 개선을 중시하는 이들은 문재인 후보보다

[표 3] 차기 정부의 중점 과제와 가장 잘 해결할 수 있는 후보와 투표한 후보

국정과제	박근혜		문재인		기타		없다	전체
	해결	투표	해결	투표	해결	투표		
경제적 양극화 완화	29.5	41.9	50.4	57.6	5.5	0.6	14.6	100
남북관계 개선	46.2	59.4	48.7	40.6	2.6	0.0	2.6	100
정치개혁	25.0	36.5	57.3	61.2	5.2	2.4	12.5	100
삶의 질 개선	32.2	39.5	50.6	60.5	2.6	0.0	14.6	100
국민통합	51.8	62.1	41.2	36.8	0.0	1.1	7.0	100
경제성장	60.8	66.2	26.5	33.8	1.6	0.0	11.1	100
국제 경쟁력 강화	61.1	65.4	24.1	34.6	0.0	0.0	14.8	100
국가안보 강화	78.4	89.1	13.5	10.9	0.0	0.0	8.1	100
교육개혁	34.2	55.9	29.0	44.1	0.0	0.0	36.8	100
전체	43.1	52.9	41.1	46.7	2.9	0.4	13.0	100

■ 자료 : KEPS 2012 6차와 7차 조사.

박근혜 당선인에게 더 많이 투표하였다.

　아래의 [표4]의 모델 1은 경제적 양극화 완화, 남북관계 개선, 정치개혁, 삶의 질 개선 등을 포함하는 진보적 정책이슈의 중시 여부를 결정하는 요인을 분석한 결과이다. 여기에 잘 나타나듯이 연령, 교육수준, 이념이 종속변수인 진보적 정책우선성에 통계적으로 유의미한 영향을 미치는 것으로 나타났다. 연령이 적을수록, 교육수준이 높을수록, 이념이 진보적일수록 진보적 정책이슈를 가장 중시할 가능성이 증가하는 것으로 나타났다. 성별과 영호남지역 거주 여부는 종속변수에 별다른 영향을 미치지 않는 것으로 나타났다.

　위의 [표4]의 모델 2는 문재인 후보에게 투표할 가능성에 대한 회귀분석 결과이다. 이 모델에서, 진보적 정책이슈는 문재인 후보에 대한 지지 가능성에 통계적으로 유의미하게 긍정적인 영향을 미치는 것으로 나타났다. 다시 말해 진보적 정책이슈를 중시할수록 문재인 후보에 대한 투표가능성이 증가하는 것으로 나타났다(유의도 .05). 연령, 이념, 지역 더미 변수

[표 4] 진보적 정책 우선성 및 투표할 후보 결정요인

변수	모델 1 진보적 정책 우선성	모델 2 문재인 후보에 대한 투표
진보적 정책 우선성		0.630***
		(0.152)
남성	0.209*	0.120
	(0.12)	(0.152)
연령	-0.407***	-1.059***
	(0.14)	(0.165)
교육수준	0.191***	0.129*
	(0.06)	(0.0780)
이념(11점)	-0.172***	-0.581***
	(0.03)	(0.0484)
호남	-0.02	1.586***
	(0.22)	(0.305)
영남	-0.12	-0.582***
	(0.14)	(0.174)
상수	0.779***	2.764***
	(0.28)	(0.392)
Log likelihood	-776.059	-554.543
LR chi2(6)	95.27	480.53
Prob>chi2	0.000	0.000
Pseudo R2	0.058	0.302
사례수	1,201	1,149

- 주. 괄호안의 수는 표준오차, ***p<0.01, **p<0.05, *p<0.1.
- 자료 : KEPS 2012 6차와 7차 조사.

들 역시 통계적으로 유의미하게 종속변수에 영향을 미치는 것으로 나타났다. 연령이 많을수록, 이념이 보수적일수록, 그리고 영남거주자일수록 문재인 후보에게 투표할 가능성은 감소하는 반면, 호남 거주자일수록 그 가능성이 증가하는 것으로 나타났다. 통제변수에 포함된 남성과 교육수준은 별다른 영향을 미치지 않는 것으로 나타났다.

결론

지금까지 이 연구는 18대 대선에서 유권자들이 새누리당과 민주통합당의 정책을 얼마나 이해하고 있으며 이들의 정책선호가 투표할 후보의 선택에 어떠한 영향을 미쳤는지를 분석하였다. 이 연구의 주요한 발견을 요약하면 다음과 같다. 첫째, 양당의 정책에 대한 유권자들의 이해 수준은 비교적 높은 편이며, 후보의 이념과 공약에 기초하여 투표하였다고 응답한 이들의 비율 또한 투표자들 가운데 약 4분의 1에 달하였다. 둘째, 비정책적 이슈들 가운데 후보단일화, 이정희 후보의 TV토론, 국정원 여직원의 비방댓글 의혹이 후보들에 대한 선호에 상당한 영향을 주었으며, 흥미롭게도 이 이슈들은 문재인 후보보다 박근혜 당선인에 대한 선호에 긍정적인 영향을 미쳤다. 특히 이정희 후보의 TV토론이 박근혜 당선인의 선호를 강화시키는 데 가장 큰 영향을 미쳤다. 셋째, 한국의 유권자들이 무엇을 차기 정부의 중점과제로 인식하느냐에 따라 투표한 후보가 상이하였다. 경제적 양극화의 완화와, 정치개혁, 삶의 질 개선을 중점 과제로 인식하는 이들일수록 문재인 후보에게, 국민통합, 경제성장, 국가경쟁력 강화, 국가안보의 강화를 우선시하는 유권자일수록 박근혜 당선인에게 투표할 가능성은 증가하는 것으로 나타났다.

이러한 분석 결과는 무엇보다 이번 대선에서 한국의 유권자들이 정책에 기초한 투표성향을 보이고 있다는 점을 잘 보여준다. 한국의 선거에서 후보의 정책은 유권자가 투표할 후보를 결정할 때 별다른 영향을 미치지 않는다고 알려져 왔다. 하지만 이 연구는 한국의 유권자들이 세대, 이념, 지역 등 사회적 균열축만이 아니라 정책선호, 특히 무엇에 국정과제의 우선성을 두느냐에 따라 그리고 그 과제를 가장 잘 해결할 수 있는 후보가 누구냐에 대한 인식에 따라 투표할 후보가 달라질 수 있다는 점을 보여주었다. 더 이상 한국의 유권자들은 지역감정과 지역주의에만 얽매인 전근대적 유권자들이 아니라, 이슈 우선성(issue priority), 즉 자신들이 우선시하는 이슈를 가장 잘 해결할 수 있는 후보에게 투표하는 합리적인 투표자라는 것이다. ■

[부록] 양당의 정책차이에 대한 분별력

일치	민주통합당		새누리당		일치	양당	
0	2.1	29	3.7	52	0	0.2	3
1	10.9	151	18.3	257	1-2	6.5	92
2	20.8	288	28.8	404	3-4	28.4	400
3	30.7	425	27.1	380	5-6	36.9	520
4	35.6	493	22.0	309	7-8	27.9	393
전체	100.0	1,386	100.0	1,402		100.0	1,408

■ 자료 : KEPS 2012 5차 조사.

■ 참고문헌

강우진. 2012. "경제정책에 대한 인식과 주택소유 형태가 투표불참에 미치는 영향 연구 : 18 대 총선의 경우". 〈한국정당학회보〉 11, 2: 67-94.
김민성·이상헌. 2010. "실업, 빈곤과 투표행태". 〈한국경제연구〉 28, 2: 37-65.
김민정·김원홍·이현출·김혜영. 2003. "한국여성유권자의 정책지향적 투표 행태 : 16대 대통령선거를 중심으로". 〈한국정치학회보〉 37, 3: 89-112.
김시현. 2012. "선관위 공약 너무 추상적… 이럴 바엔 왜 냈나". 〈조선일보〉 10월 25일.
  http://news.chosun.com/ site/data/html_dir/2012/10/25/2012102500222.html (검색일 : 2013. 3. 7).
김형준. 2007. "제16대 대통령 선거와 북한 변수" 〈정치정보연구〉 10, 2: 47-64.
박훈상·조동주. "국정원 여직원 120개 '정치적 글' 게시… 정상업무 여부 논란". 〈동아일보〉
  2월 1일. http://news.donga.com/Main/3/all/20130201/52737211/1(검색일 : 2013.02.01).
백승주·금현섭. 2012. "소득불평등과 복지정책선호 : 서울시 자치구를 중심으로". 〈한국사회와 행정연구〉 22, 4: 411-440.
송근원. 2006. "16대 대선에서 나타난 유권자들의 정책성향과 투표행태". 〈한국지방정부학회 학술대회자료집〉. 103-129.
송근원. 2009. "Policy Issues Affecting Vote Choice in the British 2005 General Election." 〈사회과학연구〉 25, 1: 219-233.
이남희·박준용. 2013. "변양균 "한미FTA-제주해군기지 반대… 가짜 친노들 때문에 대선 패배". 〈동아일보〉 2월 1일.
  http://news.donga.com/Main/3/all/20130201/52737561/1 (검색일 : 2013. 02. 01).
이소영. 2011. "정치적 태도와 선택에 있어서 정치적 정보의 영향 : 18대 총선 유권자를 중심으로". 〈현대정치연구〉 4, 1: 39-71.
정한울. 2011. "한국사회 이념 무드의 변동과 정치적 함의". 〈EAI 오피니언 리뷰〉.
  중앙선거관리위원회 정책공약알리미. http://party.nec.go.kr/people/policymorgue/integrationmorgue/read.xhtml?noticeNo=671.
Highton, Benjamin. 2004. "Policy Voting in Senate Elections: The Case of Abortion." *Political Behavior* 26, 2: 181-200.
Petrocik, John R. 1996. "Issue Ownership in Presidential Elections, with a 1980 Case Study." *American Journal of Political Science* 40, 3: 825-850.

7장
당파적 성향과 후보의 이념적 위치에 대한 인식

장승진

지난 18대 대선 과정에 대한 일반적인 평가로 여야후보 간의 정책적 차별성이 거의 드러나지 않았던 선거였다는 점을 지적할 수 있다. 민주통합당의 경우 안철수 전 교수와의 후보단일화 협상에 치중하느라 MB심판론을 제외하고는 새누리당의 박근혜 당선인과 효과적으로 차별화할 수 있는 쟁점 및 정책을 유권자에게 제시하는 것에 실패했다고 평가된다. 더구나 새누리당이 그 동안 야권에서 주장해온 복지확충 및 경제민주화 관련 정책들의 대부분을 표면적으로는 수용함에 따라 여야 간의 차별성이 더욱 희석되었다. 결과적으로 박근혜와 문재인 두 후보가 제시한 핵심 공약들은 속도와 정도의 차이를 제외하고는 전반적인 내용과 목표에 있어서 큰 차이를 발견하기 어려웠다고 할 수 있다.

그러나 18대 대선이 유권자의 선호가 갈리는 "위치 쟁점"(position issues)보다는 대부분의 유권자가 비슷한 선호를 갖는 "합의 쟁점"(valence issues)을 중심으로 전개되었다는 사실이 반드시 유권자들 눈에 두 후보가 유사한 이념적 지향을 가지는 것으로 비춰졌다는 것을 의미하지는 않는다. 각 후보가 제시한 구체적인 정책과 공약과는 별개로 박근혜 당선인이 보수적인 이념을 그리고 문재인 후보가 상대적으로 진보적인 이념성향을 가진다는 사실을 부정할 수는 없다. 또한 비록 복지, 경제민주화, 일자리 창출 등과 같은 전체적인 내용과 목표에 있어서는 큰 차별성이 없었다 할지라도 이를 달성하기 위한 정책수단과 속도에 있어서는 여전히 두 후보 사이에 유의미한 차이가 있었던 것도 사실이다. 다만 문제는 이러한 이념적 차이가 선거운동 과정에서 일반 유권자들에게도 얼마나 객관적으로 인식되었는가 하는 것이다. 특히 18대 대선이 새누리당과 민주통합당을 중심으로 각기 보수와 진보의 양 진영이 결집하여 양자대결 구도로 진행되었다는 점에서, 과연 유권자들이 자신의 당파적(partisan) 성향과는 별개로 얼마나 각 후보의 이념적 지향을 객관적으로 인식하고 있었는가는 상당히 흥미로운 연구주제라고 할 수 있다.

정당 지지와 후보자의 이념적 위치에 대한 인식 간의 관계는 단순히 18대 대선에 대한 평가에만 국한되지 않는 이론적 중요성을 갖는다. 선거와 투표행태에 대한 고전적인 이론에 따르면 유권자들은 각 후보가 주요 정책에 대해 취하는 입장을 자신의 선호와 비교함으로써 해당 후보가 선거에서 승리했을 경우 기대되는 정치적 효용을 파악하고 그에 따라 투표참여 여부 및 지지후보를 결정한다(Brody and Page 1973; Downs 1957; Hinich and Enelow 1984). 다만 이 과정에서 모든 개별 정책에 대한 후보의 입장을 파악하기 어려운 대부분의 유권자들은 진보-보수라는 차원으로 단순화된 이념척도(ideological spectrum) 상에서 각 후보가 어디에 위치하는가를 통해 후보를 평가하고 정치적 결정을 내리게 된다(Hinich and Munger 1994). 그러나 이와 동시에 정당 및 후보자의 입장에서는 유권자의 선호가 어떻게 분포되어 있는지 불확실하기 때문에 스스로의 정책적 이념적 위치를 명확하게 밝히기보다는 오히려 전략적 모호함(strategic ambiguity)을 유지하고자 하는 유인을 가지며 실제로 이러한 전략이 선거에서 상당한 이점으로 작용할 수 있다(Alesina and Cukierman 1990; Campbell 1983; Glazer 1990; Shepsle 1972). 결과적으로 후보의 이념적 위치에 대한 인식을 둘러싼 유권자와 후보 사이의 커뮤니케이선과 상호작용이야말로 선거과정에서 가장 중요한 부분 중의 하나라고 할 수 있다.

보다 구체적으로 이 장은 EAI · SBS · 중앙일보 · 한국리서치 공동 2012 총선대선패널조사(KEPS 2012) 자료를 사용하여 다음과 같은 질문에 대한 답을 찾고자 한다. 과연 18대 대선 과정에서 한국 유권자들은 자신이 지지하는 정당과는 무관하게 박근혜와 문재인 두 후보의 이념적 위치를 객관적으로[1] 인식하고 있었는가? 아니면 특정 정당에 대한 지지는 자당 소속 후보 및 상대 후보의 이념적 위치를 인식하는데 있어서 일정한 편향(bias)을 가져오는가? 만일 당파적 성향으로 인한 인식의 편향이 발생한다면 이는 새누리당과 민주통합당 지지자들 사이에서 동일하게 작용하는가 혹은 비대칭적으로 작용하는가? 그리고 이러한 당파적 편향은 선거운동이 진행됨에 따라 더욱 강화되는가 아니면 점차 약화되는가?

당파적 성향과 후보 인식

많은 연구들이 2000년대 이후 한국선거에서 기존의 지역균열의 영향력이 약화되는 동시에 이념 및 세대에 기반을 둔 새로운 균열이 중요하게 부각되었으며 실제로 유권자의 진보-보수의 이념이 누구에게 투표하는가에 중요한 영향을 끼쳤다고 주장하고 있다(강원택 2003; 2010; 이갑윤 · 이현우 2008; 최준영 · 조진만 2005; Jhee 2006). 이들 연구는 유권자가 각 후보의 이념적 위치를 고려하여 자신의 이념성향과 가까운 후보에게 투표하기 때문에 진

---

[1] 이 장에서 "객관적"인 인식이란 단순히 지지정당이 없는 무당파(independents)가 인식하는 두 후보의 이념적 위치를 의미한다. 물론 이것이 무당파의 인식이 규범적으로 옳다거나 우월하다는 의미는 전혀 아니며 다만 이 글의 초점이 특정한 정당에 대한 지지가 가져오는 인식의 편향에 있느니만큼 특정한 정당을 지지하지 않는 무당파의 경우 정의상(by definition) 당파적 편향(partisan bias)으로부터 자유롭다는 의미에 그친다.

보적인 유권자와 보수적인 유권자 사이의 투표선택의 차이가 발생한다고 상정한다. 또한 암묵적으로 유권자들이 각 후보의 이념적 위치를 어느 정도 객관적으로 인식하고 있다는 점을 전제하고 있다.[2] 그러나 과연 한국 유권자들이 후보의 이념적 위치를 얼마나 객관적으로 인식하는가에 대해서는 이제까지 경험적으로 검증된 바가 별로 없다. 실제로 이내영·허석재(2010)의 연구에 따르면 한국 유권자들이 이념적 근접성에 의해 합리적으로 특정 후보나 정당을 선택하기보다는 오히려 선택했기 때문에 해당 정당이나 후보를 이념적으로 가깝게 여기게 되는 합리화(rationalization)의 과정 또한 작동한다. 그러나 이 연구는 후보의 이념적 위치에 대한 유권자의 인식이 기존에 전제되어 왔던 것처럼 객관적이지 않을 수 있다는 가능성을 제기하는 것을 넘어서서 구체적으로 유권자들이 어떻게 후보의 이념적 위치를 인식하며 이 과정에서 어떤 메커니즘으로 편향(bias)이 발생하는지에 대한 논의로까지 발전하지는 못한 한계를 보이고 있다.[3]

실제로 미국을 비롯한 선진 민주주의 국가를 대상으로 한 많은 연구에

---

[2] 다만 Jhee(2006)의 경우 한국 유권자의 이념투표가 각 후보와의 이념적 근접성(proximity)보다는 어떤 후보가 자신과 이념적으로 동일한 진영에 속하는가의 방향성(direction)에 의해 보다 크게 영향을 받는다고 주장함으로써 다른 연구들과는 차별성을 보인다. 그러나 이 경우 역시 유권자들이 후보의 정확한 이념적 위치까지는 아니더라도 최소한 방향성은 객관적으로 인식할 것을 요구한다는 점에서 비슷한 전제가 다소 완화된 형태로나마 적용된다고 할 수 있다.

[3] 이 글의 초고가 완성된 이후에 필자는 김성연·김형국·이상신(2012)의 최근 연구 또한 한국 유권자들이 후보의 입장을 인식하는 데 있어 편향이 나타나는 메커니즘에 대해 분석하고 있다는 사실을 알게 되었다. 김성연 등의 연구는 18대 대선이 치러지기 10여개월 전에 실시된 여론조사 자료를 바탕으로 일자리, 환경, 북한, 세금 등 네 가지 정책 영역에 걸쳐 박근혜, 문재인, 안철수 세 유력 대선후보들의 입장을 한국 유권자들이 어떻게 인식하는지 분석하고 있으며, 이 장에서 다루는 투사, 추론, 조정효과와 거의 유사한 형태의 메커니즘을 다루고 있다. 이러한 유사점에도 불구하고 이 글은 다음과 같은 몇 가지 차별점을 가지고 있다. 우선 김성연 등의 연구가 구체적인 정책에 대해 한국 유권자들이 후보의 입장을 어떻게 인식하는가를 다루는 데 반해 이 글은 후보의 진보-보수의 스펙트럼으로 나타나는 후보의 이념적 위치에 대한 유권자들의 인식을 다루고 있다. 두 번째로 김성연 등의 연구는 각 정책에 대한 유권자 스스로의 입장에 따라 후보의 입장에 대한 인식의 편향이 발생한다고 주장하는 데 반해 이 글은 구체적인 정책과는 무관하게 유권자가 가지고 있는 당파적 성향에 의해 나타나는 인식의 편향을 다루고 있다. 마지막으로 이 글은 KEPS 2012 자료의 특성을 활용하여 선거운동이 진행됨에 따라 한국 유권자들이 보이는 인식의 편향이 어떻게 변화하는가를 보여주고 있다. 필자에게 이 연구에 대해 알려주신 류재성 교수님께 감사를 전한다.

따르면 특정한 정당에 대한 지지 혹은 일체감(identification)은 유권자가 노출되는 정보의 종류나 혹은 일단 노출된 정보를 처리하는 방식에 있어서의 차이를 가져옴으로써 결과적으로 정치적 인식에 있어서 일정한 편향을 가져올 수 있다. 이러한 당파적 편향에 대한 논의는 투표행태에 대한 초기 연구에서부터 지속적으로 발견할 수 있다. 예를 들어 미시간(Michigan) 학파에 따르면 정당일체감은 유권자로 하여금 자신이 지지하는 정당에 유리한 정보만을 취사선택하도록 하거나 혹은 동일한 정보를 지지 정당에 유리한 방향으로 해석하도록 하는 일종의 인식적 선별기제(perceptual screen)로서 작용한다(Campbell et al. 1960; Miller and Shanks 1996). 따라서 서로 다른 정당을 지지하는 유권자들은 동일한 사건이나 인물에 대해서도 상이한 해석과 반응을 나타내며, 결과적으로 공통의 정치적 경험에도 불구하고 지지정당에 따른 견해 차이는 시간이 흐름과 함께 수렴하기보다는 오히려 지속적으로 강화되는 경향이 있다(Bartels 2002). 특히 정치적 의식 수준이 높아서 보다 많은 정보에 노출되는 사람일수록 오히려 기존의 선호 및 성향과 부합하지 않는 정보는 선택적으로 걸러 수용할 가능성이 높다(Zaller 1992). 실제로 수많은 경험적 연구들이 국가의 경제상황(Duch, Palmer, and Anderson 2000; Evans and Andersen 2006; Gerber and Huber 2010)이나 국제분쟁의 진행과정(Gaines et al. 2007) 등과 같은 객관적 사실에 대해서도 지지하는 정당이나 당파적 성향에 따라 유권자의 인식이 매우 다르게 나타난다는 것을 보여주고 있다.

물론 특정한 정당을 지지한다는 사실 자체가 반드시 편향된 정치적 인식을 전제하는 것은 아니다. 예를 들어 몇몇 연구에 따르면 만일 유권자들이 새로운 정치적 정보를 "합리적"(Bayesian)으로 수용한다면 이론적으로나 경험적으로 선입견 없는 객관적인 정치적 학습 과정과 안정적인 정당일체감의 존재가 양립가능하다(Achen 1992; Gerber and Green 1998; 1999). 따라서 어느 특정한 시점에는 지지정당에 따른 의견 차이가 존재할 수 있지만 이러한 출발점의 차이에도 불구하고 새로운 정보가 가져오는 정치적 신념의 변화는 각자가 가지고 있는 정당일체감과는 상관없이 — 정당일체감의 강도가 비슷하다는 조건에서 — 유사한 방향과 정도로 발생한다는 것이다.[4]

그러나 문제는 유권자들이 정치적 정보를 처리하는 과정에는 인지적(cognitive) 반응과 더불어 정서적(affective) 반응 또한 함께 작용한다는 것이다. 동일한 정보를 접한다고 할지라도 이를 받아들이는 방식은 정보의 내용 및 정확도뿐만 아니라 해당 정보가 포함하고 있는 정치적 대상에 대한 정서적 호불호에 의해 매개된다. 따라서 기존의 정치적 신념에 부합하는 정보는 보다 신빙성 있는 것으로 받아들여져서 쉽게 수용하는 한편 그렇지 않은 정보는 평가 절하되거나 아예 외면되는 등 "동기를 가진 추론"(motivated reasoning)이 발생하게 되는 것이다(Lodge and Taber 2000; Redlawsk 2001; Taber and Lodge 2006). 특히 정당일체감이나 정당이 갖는 이미지는 정치적 관심도가 낮고 선거에서 후보를 파악하기 위해 많은 시간과 비용을 들이기 힘든 대부분의 유권자들이 쉽게 활용할 수 있는 정보의 첩경(informational shortcuts)이라는 점에서 어떤 정당을 지지 혹은 선호하는가는 해당 정당의 후보 및 상대 후보를 평가하는 데에 중요한 인식의 틀을 제공하게 된다(Conover and Feldman 1989; Hayes 2005; Lodge and Hamill 1986; Rahn 1993).

보다 구체적으로 당파적 성향에 따른 후보자 인식의 편향은 크게 세 가지 기제를 통해 발생할 수 있다.[5] 첫 번째 기제는 투사(projection) 효과를 들 수 있다. 이는 유권자가 자신이 지지하는 후보에게 스스로의 선호를 투사하여 자신과 비슷한 입장을 갖는다고 생각하거나 혹은 역으로 지지하지

---

4) 이들 연구에 대한 반론으로는 Bartels(2002)를 참조.
5) 여기에서 다루고 있는 투사, 추론, 조정의 세 기제를 제외하고도 지지하는 후보의 이념적 위치에 따라 유권자 스스로의 선호를 변경시키는 설득(persuasion) 효과 또한 존재할 수 있지만 본 원고에서는 다루지 않는다. 이에 대해서는 이하에서 변수조작화와 관련하여 다시 논의한다.

않는 후보에 대해서는 자신과는 다른 입장을 가진다고는 믿는 현상을 의미한다(Brody and Page 1972; Markus and Converse 1979; Page and Jones 1979). 특히 정당일체감을 비롯하여 정당에 대한 태도가 각 후보에 대한 평가 및 지지후보 결정에 끼치는 핵심적인 영향력을 고려할 때 단순히 후보 자체에 대한 (상대적) 평가 이전에 유권자가 어떤 정당을 지지하는가 또한 해당 정당의 후보와 상대후보가 이념적으로 어떤 입장을 가진다고 인식하는가에 중요한 영향을 끼칠 수 있다. 즉 18대 대선에서 보수적인 성향의 새누리당을 지지하는 유권자일수록 그렇지 않은 유권자에 비해 자신이 지지하는 정당의 후보인 박근혜 당선인의 이념적 위치를 보다 더 보수적이고 상대 후보인 문재인 후보의 이념적 위치를 보다 더 진보적이라고 인식하게 된다. 마찬가지로 상대적으로 진보적인 민주통합당을 지지하는 유권자일수록 문재인 후보의 이념적 위치를 보다 진보적으로 그리고 박근혜 당선인의 이념적 위치를 보다 보수적이라고 인식하게 된다고 예측할 수 있다.

두 번째 기제로는 추론(inference) 효과를 들 수 있다. 이는 유권자가 정치적 대상에 대한 정보가 부족할 때 그와 연관되어 있으면서 보다 익숙한 다른 대상에 대한 기존 지식으로부터 추론하는 것을 의미한다. 다시 말해서 후보에 대한 구체적이고 상세한 정보가 없는 상황에서 각 후보가 소속된 정당에 대해 가지고 있는 정보 혹은 선입견에 따라 후보의 이념적 위치를 추론한다는 것이다(Feldman and Conover 1983). 이를 18대 대선에 적용하면 새누리당이 보수적이라고 생각하는 유권자일수록 새누리당을 대표하는 박근혜 당선인이 더 보수적이라고 인식하게 되고 마찬가지로 민주통합당이 진보적이라고 생각하는 유권자일수록 문재인 후보가 보다 더 진보적이라고 인식하게 된다고 예상할 수 있다.

마지막 세 번째 기제로서 조정(adjustment) 효과를 들 수 있다. 심리학의 인지부조화(cognitive dissonance) 이론에 따르면 일반적으로 사람들은 둘 이상의 믿음이나 태도가 서로 상충되는 경우에 불쾌감을 느끼며 이러한 불쾌감을 감소시키기 위해 노력한다. 특히 자신의 생각과 객관적인 현실이 일치하지 않을 경우 자신의 생각이 잘못되었다는 것을 인정하기보다는 현실에 대한 부정 혹은 합리화를 통해 자아를 보호하고자 하는 것이 보다 일반적인 대응이다. 이를 선거 및 후보에 대한 평가에 적용하면 유권자들이 호감을 느끼는 후보가 자신과는 다른 이념적 입장을 취하는 경우에 인지부조화가 발생하며 이러한 부조화에서 벗어나기 위해 후보의 이념적 위치에 대한 인식에 조정을 가함으로써 후보에 대한 호감을 정당화하기 위해 노력할 것이라고 예상할 수 있다. 즉 유권자 본인의 이념적 위치와 각 후보에 대한 호감도 사이의 상호작용(interaction effect)을 통해 유권자가 자신과는 이념적으로 반대 진영에 있는 후보에 대해 높은 호감을 가지고 있을수록 해당 후보의 이념적 위치가 자신과 가깝다고 인식할 것이다.

후보에 대한 호감도가 중요한 이유는 현실적으로 많은 유권자들이 선거운동 과정에서 접하는 수많은 정보의 내용을 모두 자세히 기억하고 활용하여 후보에 대해 종합적으로 판단하기 어렵기 때문이다. 따라서 대부분의 경우 새로운 정보를 접했을 때 그것이 해당 후보에게 긍정적인지 부정적인지에 대한 인상(impression)에 기반을 두어 지금까지 가지고 있던 정서적 평가(affective evaluation)에 조정을 가하는 한편 구체적인 정보의 내용은 망각하는 직결처리(on-line processing) 방식의 후보평가가 보다 일반적이라고 할 수 있다(Lodge et al. 1989; Lodge et al. 1995). 따라서 특정한 시점에 각 후보에 대한 정서적 호감도야말로 유권자가 그때까지 해당 후보에 대해 접한 정보 및 그에 대한 평가의 총합을 밀접하게 반영한다고 할 수 있다. 그리고 각 후보에 대한 정서적 호감도는 다시 주요 정책에 대해 누가 어떤 입장을 가지고 있는가를 인식하는데 중요한 역할을 한다. 추상화된 개념과 이념적 사고에 익숙하지 않은 일반 유권자 입장에서 그들이 누구를 좋아하고 싫어하는가를 통해 정치를 이해하고 이 과정에서 자신이 호감을 가진 후보에 대해서는 자신과 비슷한 정치적 입장을 가진다고 인식하게 되는 것이다(Brady and Sniderman 1985).

마지막으로 당파적 성향에 따른 후보의 이념적 위치에 대한 인식의 편향은 선거운동이 진행되면서 유권자들이 보다 많은 정보를 접하게 된다고 해서 사라지는 것은 아니다. 컬럼비아(Columbia)학파 이래로 많은 연구들에 따르면 선거운동 과정을 통해 잠재되어 있던 유권자의 당파적 성향이 활성화되며 보다 많은 정보에 노출될수록 오히려 기존의 성향을 보다 잘 반영하는 "계몽된 선호"(enlightened preferences)를 획득하게 된다고 주장한다(Alvarez 1997; Finkel 1993; Gelman and King 1993). 반면에 선거운동을 통해 유권자의 선호가 바뀌는 설득(persuasion)효과는 주로 특별한 당파적 성향을 가지고 있지 않은 부동층 및 무당파를 중심으로 발견된다(Hillygus and Jackman 2003; Huber and Arceneaux 2007; Zaller 1992). 결국 이러한 연구들은 선거운동이 본격적으로 진행되고 각 정당 및 후보가 유권자들을 동원함에 따라 오히려 당파적 성향을 가진 사람과 그렇지 않은 사람 사이의, 그리고 지지하는 정당에 따라서 정치적 태도 및 인식에 있어서의 차이가 완화되기보다는 오히려 강화될 가능성을 보여준다.

어떻게 분석하였나?

18대 대선에서 후보의 이념적 위치에 대한 인식의 당파적 편향이 실제 발생했는지 그리고 만일 그렇다면 이러한 편향이 선거운동이 진행될수록 완화되었는지 아니면 오히려 강화되었는지 경험적으로 확인하기 위해 KEPS 2012의 자료를 사용한다. KEPS 2012는 19대 총선 직전인 2012년 3

월말에 실시된 1차 조사를 시작으로 12월 18대 대선 직후에 실시된 7차 조사까지 모두 7번에 걸쳐 동일한 응답자에게 양대 선거와 각 정당 및 후보에 대한 다양한 질문들을 반복적으로 물어보았다. 그 중에서도 이 글에서 초점을 맞추고 있는 박근혜와 문재인 두 후보의 이념적 위치에 대한 인식을 측정하는 문항은 19대 총선 직후에 실시된 2차 조사와 18대 대선 선거운동이 본격적으로 시작된 11월에 실시된 제5차 조사에 포함되어 있다.[6] 따라서 동일한 응답자들에 대해 아직까지 18대 대선을 향한 경쟁이 본격화되기 이전의 응답과 안철수 전 교수가 사퇴하고 박근혜와 문재인 두 후보의 양자대결로 대선구도가 분명해진 시점에서의 응답을 비교함으로써, 선거운동이 진행되면서 유권자의 후보인식이 어떻게 변화해 가는지 추적할 수 있다.

분석의 종속변수를 이루는 후보의 이념적 위치에 대한 인식은 박근혜와 문재인 두 후보의 이념성향을 어떻게 생각하는지 0(매우 진보)부터 5(중도)를 거쳐 10(매우 보수)에 이르는 11점 척도를 통해 측정하였다. 2차 조사에서는 박근혜와 문재인 후보의 이념적 위치에 대한 응답 평균은 각각 7.06과 4.07을 기록했으며 5차 조사에서는 두 후보가 각각 7.09와 4.51을 기록하였다. 결과적으로 KEPS 2012 참여유권자들은 두 후보의 상대적인 이념적 위치를 정확하게 인식하고 있으며 선거운동이 본격적으로 진행되었음에도 불구하고 문재인 후보가 약간 중도 쪽으로 이동[7]한 것을 제외하고는 후보의 이념적 위치에 대한 인식에 큰 변화를 발견할 수 없었다.

후보의 이념적 위치에 대한 인식에 영향을 끼칠 수 있는 유권자의 당파

---

6) 후보의 이념적 위치에 대한 인식을 측정하는 문항은 18대 대선 직후 실시된 마지막 조사에도 마찬가지로 포함되어 있지만 이때는 이미 선거가 끝난 후이며 따라서 유권자의 후보 인식이 스스로의 투표 선택 및 선거 결과에 대한 평가에 의해 왜곡될 가능성이 높다는 점에서 분석에 포함되지 않았다.
7) 평균값이 0.44 증가한데 반해 문재인 후보의 이념적 위치에 대한 응답의 표준편차는 두 번의 조사 모두에서 2 안팎으로 나타났다.

적 성향은 크게 세 가지 방법으로 측정되었다. 우선 KEPS 2012 참여유권자들의 지지정당을 새누리당 지지와 민주통합당 지지 그리고 기타 정당 지지의 세 가지 가변수(dummy variable)로 나타내어 포함하였다. 무당파를 기준범주로 하기 때문에 각각의 가변수는 해당 정당에 대한 지지자들이 인식하는 박근혜와 문재인 두 후보의 이념적 위치가 지지정당으로 인한 당파적 편향으로부터 자유로운 무당파와 비교하여 얼마나 더 보수적 혹은 진보적인가를 보여준다. 만일 무당파와 비교하여 더 보수적인 새누리당 지지자들이 실제로 박근혜 당선인을 더욱 보수적이라고 인식하거나 상대적으로 진보적인 민주통합당 지지자들이 문재인 후보를 더욱 진보적이라고 인식하는 것으로 나타난다면 이는 지지정당으로 인한 투사(projection)효과를 보여준다고 할 수 있다.

비록 이변량(bivariate) 관계에 불과하지만 [표1]에 의하면 지지하는 정당에 따른 후보의 이념적 위치에 대한 인식의 편향은 분명하게 나타났다. 무당파에 비해 새누리당을 지지하는 유권자들은 박근혜 당선인을 보다 보수적으로 그리고 문재인 후보를 보다 진보적이라고 인식함으로써 두 후보 사이의 이념적 거리를 더욱 크게 인식하는 것으로 일관되게 나타났다. 상대적으로 민주통합당을 지지하는 유권자들의 경우에 있어서는 두 후보의 이념적 위치에 대한 인식에 있어서 무당파와 큰 차이를 나타내지 않았다. 비록 상이한 성향의 여러 정당을 포괄하기 때문에 일반화하기는 어렵지만, 새누리당과 민주통합당 이외의 다른 정당을 지지하는 사람들 사이에서는 후보의 이념적 위치를 인식하는 데 있어서 무당파와 상당한 차이를 나타냈다. 지지정당에 따른 이러한 차이는 당파적 성향으로 인한 인식의 편향이 새누리당과 민주통합당 사이에서 동일하게 작용하지 않을 가능성을 강하게 암시한다.

추론(inference)효과로 인한 인식의 편향을 확인하기 위해 후보별 소속정

[표 1] 후보의 이념적 위치에 대한 응답자 인식

	2차조사		5차조사	
	박근혜	문재인	박근혜	문재인
새누리당 지지	7.19* (610)	3.96* (566)	7.63* (464)	4.08* (453)
민주통합당 지지	6.81 (523)	4.10* (507)	6.86 (337)	4.78 (337)
기타정당 지지	7.84* (202)	3.87* (200)	7.54* (63)	4.37 (63)
지지정당 없음	6.70 (261)	4.40 (250)	6.07 (502)	4.73 (498)
총계	7.06	4.07	7.09	4.51

■ 주. *해당 후보의 이념성향에 대한 인식이 지지 정당이 없다고 밝힌 무당파와 비교하여 $p<0.05$ 수준에서 통계적으로 유의미한 차이가 존재함.

당의 이념적 위치에 대한 응답자의 인식을 측정하였다. 후보의 이념적 위치와 마찬가지로 소속정당의 이념적 위치 또한 0(매우 진보)부터 5(중도)를 거쳐 10(매우 보수)에 이르는 11점 척도를 통해 측정하였다. 또한 조정(adjustment) 효과를 확인하기 위해서는 각 후보에 대한 정서적 호감도를 포함하였다. 정서적 호감도는 해당 후보에 대해 얼마나 좋아하거나 싫어하는지 0부터 10까지의 11점 척도로 측정하였다. 0은 후보에 대해 매우 싫어한다는 것을, 10은 매우 좋아한다는 것을 그리고 5는 좋지도 싫지도 않는다는 것을 의미한다.

응답자의 당파적 성향 이외에도 다양한 통제변수들이 분석에 포함되었다. 우선 응답자 스스로의 이념 성향을 통제하였다. 다만 지지하는 후보의 이념적 위치에 따라 유권자 스스로가 자신의 이념성향을 변화시키는 설득(persuasion)효과를 배제하기 위해 종속변수와 동일한 조사에서 측정된 이념성향 대신에 1차 조사에서 측정된 응답자의 이념 성향을 사용하였다. 즉 패널조사의 장점을 활용하여 종속변수인 각 후보의 이념적 위치에 대한 인식보다 시간적으로 앞선 시점의 응답자 이념성향을 독립변수로 사용함으로써 후보의 위치에 대한 인식이 응답자 스스로의 이념적 위치에 거꾸로 영향을 주는 역인과성(reverse causality)의 가능성을 배제하였다.[8]

세대, 교육수준, 소득수준, 자가주택 소유여부, 결혼 상태와 성별 등 다양한 인구사회학적 특성은 통제되었다. 이들 통제변수 중 100만원 단위로 측정된 월평균 가구소득을 제외하고는 모두 가변인의 형태로 포함되었다. 마지막으로 거주지역에 따른 정치적 태도의 차이를 통제하기 위해 응답자의 거주 지역을 통계모형에 포함하는 한편, 모든 통계분석에서 16개 광역단체 수준에서 군집화된 표준오차(clustered robust standard error)를 사용하여 유의수준을 계산하였다.

분석결과

[표2]와 [표3]에는 후보의 이념적 위치에 대한 인식이 응답자의 당파적 성향 및 기타 통제변수에 의해 어떻게 변화하는지 보여주는 회귀분석(OLS) 결과가 제시되어 있다. 우선 아직까지 18대 대선을 향한 경쟁이 본격화되기 이전인 2차 조사에 대한 분석결과를 보여주고 있는 [표2]에 따르면 지지하는 정당에 따른 투사효과는 새누리당에 대해서만 일부 확인되었다. 보수적인 성향의 새누리당을 지지하는 유권자들은 무당파에 비해 박근혜 당선인의 이념적 위치를 평균 0.26점 더 보수적인 것으로 인식하는 것으로 나타났다. 반면에 민주통합당 지지자의 경우에는 문재인 후보에 대한 인식에 있어서 무당파와의 유의미한 차이가 발견되지 않았다. 또한 상대 후보에 대한 (역)투사효과는 박근혜와 문재인 두 후보 모두에 대해 나타나지 않는 등 전체적으로 투사효과가 존재하기는 하지만 그 영향력이 그리

---

8) 유권자 스스로의 정책적 선호에 따라 해당 정책과 관련하여 후보의 입장에 대한 인식이 어떻게 달라지는지 분석하면서도 횡단자료를 사용함으로써 설득효과에 따른 역인과성의 가능성을 통제하지 못했다는 점이야말로 김성연·김형국·이상신(2012)의 중요한 한계라고 할 수 있다.

[표 2] 당파적 성향과 후보의 이념적 위치에 대한 인식 (2차 조사)

	Coefficients (Robust Standard Errors)			
	박근혜 당선인		문재인 후보	
새누리당 지지	0.260*	(0.118)	-0.043	(0.138)
민주통합당 지지	-0.176	(0.109)	-0.252	(0.164)
기타정당 지지	0.290	(0.149)	-0.601*	(0.173)
소속정당의 이념성향	0.587*	(0.020)	0.478	(0.034)
응답자 이념성향	-0.056	(0.028)	-0.129*	(0.035)
진보[a] × 후보 호감도	-0.086*	(0.017)	-0.041	(0.039)
중도[a] × 후보 호감도	-0.049*	(0.019)	0.038	(0.042)
보수[a] × 후보 호감도	-0.015	(0.024)	0.130*	(0.035)
20대 (19세 포함)	-0.432*	(0.173)	0.332	(0.171)
30대	-0.202	(0.138)	-0.046	(0.171)
50대	0.341*	(0.134)	0.088	(0.248)
60대 이상	0.431*	(0.190)	0.216	(0.262)
고등학교 졸업	-0.447	(0.304)	0.127	(0.293)
대학교 재학 이상	-0.149	(0.309)	0.098	(0.286)
월평균 가구소득	-0.040	(0.028)	0.011	(0.022)
자가주택 소유	-0.116	(0.118)	0.024	(0.082)
결혼상태 (기혼=1)	-0.072	(0.114)	0.198	(0.127)
성별 (여성=1)	0.031	(0.121)	0.218*	(0.081)
인천/경기	-0.073	(0.114)	0.020	(0.022)
대구/경북	0.083	(0.124)	-0.056	(0.041)
부산/울산/경남	-0.071	(0.066)	-0.010	(0.023)
광주/전북/전남	-0.322*	(0.056)	0.050	(0.155)
대전/충북/충남	0.093	(0.101)	-0.025	(0.028)
강원/제주	0.134	(0.095)	0.366*	(0.099)
Constant	3.917*	(0.265)	2.090*	(0.705)
R^2	0.4103		0.2983	
N	1502		1431	

■ 주. OLS coefficients with robust standard errors clustered in 16 metropolitan and provincial governments. *p < 0.05.
  a. 응답자의 이념적 위치를 나타내는 11점 척도를 0부터 4까지를 진보, 5를 중도 그리고 6부터 10까지를 보수의 세 가변인으로 구분하였다.

강하게 나타나지는 않았다.

[표2]를 통해 추론효과 또한 확인되었다. 즉 새누리당의 이념적 위치를 보수적으로 인식하는 유권자일수록 그렇지 않은 유권자에 비해 새누리당

의 박근혜 당선인이 더욱 보수적이라고 인식하였으며 문재인 후보의 경우에도 민주통합당의 이념적 위치를 보수적으로 인식하는 유권자일수록 그렇지 않은 유권자에 비해 문재인 후보가 더욱 보수적이라고 인식한 것으로 나타났다. 이는 유권자가 후보의 소속 정당을 1점 더 보수적이라고 인식할수록 박근혜 당선인의 경우 약 0.6점, 문재인 후보의 경우 약 0.5점 더 보수적이라고 인식한다는 것을 의미한다.

조정효과와 관련하여 한국 유권자들 사이에서 후보에 대한 정서적 호감도에 따라 해당 후보의 이념적 위치에 대한 인식이 유의미하게 변화한다는 사실 역시 확인되었다. 흥미로운 점으로 이러한 조정효과는 유권자 본인의 이념성향과 차이를 보이는 후보에 대해서 작용한다는 점이다. 즉 진보 혹은 중도 이념성향의 유권자의 경우에는 박근혜 당선인에 대한 정서적 호감도가 상승할수록 유의미한 정도로 박근혜 당선인의 이념적 위치를 진보적인 것으로, 즉 스스로의 이념성향과 가깝다고 인식하는 것으로 나타났다. 특히 중도적인 유권자의 경우 박근혜 당선인에 대한 호감도가 1점 상승할 때마다 약 0.05점 정도 박근혜 당선인이 더 진보적이라고 인식한 반면에 진보적인 유권자 사이에서는 약 0.1점 정도의 편향이 발생함으로써 후보와의 이념적 거리가 증가할수록 오히려 조정효과가 강해지는 현상이 발견되었다. 반면에 보수적인 유권자의 경우에는 문재인 후보에 대한 정서적 호감도가 1점 상승할 때마다 문재인 후보의 이념적 위치를 평균 0.13점 더 보수적인 것으로 인식하였다. 이러한 결과는 이념적으로 거리가 있는 후보에 대해서 정서적 호감을 느끼는 유권자의 경우 해당 후보의 이념적 위치를 유권자 본인의 것과 가깝게 인식함으로써 인지-정서 간의 부조화를 완화시키는 현상이라고 해석할 수 있다.

이어서 [표3]은 박근혜와 문재인 두 후보의 양자대결로 대선 구도가 분명해진 시점에 실시된 5차 조사에 대한 분석결과를 보여주고 있으며 이를 통해 선거운동이 진행됨에 따라 유권자들 사이에서 나타나는 후보인식의 당파적 편향이 어떻게 달라지는지 확인할 수 있다. 우선 지지정당에 따른 투사효과는 2차 조사와 비교하여 눈에 띄게 강화되었다. 새누리당을 지지하는 유권자들은 무당파에 비해 박근혜 당선인을 약 0.34점 더 보수적으로 인식하여 2차 조사에서의 0.26점보다 오히려 당파적 편향이 증가하였다. 더구나 2차 조사에서는 민주통합당 지지자들이 인식하는 문재인 후보의 이념적 위치와 무당파의 인식 사이에 통계적으로 유의미한 차이가 없었지만 5차 조사에서는 민주통합당 지지자들이 무당파에 비해 문재인 후보를 0.35점 더 진보적인 것으로 인식하는 것으로 나타났다. 이와 더불어 2차 조사와는 달리 민주통합당을 지지하는 유권자일수록 상대 후보인 박근혜 당선인을 더 보수적으로 인식하는 (역)투사효과 또한 유의미하게 확인되었다.

후보가 속한 정당의 이념적 위치에 대한 인식에 따른 추론효과 역시 2차 조사에 비해 5차 조사에서 더욱 강화되었다. [표3]에 따르면 유권자가 새누리당의 이념적 위치를 1점 더 보수적이라고 인식할수록 박근혜 당선인을 약 0.72점 더 보수적이라고 인식하며, 마찬가지로 민주통합당의 이념적 위치를 1점 더 보수적으로 인식할수록 문재인 후보의 이념적 위치를 약 0.64점 더 보수적인 것으로 인식하는 것으로 나타났다. 이는 2차 조사에서 확인된 0.59점과 0.48점에 비해 각기 상당히 증가한 수치라고 할 수 있다.

투사효과나 추론효과와는 반대로 조정효과의 경우 선거운동이 본격화되고 18대 대선 구도가 양자대결로 고착화됨에 따라 오히려 약화되었다고 할 수 있다. 2차 조사에서는 자신과의 이념적 거리가 먼 후보에 대한 정서적 호감도가 상승할수록 해당후보의 이념적 위치를 유권자 본인의 것과 보다 가깝게 인식하는 것으로 나타났다. 반면에 5차 조사에 따르면

[표 3] 당파적 성향과 후보의 이념적 위치에 대한 인식(5차 조사)

	Coefficients (Robust Standard Errors)			
	박근혜 당선인		문재인 후보	
새누리당 지지	0.388*	(0.122)	-0.100	(0.071)
민주통합당 지지	0.235*	(0.106)	-0.350*	(0.111)
기타정당 지지	0.377	(0.223)	-0.460*	(0.126)
소속정당의 이념성향	0.718*	(0.028)	0.638*	(0.023)
응답자 이념성향	-0.008	(0.058)	-0.076*	(0.023)
진보[a] × 후보 호감도	0.032	(0.036)	0.081*	(0.028)
중도[a] × 후보 호감도	0.055	(0.031)	0.135*	(0.025)
보수[a] × 후보 호감도	0.059	(0.042)	0.155*	(0.029)
20대 (19세 포함)	-0.068	(0.227)	-0.057	(0.161)
30대	-0.007	(0.117)	-0.034	(0.082)
50대	-0.028	(0.186)	0.028	(0.128)
60대 이상	0.131	(0.103)	-0.110	(0.111)
고등학교 졸업	0.164	(0.269)	-0.248	(0.243)
대학교 재학 이상	0.152	(0.258)	-0.339	(0.239)
월평균 가구소득	-0.009	(0.013)	-0.014	(0.012)
자가주택 소유	-0.143	(0.098)	0.078	(0.088)
결혼상태 (기혼=1)	0.025	(0.197)	0.246	(0.157)
성별 (여성=1)	0.134	(0.082)	-0.032	(0.071)
인천/경기	0.001	(0.057)	0.051	(0.038)
대구/경북	-0.004	(0.132)	0.012	(0.138)
부산/울산/경남	0.115	(0.057)	0.006	(0.074)
광주/전북/전남	-0.244	(0.224)	-0.001	(0.094)
대전/충북/충남	0.002	(0.166)	-0.142*	(0.041)
강원/제주	-0.034	(0.032)	0.115	(0.169)
Constant	1.464*	(0.376)	1.562*	(0.380)
R^2	0.5418		0.4850	
N	1281		1266	

■ 주. OLS coefficients with robust standard errors clustered in 16 metropolitan and provincial governments. *p < 0.05.
a. 응답자의 이념적 위치를 나타내는 11점 척도를 0부터 4까지를 진보, 5를 중도, 그리고 6부터 10까지를 보수의 세 가변인으로 재코딩하였다.

새누리당의 박근혜 당선인의 경우 후보 개인에 대한 정서적 호감도에 따른 조정효과가 전혀 발견되지 않았다. 그리고 문재인 후보의 경우에도 유권자 본인의 이념성향과는 무관하게 정서적 호감도가 증가할수록 문재인 후보의 이념적 위치를 보다 보수적인 것으로 인식함으로써 2차 조사에서 확인된 것과 같은 조정효과는 찾아볼 수 없다. 물론 그 정도에 있어서는 보수적인, 즉 문재인 후보와의 이념적 거리가 먼 유권자일수록 상대적으로 진보적인 유권자에 비해 후보의 정서적 호감도에 따른 인식의 보수화 정도가 보다 크다는 점에서 조정효과가 완전히 사라졌다고 할 수는 없지만 2차 조사와 비교하여 조정효과의 영향력은 확연하게 약화되었다고 할 수 있다.

투사효과와 추론효과는 2차 조사와 비교하여 5차 조사에서 더욱 강화된 반면, 조정효과는 오히려 약화되었다는 사실을 어떻게 이해할 수 있는가? 우선 고려할 점은 투사효과나 추론효과는 기본적으로 정당에 대한 태도 및 인식에 기반을 둔 반면에 조정효과는 후보 개인에 대한 태도와 관련된다는 것이다. 따라서 [표2]와 [표3]이 결과적으로 보여주는 것은 18대 대선구도가 양자대결로 고착화되고 유권자들이 당파적으로 동원되면서 후보 개인에 대한 태도에 비해 정당 혹은 진영에 대한 태도가 더욱 중요한 의미를 획득하게 되었다는 점을 반증한다고 할 수 있다.

결론

물론 선거운동 과정에서 각 후보는 선거에서 유리한 위치를 차지하기 위해 의식적으로 자신의 정책적 이념적 입장을 변화시키기도 한다. 혹은 본인 또는 상대 후보의 정책적 이념적 입장을 특정한 방향과 형태로 제시함으로써 유권자의 인식을 자신에게 유리한 방향으로 이끌기 위해 노력하기도 한다. 그리고 언론을 비롯하여 후보의 정책적 이념적 입장을 파악하기 위해 유권자들이 의지하는 다양한 매체들로 인해 후보의 이념적 위치에 대한 인식이 왜곡되는 경우도 발생할 수 있다. 이 장에서 보여준 당파적 편향 또한 이러한 상황들을 일부 반영하고 있을 가능성도 존재한다. 다만 이 장에서 핵심적으로 주장하는 것은 진실성 여부와는 별개로 유권자들이 공통적으로 접한다는 의미에서 객관적인 현실을 인식하는 데 있어서 각자의 당파적 성향에 따른 차이가 분명하게 드러난다는 사실이다. 어떤 정당을 지지하는가에 따라서 후보가 대표하는 정당을 어떻게 생각하는가에 따라서 그리고 정서적인 차원에서 후보를 좋아하는가 또는 싫어하는가에 따라서 유권자들이 인식하는 각 후보의 이념적 위치는 다르게 나타난다는 것이다.

유권자의 당파적 성향에 따른 인식의 편향이 발생하는 기제를 크게 투사효과, 추론효과, 조정효과로 나누어 보았을 때 특히 흥미로운 발견은 선거운동이 본격적으로 진행되고 선거구도가 안정화됨에 따라 투사효과와 추론효과가 더욱 강화되는 반면에 조정효과는 오히려 약화되었다는 사실이다. 이러한 발견은 두 가지 함의를 갖는다. 첫 번째로 선거운동 과정에서 유권자들이 후보와 후보가 내세우는 정책 및 공약에 대한 정보에 지속적으로 노출됨에도 불구하고 당파적 성향에 따른 인식의 편향은 사라지지 않고 오히려 더욱 두드러진다는 점이다. 이는 한국 유권자들이 새롭게 접한 정치적 정보를 객관적으로 받아들이기보다는 당파적 시각에 의해 한번 걸러서 이해 수용한다는 것을 의미한다. 두 번째로 후보에 대한 정서적 호감도에 기반을 둔 조정효과가 선거운동이 진행되면서 약화된다는 사실은 한국의 대통령선거 혹은 최소한 18대 대선이 후보 개인에 대한 평가보다는 정당을 중심으로 한 진영논리에 의해 좌우되는 측면이 매우 컸다는 것을 의미한다.

선거 및 유권자 행태를 설명하고 이해할 때 정당에 대한 태도가 갖는 중요성은 널리 알려져 있다. 그러나 지금까지의 한국선거 연구는 정당에 대한 태도가 유권자의 참여나 투표선택에 직접적으로 끼치는 영향에 초점을 맞추어 왔을 뿐, 보다 구체적이고 미시적으로 한국 유권자들이 정치를 바라보고 이해하는 방식에 있어서 정당에 대한 태도가 어떻게 작용하는지에 대한 이론적 경험적 분석에는 소홀한 측면이 크다. 이러한 측면에서 이 장의 논의를 통해 한국 유권자들의 정치적 인식에 있어서 당파적 편향이 존재하며 선거운동이 진행되면서도 이러한 편향이 사라지기보다는 오히려 강화된다는 사실이 경험적으로 확인된 것은 적지 않은 의미를 갖는다고 할 수 있다. 따라서 앞으로 지속적인 후속 연구를 통해 한국 유권자가 정당에 대해 가지고 있는 태도의 본질과 내용 그리고 그러한 태도가 가져오는 정치적 결과에 대한 보다 엄밀한 이론화 및 경험적 검증이 요구된다고 하겠다. ■

■ 참고문헌

강원택. 2003. 《한국의 선거정치 : 이념, 지역, 세대와 미디어》. 서울 : 푸른길.
강원택. 2010. 《한국 선거정치의 변화와 지속 : 이념, 이슈, 캠페인과 투표참여》. 파주 : 나남.
김성연·김형국·이상신. 2012. "한국 유권자들은 후보자들의 정책을 어떻게 판단하는가? : 최근 설문조사자료에서 나타난 경험적 증거". 〈한국정치연구〉 21, 3: 99-126.
이갑윤·이현우. 2008. "이념투표의 영향력 분석 : 이념의 구성, 측정 그리고 의미". 〈현대정치연구〉 1, 1: 137-166.
이내영·허석재. 2010. "합리적인 유권자인가, 합리화하는 유권자인가? : 17대 대선에 나타난 유권자의 이념과 후보선택". 〈한국정치학회보〉 44, 2: 45-67.
최준영·조진만. 2005. "지역균열의 변화 가능성에 대한 경험적 고찰 : 제17대 국회의원선거에서 나타난 이념과 세대 균열의 효과를 중심으로". 〈한국정치학회보〉 39, 3: 375-394.

Achen, Christopher H. 1992. "Social Psychology, Demographic Variables, and Linear Regression: Breaking the Iron Triangle in Voting Research." *Political Behavior* 14, 3: 195-211.
Alesina, Alberto, and Alex Cukierman. 1990. "The Politics of Ambiguity." *The Quarterly Journal of Economics* 105, 4: 829-850.
Alvarez, R. Michael. 1997. *Information & Elections*. Ann Arbor: University of Michigan Press.
Bartels, Larry M. 2002. "Beyond the Running Tally: Partisan Bias in Political Perceptions." *Political Behavior* 24, 2: 117-150.
Brady, Henry E., and Paul M. Sniderman. 1985. "Attitude Attribution: A Group Basis for Political Reasoning." *American Political Science Review* 79, 4: 1061-1078.
Brody, Richard A., and Benjamin I. Page. 1972. "Comment: The Assessment of Policy Voting." *American Political Science Review* 66, 2: 450-458
Brody, Richard A., and Benjamin I. Page. 1973. "Indifference, Alienation and Rational Decisions: The Effects of Candidate Evaluations on Turnout and the Vote." *Public Choice* 15, 1: 1-17.
Campbell, Angus, Philip E. Converse, Warren E. Miller, and Donald E. Stokes. 1960. *The American Voter*. New York: John Willey & Sons.

Campbell, James E. 1983. "The Electoral Consequences of Issue Ambiguity: An Examination of the Presidential Candidates' Issue Positions from 1968 to 1980." *Political Behavior* 5, 3: 277-291.

Conover, Pamela J., and Stanley Feldman. 1989. "Candidate Perception in an Ambiguous World: Campaigns, Cues, and Inference Processes." *American Journal of Political Science* 33, 4: 912-940.

Downs, Anthony. 1957. *An Economic Theory of Democracy.* New York: Harper and Row.

Duch, Raymond M., Harvey D. Palmer, and Christopher J. Anderson. 2000. "Heterogeneity in Perceptions of National Economic Conditions." *American Journal of Political Science* 44, 4: 635-652.

Evans, Geoffrey, and Robert Andersen. 2006. "The Political Conditioning of Economic Perceptions." *The Journal of Politics* 68, 1: 194-207.

Feldman, Stanley, and Pamela J. Conover. 1983. "Candidates, Issues, and Voters: The Role of Inference in Political Perception." *The Journal of Politics* 45, 4: 810-839.

Finkel, Steven E. 1993. "Reexamining the "Minimal Effects" Model in Recent Presidential Campaigns." *The Journal of Politics* 55, 1: 1-21.

Gaines, Brian J., James H. Kuklinski, Paul J. Quirk, Buddy Peyton, and Jay Verkuilen. 2007. "Same Facts, Different Interpretations: Partisan Motivation and Opinion on Iraq." *The Journal of Politics* 69, 4: 957-974.

Gelman, Andrew, and Gary King. 1993. "Why Are American Presidential Election Campaign Polls So Variable When Votes Are So Predictable?" *British Journal of Political Science* 23, 4: 409-451.

Gerber, Alan, and Donald P. Green. 1998. "Rational Learning and Partisan Attitudes." *American Journal of Political Science* 42, 3: 794-818.

Gerber, Alan, and Donald P. Green. 1999. "Misperceptions About Perceptual Bias." *Annual Review of Political Science* 2: 189-210.

Gerber, Alan S. and Gregory A. Huber. 2010. "Partisanship, Political Control, and Economic Assessments." *American Journal of Political Science* 54, 1: 153-173.

Glazer, Amihai. 1990. "The Strategy of Candidate Ambiguity." *American Political Science Review* 84, 1: 237-241.

Hayes, Danny. 2005. "Candidate Qualities through a Partisan Lens: A Theory of Trait Ownership." *American Journal of Political Science* 49, 4: 908-923.

Hillygus, D. Sunshine, and Simon Jackman. 2003. "Voter Decision Making in Election 2000: Campaign Effects, Partisan Activation, and the Clinton Legacy." *American Journal of Political Science* 47, 4: 583-596.

Hinich, Melvin J., and James M. Enelow. 1984. *The Spatial Theory of Voting: An Introduction.* Cambridge: Cambridge University Press.

Hinich, Melvin J., and Michael C. Munger. 1994. *Ideology and the Theory of Political Choice.* Ann Arbor: University of Michigan Press.

Huber, Gregory A., and Kevin Arceneaux. 2007. "Identifying the Persuasive Effects of Presidential Advertising." *American Journal of Political Science* 51, 4: 961-981.

Jhee, Byong-Kuen. 2006. "Ideology and Voter Choice in Korea." *Korean Political Science Review* 40, 4: 61-83.

Lodge, Milton, and Ruth Hamill. 1986. "A Partisan Schema for Political Information Processing." *American Political Science Review* 80, 2: 505-520.

Lodge, Milton, Kathleen M. McGraw, and Patrick Stroh. 1989. "An Impression-Driven Model of Candidate Evaluation." *American Political Science Review* 83, 2: 399-419.

Lodge, Milton, Marco R. Steenbergen, and Shawn Brau. 1995. "The Responsive Voter: Campaign Information and the Dynamics of Candidate Evaluation." *American Political Science Review* 89, 2: 309-326.

Lodge, Milton, and Charles Taber. 2000. "Three Steps toward a Theory of Motivated Political Reasoning." In *Elements of Reason: Cognition, Choice, and the Bounds of Rationality,* ed. Arthur Lupia, Matthew D. McCubbins, and Samuel L. Popkin. New York: Cambridge University Press.

Markus, Gregory B., and Philip E. Converse. 1979. "A Dynamic Simultaneous Equation Model of Electoral Choice." *American Political Science Review* 73, 4: 1055-1070.

Miller, Warren E., and J. Merrill Shanks. 1996. *The New American Voter.* Cambridge: Harvard University Press.

Page, Benjamin I., and Calvin C. Jones. 1979. "Reciprocal Effects of Policy Preferences, Party Loyalties and the Vote." *American Political Science Review* 73, 4: 1071-1089.

Rahn, Wendy M. 1993. "The Role of Partisan Stereotypes in Information Processing About Political Candidates." *American Journal of Political Science* 37, 2: 472-496.

Redlawsk, David P. 2001. "Hot Cognition or Cool Consideration?: Testing the Effects of Motivated Reasoning on Political Decision Making." *The Journal of Politics* 64, 4: 1021-1044.

Shepsle, Kenneth A. 1972. "The Strategy of Ambiguity: Uncertainty and Electoral Competition." *American Political Science Review* 66, 2: 555-568.

Taber, Charles S., and Milton Lodge. 2006. "Motivated Skepticism in the Evaluation of Political Beliefs." *American Journal of Political Science* 50, 3: 755-769.

Zaller, John R. 1992. *The Nature and Origins of Mass Opinion.* New York: Cambridge University Press.

8장
18대 대통령선거에서의 미디어이용과 후보선택

서현진

선거에 있어서 미디어의 영향력에 대한 논란은 1940년대 라자스펠드 (Lazarsfeld et al. 1948)의 연구를 시작으로 최근까지 계속되어 오고 있다. 초기 미디어 연구들에 따르면 미디어 영향력은 유권자의 정당일체감, 선택적 관심과 노출 등에 의해 감소되며 미디어 정보도 여론지도자들에 의해서 해석되어 전달되는 2단계 유통과정을 거치므로 직접적 영향력이 없는 것으로 나타났다(Berelson et al. 1954; Klapper 1960). 그렇지만 최근 선거에서 미디어의 역할과 영향력은 막강하며 유권자들의 투표참여와 선택에 직접적인 영향을 미치는지 여부와 상관없이 선거운동은 미디어 중심으로 치러지는 것이 현실이다.

최초로 여성대통령이 탄생한 우리나라 18대 대통령선거에서는 이전보다 훨씬 다양한 매체를 통한 선거운동이 이루어졌고 그 경쟁도 치열했다. 그 어느 때보다 선거운동 과정에서 진보와 보수 간 대립구도가 팽팽하게 성립되었기 때문에 선거운동 막바지에 이르기까지 더 많은 지지자를 모으고 투표장으로 동원하기 위한 대결이 치열했던 것이다. 특히 젊은층의 투표율이 당선에 결정적인 요인이 될 것으로 예상되면서 이들의 투표를 독려하는 진보와 이에 대한 대항세력을 결집하려는 보수 간 미디어 선거

전은 뜨거울 수밖에 없었다. 덕분에 TV토론에 대한 관심이 컸고 최근 새롭게 등장한 종합편성채널이나 소셜미디어(social media)의 역할에 대한 기대감도 높았다.

이 장에서는 18대 대선에서 이런 다양한 미디어이용이 전반적으로 후보자 선택에 어떤 영향을 미쳤는지를 살펴보고자 한다. 미디어 선거운동이 후보자 선택에 미친 실질적 영향력을 검증하는 것은 어려운 일이다. 선거기간 중 미디어가 후보자의 성품, 이념, 정치적 공약과 여러 가지 이슈에 대한 입장 등 다양한 측면에 대한 정보를 제공하는 매체인 것은 분명하지만 이런 정보가 유권자의 인지구조나 태도변화 또는 행동에 얼마나 중대한 영향을 어떻게 미쳤는지를 직접 검증하기는 매우 어렵기 때문이다. 따라서 여기서는 표면적으로 나타난 유권자의 미디어이용 정도나 이용 매체 유형이 후보자 선택에 어떤 영향을 미쳤는지를 분석하였다.

구체적으로 유권자의 선거 관련 정보매체에 대한 노출빈도는 후보자 선택에 어떤 영향을 미치는지, 진보 또는 보수성향 매체 이용이나 기존 미디어와 뉴 미디어를 사용하는 유권자들 간 후보선택에 차이가 있는지에 대해 살펴보았다. 또한 미국에서 케네디 대통령의 당선에 결정적 기여를 한 것으로 알려져 영향력이 입증된 TV토론은 이번 18대 대선에서 어떤 역할을 했는지에 대해서도 살펴보았다. 그리고 2008년과 2012년 미국 대통령선거에서 오바마 대통령의 당선에 중대한 역할을 했고 최근 한국 선거에서도 진보성향 후보의 당선에 기여한 것으로 알려진 소셜네트워크서비스(social network service: SNS)의 역할에 대해서 살펴보았다. 본격적인 통계분석 이전에 먼저 연구가설 설정에 근거가 되는 기존 이론에 대해 검토하고 통계분석 자료를 바탕으로 경험적 분석을 하였다. 마지막 부분에서는 연구결과에 대한 요약과 시사점을 제시하였다.

분석에는 EAI · SBS · 중앙일보 · 한국리서치 공동 2012 총선대선패널조사(KEPS 2012) 자료를 이용하였다. KEPS 2012는 2012년 4월 총선 직전 1차 조사부터 12월 대선 직후까지 7차 조사를 실시하였다. 패널유지율은 1차 조사 2,000명, 2차 1,666명, 3차 1,450명, 4차 1,527명, 5차 1,416명, 6차 1,412명, 7차 1,355명으로 67.8퍼센트였다. 표본은 전국의 만 19세 이상 유권자를 대상으로 2011년 12월 31일 주민등록인구현황에 따라 지역, 성, 연령, 학력, 직업, 주택보유 유무 변수를 고려하여 할당 추출하였다. 조사는 컴퓨터 이용 전화면접(computer-aided telephone interview) 방식에 의거했다. 표집오차는 95퍼센트 신뢰수준에서 최대허용 오차 ±2.7퍼센트 이내이다. 특히 본 연구 분석에는 미디어이용 실태와 캠페인 변수가 들어있는 대통령선거 일주일 전에 조사된 6차 패널과 선거 직후 조사된 7차 패널 데이터가 사용되었다.

이론적 논의

미디어이용과 노출

유권자의 미디어이용과 노출 빈도는 후보선택에 어떤 영향을 미치는지 살펴보기 위해 기존 연구결과를 검토해보았다. 대부분의 연구가 미디어의 의제설정(agenda setting), 프레임(frame), 점화(priming) 이론에 기반을 두고 미디어 보도 내용이 이슈형성 과정과 유권자의 인지도나 의견 변화에 미치는 영향에 집중한 반면, 미디어노출 정도가 실제 선거에서 유권자의 선택에 어떤 영향을 미치는지에 대한 연구는 거의 없다. 유권자들의 미디어노출이 후보선택에 미치는 영향력보다는 선거관심도나 투표 여부에 미치는 영향력에 대한 연구들이 더 많다.

　미디어이용에 관한 연구들을 좀 더 자세히 살펴보면 유권자의 성향이 미디어이용과 관련 있음을 밝혀낸 연구결과가 있다. 주로 정치에 관심이 많은 유권자일수록 미디어를 정치적으로 이용하는데 인터넷 이용자들의 경우를 보면 정치관심과 태도가 이를 이용하는 동기와 밀접한 관련이 있다는 것이다(Scheufele and Nisbet 2002; 김성태 외 2011). 14대에서 16대 대선을 실증적으로 분석한 한 연구에 따르면 매스미디어 선거운동에 영향을 많이 받는 성향의 유권자일수록 후보 결정 시기가 더 늦었으며 방송 뉴스의 보도 내용도 유권자의 선택 시기에 영향을 미치는 것으로 나타났다(유현종 2008).

또한 후보자들의 미디어노출 정도가 유권자들의 인지도에 영향을 미친다는 연구도 있다. 지난 서울시장 보궐선거에 나타난 안철수 현상을 언론에 나타난 주요 인물들에 대한 보도기사 수를 자료로 분석한 결과에 의하면 박근혜 당선인이 당시 나경원 후보의 인지도 증가에 미친 영향보다 안철수 전 교수가 박원순 후보에게 미친 영향은 한 배 반 이상으로 높게 나타났다. 안 전 교수는 박 당선인의 인지도 증가뿐 아니라 나경원 후보의 인지도 감소에도 영향을 미친 것으로 나타났다. 이 연구는 후보자들의 미디어노출이 득표율에 직접 영향을 미치는 것은 아닐지라도 노출이 많으면 많을수록 후보들의 가시성이 올라가고 유권자들의 후보자에 대한 인지도도 올라가기 때문에 득표율로 연결될 수 있다고 주장했다(송근원 2012, 78).

이와 유사하게 미디어이용이 유권자의 정치지식이나 효능감과 깊은 연관성이 있음을 주장하는 연구도 많다. 지방자치단체장 선거기간 중 신문, TV, 인터넷 뉴스의 이용과 TV토론 시청이 유권자의 정치지식, 효능감 그리고 불신감 형성에 어떤 영향을 미치는지를 분석한 한 연구에 따르면 유권자의 미디어이용은 정치지식과 효능감 증가에 기여했고 상대적으로 TV뉴스와 토론의 기여도가 높게 나타났다. 그러나 미디어이용은 정치불신감 증가에는 영향을 미치지 않은 것으로 나타났다(이철한·현경보 2007). 또한 18대 총선을 중심으로 대학생 유권자의 미디어이용과 투표행동의 관련성을 분석한 연구는 신문기사의 이용이 정치지식과 효능감 증가와 연관성이 있음을 밝혀냈다(김관규 2008). 더 나아가 신문, TV, 인터넷 등의 미디어이용이 유권자들의 정치지식과 효능감 증가에 긍정적인 영향을 미치기 때문에 이를 바탕으로 궁극적으로는 투표참여에 간접적으로 영향을 미칠 것이라는 주장도 있다(Nisbet and Scheufele 2004; Wang 2007; 김관규 2008).

이상의 논의를 정리하면 언론에 많이 노출되는 후보가 당선될 가능성이 높은데 이유는 미디어노출이 유권자의 정치지식과 인지도에 영향을 미치기 때문이다. 또한 유권자들의 미디어이용은 성향에 따라 다르지만 미디어 보도내용과 이용이 유권자의 정치지식과 효능감에 영향을 미치는 것으로 나타났다. 이를 바탕으로 미디어이용이 투표참여 여부에도 간접적인 영향을 미칠 것으로 예상되었다. 하지만 이러한 연구결과를 바탕으로 후보선택에 미치는 영향을 예측하기는 어렵다. 다만 유권자의 성향에 따라 이용하는 미디어가 다를 수 있고 특정 후보가 호의적으로 노출되는 미디어를 더 많이 이용하는 유권자라면 후보선택에 영향을 받을 수도 있을 것이다. 예를 들면, 특정후보가 인터넷보다는 TV에 더 많이 긍정적으로 언급되는데 TV를 주요 정보원으로 삼는 유권자라면 이 특정후보에게 투표할 가능성이 높다고 볼 수 있다. 또한 미디어이용과 보도내용에 따라 유권자들의 후보에 대한 인지도와 이미지, 호감도가 변화될 수 있기 때문에 단순히 미디어를 통해 얼마나 자주 정보를 얻는가보다는 어떤 매체에 얼마나 자주 노출되는지와 어떤 내용의 정보를 얻는가가 후보선택에 더 중요할 것이다. 이런 예상을 바탕으로 다음과 같은 가설을 설정하였다.

> 가설 1 : TV, 신문, 인터넷, 소셜미디어 등 각각의 미디어에 노출되는 정도는 유권자의 후보선택에 영향을 미칠 것이다.

가설 2 : 유권자가 특정후보에 대한 긍정적인 뉴스나 정보를 많이 접할수록 해당 후보에게 투표할 가능성이 높을 것이다.

미디어유형

다음으로 유권자가 이용하는 다양한 미디어유형의 영향력에 대한 기존의 논의를 살펴보았다. 선거정보원으로서 가장 영향력 있는 매체는 1960년대 이전에는 신문이었지만, TV는 등장 이래 현재까지 가장 많이 이용되면서 동시에 영향력 있는 매체가 되었다. 하지만 1990년대 후반부터는 선거정보원으로서 인터넷의 이용이 급격히 증가했다. 최근에는 모바일을 통해 인터넷과 다양한 SNS를 연계하는 방식까지 등장하면서 온라인매체의 영향력이 증대되었고 이에 대한 연구도 지속적으로 진행되고 있다. 이들 연구의 대부분은 인터넷 선거운동의 장점과 그로 인해 변화되는 선거운동 양상에 주목하였다. 예를 들면 17대 대선을 분석한 경험적 연구에 따르면 인터넷이 공급자 중심의 선거를 촉진시켰다고 결론지었다. 인터넷이 다른 미디어에 비해 훨씬 역동적인 선거운동을 촉진할 수 있는 것은 상향식(bottom-up) 방식의 활성화 때문인데 유권자들이 주도적으로 선거의 제를 제기하고 여론을 형성하며 개별차원이 아닌 조직화를 통해 선거에 참여할 수 있도록 하기 때문이라는 것이다(장우영·박한우 2009, 79).

하지만 인터넷은 이제 일부세력의 매체가 아닌 전부의 매체가 되고 있으며 기존매체와 같이 네거티브 캠페인에 활용되기도 한다. 그 동안 인터넷은 소수자나 자원이 부족한 세력에게 유리한 매체로 인식되어 새로운 세력의 당선에 기여한 것으로 알려져 왔지만 최근 들어 모든 정치세력이 유용하게 활용하는 매체가 되고 있다. 따라서 소수 대 다수보다는 진보 대 보수와 같이 어떤 세력이 어떻게 인터넷을 활용하는지에 따라 그 영향력이 달라지고 있다.

이런 맥락에서 최근 연구들은 기존매체와 뉴매체의 영향력의 비교에 초점을 두고 있다. 18대 국회의원선거를 대상으로 TV, 신문, 라디오, 인터넷의 정치뉴스 노출량이 유권자의 정치에 대한 부정적 감정과 효능감에 미치는 영향력을 검증한 연구에 따르면 전통적 미디어를 통해 뉴스에 많이 노출되는 유권자의 경우 언론이 구성한 정치현실을 긍정적으로 수용하며 효능감이 약한 것으로 나타났다. 반면 인터넷이나 대인접촉에 의존하는 유권자들은 주로 진보성향으로 정치현실을 부정적으로 수용하지만 효능감은 높은 것으로 나타났다. 즉 미디어 영향력은 전통미디어 대 인터넷 등 미디어유형에 따라 다르게 나타났다(김춘식 2010).

또한 투표후보를 결정함에 있어서도 구미디어(old media) 대 인터넷의 영향력은 다르게 나타났다. 2010년 5회 전국동시지방선거 자료 분석을 바탕으로 한 연구는 유권자들이 인터넷보다는 TV와 신문 등 구미디어를 통해 투표후보 결정에 필요한 정보를 얻고 있다는 점을 발견했다. 또한 구미디어에 의존하여 투표후보를 결정하는 유권자일수록 선거운동 기간 중 비중 있게 다루어진 천안함사건의 영향을 받았으며 투표결정시 천안함사건을 고려한 유권자일수록 대북제재를 지지할 가능성이 높았다고 했다. 그리고 대북제재를 지지하는 유권자일수록 여당에 투표할 가능성이 높다는 사실도 경험적 근거를 통해 검증했다(윤광일 2011).

한편 현재 한국의 미디어가 정파적 성향을 보이고 있기 때문에 유권자의 미디어 의존 양상도 정치이념에 따라 다르게 나타난다. 제도적으로 KBS와 MBC는 공영방송의 형태를 취하지만 경영진의 구성이 사실상 정권의 영향력 하에 놓여있기 때문에 실제로 이런 지상파 TV방송은 친정부적 성향을 갖기 쉬운 구조로 이루어져 있다. 또한 조선일보, 중앙일보, 동아일보를 중심으로 하는 보수신문도 친정부성향 매체인 반면 한겨레신문과 인터넷 공간은 진보성향 매체로 구분되어 왔다. 미디어 권력화의 핵심이라는 비판을 받아 온 조중동 3개 신문의 정파적 성향에 대해 비판하는 측에서는 이 신문들이 시장을 안정적으로 과점하면서 정권과 대자본의 이익을 적극적으로 옹호한다고 본다. 특히 15대에서 17대까지 대선에 깊게 관여하면서 보수성향의 후보를 지지하는 보도 태도를 견지했다는 비판을 받아왔다.

이와는 반대로 진보세력을 강하게 대변하는 경향을 보인 신문은 한겨레신문과 인터넷 언론인 오마이뉴스다. 또한 인터넷은 등장 초기부터 현실공간에서 정치적 의사표시 통로를 확보하기 어려운 시민사회운동단체들이 저렴한 비용으로 시민의 정치참여를 유도하는 공간으로 활용되면서 진보매체로 인식되어 왔다(김관규 2008, 200-202). 이상의 논의를 통해 기존매체와 뉴매체 간 정파적 성향이 다르고 이를 이용하는 유권자의 성향도 다르다는 것을 알 수 있다. 이렇듯 정파적 성향이 강하기 때문에 어떤 종류의 미디어를 이용하는가에 따라서 유권자들의 투표 선택도 달라질 수 있다. 따라서 유권자가 이용하는 미디어유형과 투표 선택에 대해 다음과 같은 가설을 설정하였다.

> 가설 3 : TV, 신문, 라디오 등 기존 미디어에 의존하는 유권자일수록 보수정당 후보에게 투표할 가능성이 높을 것이다.

> 가설 4 : 보수성향의 방송과 신문을 주요 정보출처로 이용하는 유권자일수록 보수정당 후보에게 투표할 가능성이 높을 것이다.

TV토론과 소셜미디어의 영향력

여기서는 TV토론과 SNS가 후보선택에 어떤 영향을 미쳤는지에 대한 가설 설정을 위해 관련 이론을 검토하였다. TV토론의 정치적 영향력에 대한 연구는 매우 제한적이었는데 TV토론이 유권자의 후보자에 대한 이미지나 인지도 변화에 미친 영향을 분석한 연구나 TV토론 의제가 수용자의 의제나 태도 등에 미치는 영향에 관한 연구들이 있었다(정성호 2003; 이강형 2004). 또한 TV토론이 유권자의 정치지식 증가와 투표참여에 긍정적 역할을 담당하고 있음을 입증한 연구도 있었는데 이는 TV토론이 유권자들에게 정치쟁점과 정책, 후보자들의 능력과 자질 등 선거운동과 관련된 정보를 제공함으로써 지식을 획득하게 하는 교육 효과가 있기 때문이다(조성대·홍재우 2007).

하지만 TV토론이 후보자 선택에 미치는 영향에 대한 연구는 없었다. TV토론의 시초인 미국에서 열세였던 케네디 후보가 외모와 순발력으로 좋은 이미지를 창출하고 당선되었던 전례를 통해 아직도 TV토론은 후보 선택에 영향력을 발휘하는 것으로 인지되고 있다. 당시 TV토론을 보고 후보자를 최종 선택한 유권자 4백만명 중 3백만명이 케네디 후보에게 투표했다고 한다. 그럼에도 불구하고 최근 선거에서도 유권자들에게 후보의 자질과 정책적 입장을 확인할 수 있는 기회를 제공하는 TV토론이 사실상 선거판세를 바꾸거나 후보자 선택에 영향을 미치는지에 대한 논란은 여전하다.

지난 2012년 미국 대선에서 3번에 걸친 후보 토론회와 1번의 부통령 후보 토론회가 열렸는데 국내정치 문제를 다룬 1차 토론회에서는 롬니 후보가 일방적으로 앞섰다는 평가를 받았다. 토론회 직후 시청자 대상 갤럽조사 결과 72퍼센트가 롬니 후보가 잘했다고 평가한 것이다. 그러나 2차와 3차 토론회에서는 오바마 대통령이 잘했다는 응답자 비율이 각각 51퍼센트 대 38퍼센트, 56퍼센트 대 33퍼센트로 높았다(서현진·이한수 2013, 383). 이처럼 TV토론 덕분에 오바마 후보가 재선에 성공한 것인지 알 수는 없지만 1차 토론을 제외한 나머지 두 번의 TV토론에서 오바마 후보는 잘했다는 평가를 더 많이 받았다.

이상의 논의를 바탕으로 TV토론이 유권자의 정치지식 향상과 정보제공뿐 아니라 투표참여에 있어서 매우 긍정적인 역할을 한다는 것을 알 수 있다. 하지만 이미 언급한 바와 같이 후보선택에 미치는 영향에 대한 연구는 거의 없었다. 다만 TV토론의 교육 기능과 TV토론에서 더 잘했다는 평가를 받은 후보가 당선에 더 유리한 사례를 기반으로 미흡하지만 다음과 같은 가설을 설정하였다.

> 가설 5 : TV토론을 본 유권자들은 잘했다고 평가한 후보자에게 투표할 가능성이 높을 것이다.

SNS의 활용이 후보자 선택에 미치는 영향에 대한 직접적인 연구도 거의 없다. 미국의 2008년 대선에서 SNS를 활용한 선거운동을 통해 오바마 후보가 대통령으로 당선되면서 SNS의 정치적 영향력에 대한 관심이 높아졌다. 2008년 미국대선은 이전의 온라인 선거운동에서 수동적 정보수용자였던 유권자들이 적극적 정보수용자로 전환되고 후보자 중심의 미디어 선거운동이 유권자 중심으로 조직화된 네트워크 선거운동 구조로 변화되었다는 점에서 획기적이었다(Johnson and Perlmutter 2011). 이후 2010년 중간선거와 2011년 지방 선거 그리고 2012년 대선에서도 유권자들의 투표참여와 선택에 있어서 SNS는 중요한 역할을 한 것으로 나타났다.

이런 현상은 한국에서도 나타났다. 2011년에 치러진 두 번의 재보궐선거를 통해 우리나라 선거에서도 트위터는 유권자의 의견을 표출하고 후보자에 대한 여론을 형성하는 공간으로 자리매김했다. 2011년 10·26 서울시장 보궐선거 기간 중 트위터에 선거와 관련된 내용을 한 번이라도 올린 사람들은 84,790여명에 달했다(동아일보 2011/10/27). 2011년 12월 말 헌법

재판소는 SNS를 통한 선거운동을 제한하는 것을 위헌이라고 밝혀 2012년 4월 치러진 국회의원선거는 SNS를 통한 선거운동이 공식적으로 허용된 첫 선거가 되기도 했다.

이런 환경에 부응하여 몇몇 연구들이 경험적 사례를 통해 SNS의 영향력을 검증해냈다. 현재 우리나라에서 SNS는 젊은층과 진보성향 유권자들이 더 많이 이용하고 있다. 이런 SNS의 이용이 정치태도나 참여의도에 미치는 영향을 분석한 연구에 따르면, SNS를 이용하는 사람들은 정치 참여에 대해 긍정적인 태도를 가지고 정치효능감이 높으며, 정치참여 의도도 높은 것으로 나타났다. 그리고 SNS를 평상시 많이 이용하는 사람들이 SNS를 이용해서 정치 관련 정보를 더 많이 얻으며 정치인과의 커뮤니케이션에도 더 많이 활용하는 것으로 나타났다(이수범·김동우 2012).

2011년 서울시장보궐선거 사례를 통해 SNS가 한국에서 정치도구로서의 역할을 충실히 수행하고 있는지를 분석한 또 다른 연구결과를 보면 트위터의 역할이 큰 것을 알 수 있다. 이 선거에서 트위터를 이용한 유권자의 투표율은 그렇지 않은 유권자들보다 더 높았을 뿐 아니라 박원순 후보에게 더 많이 투표한 것으로 나타났다. 또한 SNS이용자 중 투표를 한 사람은 그렇지 않은 사람보다 SNS를 통해 선거 관련 뉴스나 정보를 더 많이 봤고 다른 사람에게 더 많이 전달한 것으로 확인되었다. 투표 당일에도 선거참여를 독려하는 메시지나 후보자 선택과 관련된 메시지를 SNS를 통해 더 많이 전송했다. 즉 SNS사용이 투표참여와 후보자 선택에 큰 영향을 미친 것을 알 수 있다(최민재·이홍천·김위근 2012). 이런 논의를 근거로 다음과 같은 가설을 설정하였다.

가설 6 : SNS를 더 적극적으로 활용하는 유권자일수록 진보정당 후보에게 투표할 가능성이 높을 것이다.

분석 결과

앞서 설정된 가설들을 검증하기 위해 분석에 사용된 변수는 다음과 같다. 우선 종속변수인 투표선택은 박근혜 당선인 선택(1), 문재인 후보 선택(0)으로 코딩되었다. 독립변수는 선거정보 매체 노출도, 긍정적인 정보 노출도, 정보매체 종류, TV토론, SNS활동 등이다. 먼저 선거정보 매체 노출도는 일주일 동안 TV, 신문, 인터넷, SNS 등 각 매체를 통해 얼마나 자주 대선 관련 뉴스를 보았는지를 묻는 네 가지 변수로 측정되었다. 긍정적인 정보 노출도는 박근혜 당선인과 문재인 후보에 대한 긍정적인 정보나 견해를 얼마나 자주 들은 적이 있는지를 묻는 두 가지 변수로 측정되었다. 정보매체 종류는 선거 관련 정보를 가장 많이 얻는 매체는 무엇인지를 묻는 질문과 구체적으로 어떤 방송과 신문을 이용했는지를 묻는 두 가지 질문으로 측정되었다. TV토론 변수는 토론회를 몇 번 보았는지를 묻는 질문과 1, 2, 3차 TV토론 직후 어떤 후보자가 가장 잘했다고 생각하는지를 묻는 두 가지 질문으로 측정되었다. SNS활동 변수의 측정에는 리트윗을 해보았는지 다른 사람이 올린 게시물이나 글을 읽어보았는지를 묻는 두 가지 질문이 사용되었다. 통제변수로는 보편적으로 투표선택에 영향을 미치는 것으로 알려진 세대, 학력, 소득, 계층, 출신지, 이념성향, 지지정당, 선거관심도 등이 분석에 포함되었다.[1]

대선정보 매체 노출과 후보선택

먼저 여기서는 첫번째 가설 검증을 위해 TV, 신문, 인터넷, SNS 등 각각의 미디어에 대한 노출 정도가 박근혜 당선인 선택에 어떤 영향을 미쳤는

---

[1] 분석에 사용된 변수들의 문항은 [부록]에 정리되어 있다.

지 분석해보았다. [표1]에 나타난 로지스틱회귀분석 결과를 보면, 일주일 동안 텔레비전이나 신문을 통해 대통령선거와 관련한 뉴스를 얼마나 자주 접했는지는 후보자 선택에 영향을 미치지 않는 것으로 나타났다. SNS를 통해 뉴스를 접한 정도도 영향을 미치는 요인은 아니었다. 하지만 인터넷을 통한 뉴스 접촉 빈도는 유의미한 요인으로 나타났는데, 일주일 간 인터넷을 통해 뉴스를 자주 보는 사람일수록 문재인 후보를 선택한 반면 보지 않는 사람일수록 박근혜 당선인을 선택한 것으로 나타났다. 이외 통제변수로 사용된 여러 변수들의 영향력을 보면 세대, 호남 출신, 이념, 정당 변수가 박근혜 당선인 선택에 중요한 영향을 미친 것으로 나타났다. 나이가 많을수록, 호남출신이 아닐수록, 보수성향일수록, 새누리당을 지지하는 유권자일수록 박 당선인에게 투표한 것을 알 수 있다.

[표 1] 매체 노출도가 박근혜 당선인 선택에 미치는 영향

		β	S.E.	Wals	자유도	유의확률	Exp(B)
1단계a	세대	.213	.092	5.365	1	.021	1.267
	학력	-.212	.220	.930	1	.335	.809
	가구소득	.050	.085	.354	1	.552	1.052
	계층	-.0.0	.136	.005	1	.944	.990
	호남	-1.103	.271	16.500	1	.000	.332
	이념	.651	.131	24.866	1	.000	1.918
	정당	2.288	.163	197.331	1	.000	9.854
	선거관심	.080	.139	.329	1	.566	1.083
	TV시청빈도	.015	.110	.017	1	.895	1.015
	신문구독빈도	-.044	.077	.330	1	.566	.957
	인터넷사용빈도	.266	.093	8.186	1	.004	1.305
	SNS이용빈도	.055	.095	.332	1	.565	1.056
	상수항	-7.454	1.231	36.688	1	.000	.001

-2 Log 우도=715.494, N=969, % Correct=83.8%

■ 자료 : KEPS 2012 6차 조사.
■ 주. 종속변수 : 박근혜 당선인 선택=1, 문재인 후보 선택=0.

[표 2] 긍정정보 노출도가 박근혜 당선인 선택에 미치는 영향

		β	S.E,	Wals	자유도	유의확률	Exp(B)
1단계a	세대	.257	.086	8.825	1	.003	1.293
	학력	-.235	.225	1.090	1	.297	.791
	가구소득	.037	.088	.171	1	.679	1.037
	계층	-.048	.139	.118	1	.732	.953
	호남	-3916	.286	10.284	1	.001	.400
	이념	.611	.136	20.137	1	.000	1.843
	정당	2.066	.166	154.969	1	.000	7.893
	선거관심	.193	.142	1.841	1	.175	1.212
	박근혜정보	-.565	.171	10.886	1	.001	.568
	문재인정보	1.429	.181	62.606	1	.000	4.174
	상수항	-8.323	1.215	46.950	1	.000	.000

-2 Log 우도=657.094, N=965, % Correct=86.2%

- 자료 : KEPS 2012 6차 조사.
- 주. 종속변수 : 박근혜 당선인 선택=1, 문재인 후보 선택=0.

다음으로 얼마나 자주 뉴스를 통해 후보자에 대한 정보를 접하는지뿐만 아니라 어떤 정보를 접하는지도 중요하다고 생각하여 각 후보자에 대한 긍정적인 정보를 접하는 정도가 후보선택에 어떤 영향을 미쳤는지 살펴보았다.[2] [표2]에 정리된 분석 결과를 보면 박근혜 당선인에 대한 긍정적인 정보나 견해를 자주 듣거나 접한 유권자일수록 그렇지 않은 유권자보다 박 당선인에게 투표했을 확률이 높은 것으로 나타났다. 반대로 문재인 후보에 대한 긍정적인 정보나 견해를 들어본 적이 없거나 접하지 못했다는 유권자일수록 박 당선인에게 투표한 것으로 나타났다. 통제변수의 영향력을 보면 위에서와 마찬가지로 세대, 호남출신, 보수성향 그리고 새

---

[2] KEPS 2012 6차 조사에는 박근혜·문재인 두 후보에 대한 긍정적인 정보나 견해, 부정적인 정보나 견해를 접한 적이 있는지를 묻는 4개의 설문이 포함되었다. 그런데 이 4개의 설문은 상관관계가 비교적 높게 나타나 분석에는 2개의 설문만 사용하였다. 예를 들면 문재인 후보에 대한 긍정적인 정보를 접했다는 사람일수록 박근혜 당선인에 대한 부정적인 정보를 접했다는 상관관계가 높게 나타났다. 따라서 분석에는 각 후보에 대한 긍정적인 정보를 얼마나 자주 접했는지를 묻는 변수만 사용하였다.

누리당 지지 변수가 박 당선인 선택에 중요한 영향을 미친 요인으로 나타났다.

이상의 결과를 정리하면 인터넷을 제외한 다른 대중매체를 통해 정보를 자주 접하는 유권자와 그렇지 않은 유권자 간에는 후보선택에 있어서 유의미한 차이가 없었다. 하지만 각 후보자에 대한 긍정적인 정보를 얼마나 접하는가는 후보선택에 있어서 중요한 영향을 미친다는 것을 알 수 있다. 흥미로운 점은 단순히 각 후보에 대한 긍정 또는 부정적인 정보를 접한 빈도를 보면, 6차 조사 대상자 1,398명 중 박근혜 당선인에 대한 긍정적인 정보를 접한 적이 있다는 유권자 비율은 67.4퍼센트로 문재인 후보에 대한 긍정적인 정보를 접했다는 유권자 비율 70.3퍼센트보다 조금 낮았다. 반면 박근혜 당선인에 대한 부정적인 정보를 접하거나 들었다는 유권자 비율은 77.7퍼센트로 문재인 후보에 대한 부정적인 정보를 접한 유권자 비율 73.6퍼센트 보다 조금 높았다.

이처럼 문 후보에 비해 박 당선인에 대한 긍정정보를 접한 유권자는 적고 부정정보를 접한 유권자는 많았던 점은 박 당선인에게 불리한 요인일 수 있었다. 왜냐하면 앞서 분석된 바와 같이 각 후보에 대한 긍정적 정보는 그 후보를 선택하는 요인이 되었기 때문이다. 그럼에도 불구하고 박 당선인이 선거에서 승리한 것은 더 많은 지지자를 투표장으로 이끌어내는 데에서 성공했기 때문인 것으로 보인다. 또한 인터넷을 통한 정보습득 빈도만 후보선택에 있어서 유의미한 차이를 나타낸 것은 아직도 인터넷 매체 이용이 젊은 진보적 유권자 층에서 많이 이루어지기 때문인 것으로 해석된다. 즉 인터넷을 통해 주로 정보를 얻은 유권자는 인터넷을 사용하지 않는 유권자와는 확실히 차별적으로 문 후보에게 투표했을 것으로 추정된다. 이런 추론은 다음 정보 매체의 종류가 후보선택에 미치는 영향에 대한 분석과도 연관성이 있다.

대선정보 매체 유형과 후보선택

여기서는 대선정보 매체의 유형이 후보선택에 미치는 영향력을 가설3과 4를 통해 살펴보았다. 먼저 가설3, 즉 TV, 신문, 라디오 등 구미디어에 의존하는 유권자일수록 보수정당 후보에게 투표할 가능성이 높은지를 분석하기 전에 [그림1]과 같이 유권자들이 선거 관련 정보를 어떤 매체를 통해 가장 많이 얻었는지를 살펴보았다. 지난 4·11 총선 직후 조사에 의하면 가장 많이 이용된 선거정보 매체는 응답자의 36.4퍼센트가 이용한 인터넷이었다. 다음으로 TV가 31.6퍼센트로 많이 이용되었고 신문 15.6퍼센트, 선거홍보물 5.7퍼센트 순이었다. 그런데 이번 대선에서는 예외 없이 전통적으로 가장 많이 이용되는 매체인 TV가 44.2퍼센트로 가장 높은 비율을 차지했다. 다음 인터넷 이용률은 33.3퍼센트, 신문은 10.4퍼센트로 두 매체 모두 총선 당시와 비교하여 이용자 비율이 떨어졌다. 반면 SNS는 3.5퍼센트에서 3.8퍼센트로 이용률이 소폭 증가했다.

전반적으로 지역을 기반으로 하는 총선과 비교하여 전국을 하나의 선거구로 하는 대통령선거에서는 TV의 영향력이 증가하고 인터넷의 영향

[그림 1] 선거정보 매체 이용률 : 총선과 대선 비교

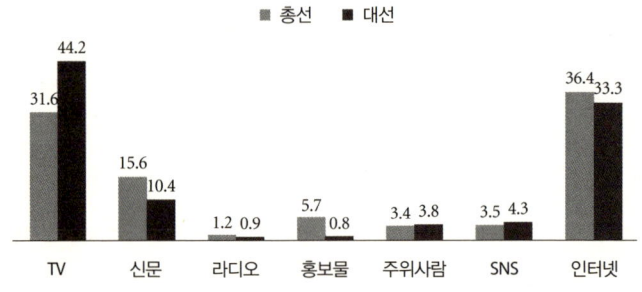

■ 자료 : KEPS 2012 2차와 7차 조사.

력이 감소한 것을 알 수 있다. 또한 대선에서 선거홍보물의 영향력이 급격히 하락한 것은 전국적으로 잘 알려진 후보자들에 대해 극히 제한적인 정보를 제공하기 때문인 것으로 보인다. 반면 총선에 비해 대선에서 선거정보 출처로서 주변사람이나 SNS의 영향력이 조금이나마 증가한 것은 누구나 아는 인물에 대한 정보교환과 대화가 지역적 인물에 대한 것보다는 용이하기 때문인 것으로 보인다.

[그림2]는 이번 대선에서 가장 중요한 정보 출처로 이용된 매체를 바탕으로 박근혜 당선인에게 투표한 집단과 문재인 후보에게 투표한 집단 간 차이가 있었는지 살펴본 것이다. 박근혜 당선인과 문재인 후보를 선택한 유권자 집단이 각각 어떤 정보매체를 주요 정보출처로 이용했는지 알 수 있다. 선거정보원으로 가장 많이 이용된 매체는 TV로 박근혜 당선인을 선택한 유권자의 54.5퍼센트가 이를 이용했다고 답한 반면 문재인 후보를 선택한 유권자의 34.4퍼센트가 이를 이용했다고 답했다. 다음으로 중요한 정보원인 인터넷은 박 당선인 선택자의 21.6퍼센트, 문 후보 선택자의 43.9퍼센트가 이용한 것으로 나타났다. 이처럼 TV와 인터넷 사용에

[그림 2] 대선 정보매체 : 박근혜 대 문재인 후보 투표자 비교

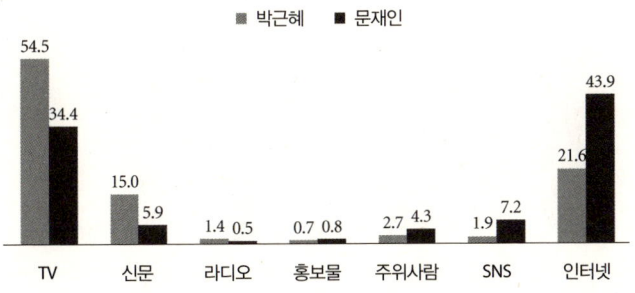

■ 자료 : KEPS 2012 7차 조사.

있어서 두 집단 간 차이가 매우 큰 것을 알 수 있다. 이 외에 신문, 주위사람, SNS이용에 있어서도 차이가 났다. 정리하면 TV, 신문, 라디오 등 기존 대중매체를 정보원으로 이용한 유권자들이 박 당선인을 선택한 반면 SNS, 인터넷을 이용한 유권자들이 문 후보에게 투표한 것을 알 수 있다.

다음은 가설4, 즉 보수성향의 방송과 신문을 주요 정보 출처로 이용하는 유권자일수록 보수정당 후보에게 투표할 가능성이 높은지를 살펴보았다. 먼저 대선정보를 얻기 위해 시청한 방송에 있어서 문재인 후보와 박근혜 당선인에게 투표한 집단 간 차이가 있는지를 알아보았다. [그림3]에서와 같이 SBS, KBS, MBC 방송3사는 전체 응답자가 가장 많이 시청한 방송이었다. 박근혜 당선인을 선택한 유권자들의 66.0퍼센트가 방송3사를 시청했고 다음으로 많은 21.1퍼센트의 응답자는 TV조선, JTBC, 채널A 등 종합편성방송을 시청한 것을 알 수 있다. 한편 문재인 후보를 선택 유권자들이 가장 많이 시청한 방송도 3사로 큰 차이는 없다. 하지만 그 다음으로 많은 15.4퍼센트의 응답자들이 시청한 방송은 팟캐스트와 인터넷방송으로 박 당선인 투표자들과는 뚜렷한 차이를 보였다. 즉 두 집단 간

[그림 3] 대선 정보방송 : 박근혜 대 문재인 후보 투표자 비교

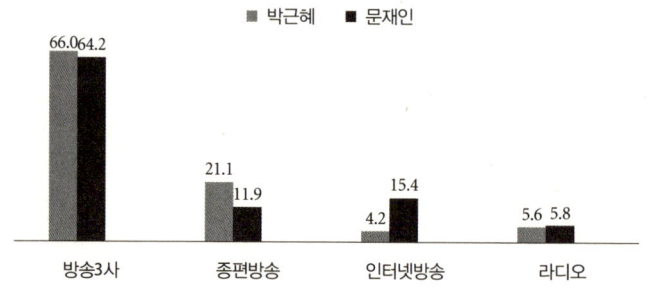

■ 자료 : KEPS 2012 7차 조사.

차이가 크게 나타난 방송매체는 종합편성방송과 인터넷방송임을 알 수 있다.

[그림4]에서는 대선정보를 얻기 위해 읽은 신문의 종류에 있어서도 문재인 후보와 박근혜 당선인에게 투표한 집단 간 차이가 있는지를 살펴보았다. 세간에 알려진 바와 같이 보수 신문이라 불리는 중앙일보, 조선일보, 동아일보는 박근혜 당선인 투표자 집단에서 많이 이용된 반면 경향신문, 오마이뉴스, 한겨레신문은 문재인 후보 투표자 집단에서 많이 이용된 것을 볼 수 있다. 흥미로운 점은 보수와 진보언론 이용에 있어서 박 당선인 투표자 집단에서는 뚜렷한 차이를 보인 것이다. 박 당선인에게 투표했다는 유권자의 24.6퍼센트가 조선일보, 16.6퍼센트가 중앙일보에서 정보를 얻은 반면 한국일보나 경향신문 또는 오마이뉴스, 한겨레신문 등에서 정보를 얻은 유권자는 2퍼센트 이하였다. 이에 비해 문재인 후보 투표자 집단에서는 진보와 보수신문 이용 면에서 다소 작은 차이가 나타났다. 진보언론인 한겨레신문을 읽었다는 유권자가 12.2퍼센트로 가장 많았고 오마이뉴스나 경향신문에서 정보를 얻은 유권자가 9.2퍼센트, 8.9퍼센트순

[그림 4] 대선정보 신문 : 박근혜 대 문재인 후보 투표자 비교

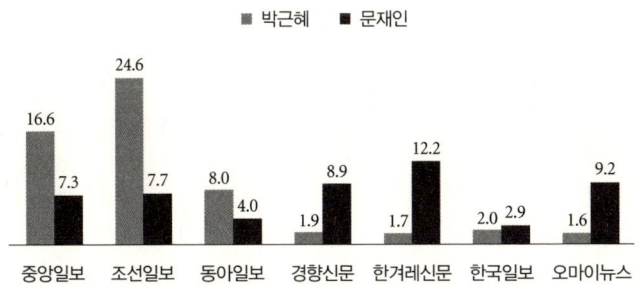

■ 자료 : KEPS 2012 7차 조사.

으로 많았다. 다음으로 조선일보를 이용한 유권자가 7.7퍼센트, 중앙일보 이용자 7.3퍼센트로 박 당선인 투표자 집단보다는 편차가 적었다.

이와 같이 두 후보를 선택한 유권자들 간에 이용한 정보 매체 유형에서 차이가 나타났다. 여러 가지 다른 변수를 통제한 후에도 유권자들이 이용한 정보 매체 유형이 후보자선택에 영향을 미치는 중요한 요인이었는지를 로지스틱회귀분석을 통해 분석해보았다. [표3]에서 볼 수 있듯이 정보출처 유형은 박근혜 당선인 선택에 있어서 중요한 변수였다. 여러 변수들의 영향력을 통제한 후에도 TV, 신문, 라디오 등 기존 대중매체를 주요 정보원으로 이용한 유권자들이 그렇지 않은 유권자들보다 박 당선인에게 투표한 것으로 나타났다. 또한 조중동 보수신문을 통해 선거 관련 정보를 얻은 유권자일수록 다른 신문을 통해 정보를 얻은 유권자보다 박 당선인에게 투표한 것으로 나타났다. 따라서 이번 대선에서 어떤 매체를 이용하는지 및 어떤 신문을 읽는지는 후보선택에 중요한 요인이었음을

[표 3] 정보매체 유형이 박근혜 당선인 선택에 미치는 영향

		β	S.E,	Wals	자유도	유의확률	Exp(B)
1단계a	세대	.149	.086	3.025	1	.082	1.161
	학력	-.394	.217	3.316	1	.069	.674
	가구소득	-045	.084	.285	1	.594	1.046
	계층	-.0.01	.136	.000	1	.992	.999
	호남	-.976	.273	12.757	1	.000	.377
	이념	.450	.132	11.663	1	.001	1.568
	정당	2.142	.163	173.583	1	.000	8.519
	선거관심	.071	.138	.266	1	.606	1.074
	정보출처	.342	.111	9.574	1	.002	1.408
	방송	.111	.124	.798	1	.372	1.117
	신문	.268	.057	21.702	1	.000	1.307
	상수항	-8.007	1.132	50.033	1	.000	.000

-2 Log 우도=715.610, N=989, % Correct=84.1%

- 자료 : KEPS 2012 7차 조사.
- 주. 종속변수 : 박근혜 당선인 선택=1, 문재인 후보 선택=0.

알 수 있다.

하지만 방송은 통계적으로 유의미한 변수가 아니었다. 앞서 살펴본 바에 따르면 종편방송을 시청한 유권자들이 박 당선인를 선택하고 팟캐스트와 인터넷방송을 시청한 유권자일수록 문재인 후보에게 투표한 것으로 나타났지만 이런 차이는 통계적으로 유의미하지 않은 것으로 나타났다. 이는 대부분의 유권자가 방송3사를 통해 선거정보를 습득했기 때문인 것으로 보인다. 이 외 통제변수의 영향력을 보면, 호남출신이 아닐수록, 보수성향일수록, 새누리당 지지자일수록 박근혜 당선인을 선택한 것으로 나타났다.

TV토론과 소셜미디어의 영향력

TV토론은 후보자 선택에 어떤 영향을 미쳤을까? TV토론이 선거판세를 바꾸거나 후보자에 대한 지지 변경에 중대한 영향을 미치는지에 대한 논란은 여전하다.[3] 그럼에도 불구하고 여전히 선거에서 TV토론은 큰 관심의 대상이며 선거 결과에 영향을 미치는 매우 중요한 변수임에 틀림없다. 이번 대선에서 세 번의 TV토론이 있었는데 KEPS 2012 6차와 7차 조사 결과 세 번 모두 시청했다는 응답자는 전체 조사대상자의 50퍼센트 이상이었다. [그림5]를 보면 박근혜 당선인과 문재인 후보에게 투표한 유권자별로 TV토론 시청 횟수에 있어서 차이가 나는 것을 알 수 있다. 세 번 모두 시청했다는 유권자 비율은 박 당선인에게 투표한 집단에서 더 높게 나타났고 한 번도 보지 않았다는 비율은 문 후보 투표자 집단에서 더 높은 것으로 조사되었다. 두 번 본 비율은 박 당선인 투표자의 21.8퍼센트, 문

---

3) TV토론회 시청 후 후보들에 대한 평가가 달라졌는지를 물었을 때 유권자 95.9퍼센트가 달라지지 않았다고 답했다. 지지후보를 바꾸게 되었다거나 지지후보가 없었는데 새로 생겼다는 답변은 2.5퍼센트와 1.2퍼센트에 불과했다.

후보 투표자의 22.9퍼센트였고 1차에서 3차까지 가운데 한번만 본 비율은 박 당선인 투표자의 11.8퍼센트, 문 후보 투표자의 13.5퍼센트로 집단 간 차이는 크지 않았다. 그런데 1, 2, 3차 토론을 분리하여 비교하면 1차 토론 시청자의 55.1퍼센트, 2차 토론 시청자의 54.8퍼센트 그리고 3차 토론 시청자의 55.6퍼센트가 박 당선인에게 투표한 것을 알 수 있다. 이는 TV토론 시청 여부와 횟수가 후보선택에 영향을 미쳤을 가능성을 보여준다.

유권자는 TV토론을 보고 더 잘했다고 생각되는 후보자에게 투표했을까? [그림6]에는 1-3차 토론에 대한 전체적인 평가와 이를 박근혜 당선인과 문재인 후보 투표자로 나누어 살펴본 결과가 정리되어 있다. 먼저 1, 2차 토론 직후 조사에서는 응답자의 29.2퍼센트가 박 당선인이 잘했다고 평가했고 21.2퍼센트는 문재인 후보 그리고 17.8퍼센트는 이정희 후보가 잘했다고 했다. 특별히 잘한 후보가 없다는 응답 비율은 30.1퍼센트나 되었다. 이를 박 당선인과 문 후보 투표자로 나누어 보면 문 투표자의 36.6퍼센트가 문재인 후보가 잘했다고 평가했고 32.2퍼센트는 이정희 후보가 잘했다고 답했다. 박 당선인이 잘했다는 비율은 2.3퍼센트밖에 되지 않았

[그림 5] TV토론 시청 횟수

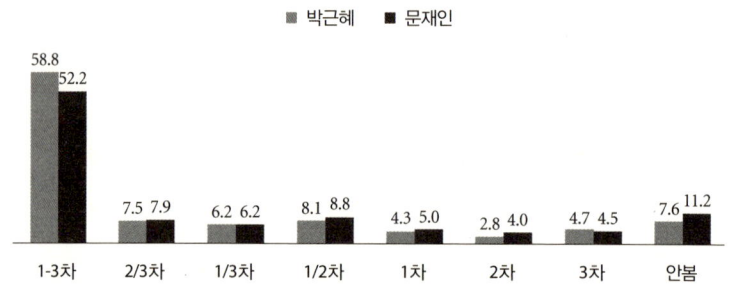

■ 자료 : KEPS 2012 6차와 7차 조사.

[그림 6] TV토론 잘한 후보 : 1, 2차와 3차 비교

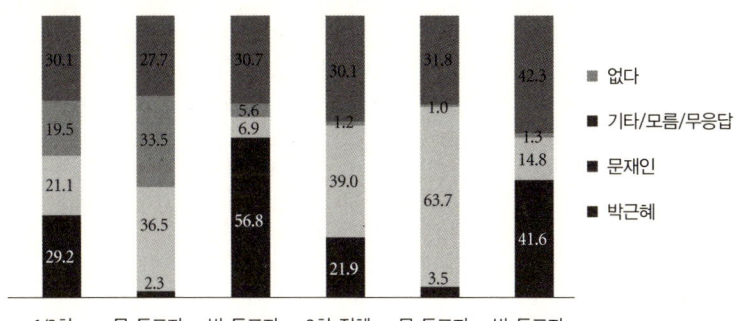

■ 자료 : KEPS 2012 6차와 7차 조사.

다. 반대로 박 투표자의 56.7퍼센트는 박 당선인이 잘했다고 했고 문재인 후보가 잘했다는 비율은 6.9퍼센트 그리고 이정희 후보가 잘했다는 비율은 3.2퍼센트에 그쳤다. 두 그룹에서 잘한 후보가 없다는 비율은 27.7퍼센트와 30.7퍼센트로 높게 나타났다.

3차 TV토론 직후 조사에서는 잘한 후보가 없다는 비율이 더 높아졌는데 전체 응답자의 37.9퍼센트를 차지했다. 특히 박 투표자의 42.3퍼센트는 잘한 후보가 없다고 답해 박 당선인이 잘했다는 비율 41.6퍼센트와 비슷했다. 이전(1, 2차 TV토론)과 비교하여 3차 TV토론에서 박 당선인이 가장 잘했다는 비율은 15.2퍼센트포인트나 하락했다. 문 후보 투표자에서도 특별히 잘한 후보가 없다는 비율은 소폭 증가했다. 1, 2차 조사에서 문재인 후보 투표자 중 문 후보가 TV토론을 가장 잘했다는 답변은 36.5퍼센트였는데 3차 조사에서 문 후보가 잘했다는 답변은 63.7퍼센트로 증가하였다. 전반적으로 TV토론에 대한 유권자의 평가는 1, 2차에 비해 3차에서 특별히 잘한 후보가 없다는 비율이 증가하고 박근혜 당선인이 잘했다는 비율이 감소하는 현상을 보였다. 박 당선인이 잘했다는 평가는 박 당

[표 4] TV토론이 박근혜 당선인 선택에 미치는 영향

		β	S.E.	Wals	자유도	유의확률	Exp(B)
1단계a	세대	.260	.112	5.362	1	.021	1.297
	학력	.304	.290	1.097	1	.295	1.355
	가구소득	-.053	.108	.237	1	.626	.949
	계층	-.037	.171	.047	1	.829	.964
	호남	-.577	.342	2.856	1	.091	.561
	이념	.646	.169	14.580	1	.000	1.907
	정당	1.848	.205	80.988	1	.000	6.348
	선거관심	-.017	.176	.010	1	.921	.983
	TV토론시청빈도	-.089	.204	.192	1	.662	.915
	토론잘한후보(1, 2차)	1.418	.189	56.051	1	.000	4.130
	토론잘한후보(3차)	.845	.200	17.866	1	.000	2.327
	상수항	-.9955	1.599	38.784	1	.000	.000

-2 Log 우도=440.909, N=769, % Correct=87.6%

■ 자료 : KEPS 2012 6차와 7차 조사.
■ 주. 종속변수 : 박근혜 당선인 선택=1, 문재인 후보 선택=0.

선인 투표자 집단에서, 그리고 문재인 후보가 잘했다는 평가는 문 후보 투표자 집단에서 높은 극명한 차이가 나타난 점도 흥미롭다.

이러한 TV토론 변수들이 박근혜 당선인 선택에 미치는 영향을 살펴본 결과는 [표4]에 정리되어 있다.[4] 다른 변수들의 영향력을 통제한 후, TV토론 시청빈도는 통계적으로 유의미한 영향을 미치는 변수가 아니었다. TV토론을 세 번 모두 시청했는지 등 몇 번 보았는지는 후보선택과 무관했다. 하지만 TV토론 시청 후 어떤 후보가 잘했다고 생각하는지는 후보자 선택에 있어서 중요한 변수였다. 1, 2차 TV토론을 시청한 후 박근혜 당선인이 잘했다고 평가한 유권자일수록 박 당선인을 선택한 것으로 나타났다.[5] 마찬가지로 3차 토론을 시청한 후에 박 당선인가 잘했다는 유권자일수록 박 당선인에게 투표한 것을 알 수 있다. 통제변수 중에는 세대, 이념, 정당 변수가 중요한 것으로 나타났다.

마지막으로 이번 대선에서 SNS는 후보선택에 어떤 영향력을 미쳤는지 살펴보았다. 앞서 SNS사용자가 총선에 비해 대선에서 약간 증가한 것을 보았는데 이런 사용 여부와 빈도는 실제 후보선택에 영향을 미치지 않은 것으로 분석되었다. 그러면 SNS에 글이나 동영상을 직접 제작하여 올리거나, 다른 사람이 올린 글이나 동영상을 리트윗하거나 읽고 보는 등 실질적인 활동은 영향력이 있을까?

[그림7]을 보면 대선에서 이런 여러 가지 SNS활동을 한 유권자 비율은 총선에 비해 모두 감소한 것으로 나타났다. 총선 직후 조사에서 이번 대선에서 SNS를 이용할 의향이 있냐는 질문에 응답자의 39.4퍼센트가 그렇다고 답했는데 이번 대선 직후 설문조사에서 SNS이용 빈도를 물었을 때 응답자의 31.6퍼센트가 주 1회 이상 이용했다고 답했다. 사용하겠다는 응답비율 39.4퍼센트보다 실제 사용한 비율은 31.6퍼센트로 더 낮게 조사된 것이다. 각 활동을 보면 SNS에 직접 글이나 사진, 동영상을 작성하거나 제작하여 올린 경험이 있는 비율은 11.4퍼센트로 가장 적었고 다른 사람의 글 등을 리트윗 및 공유한 경험이 있는 비율은 23.3퍼센트였다. 다른 사람이 올린 글이나 게시물을 꼼꼼히 읽어본 경험이 있다고 답한 비율은 63.4퍼센트로 비교적 높게 나타났다.

이런 활동들이 후보자 선택에 영향을 미쳤는지를 여러 변수의 영향력을 통제하여 살펴보았다. 분석에는 리트윗/공유나 게시물 등을 읽는 활동만 포함되었는데 글을 직접 작성하는 활동은 다른 두 종류의 활동과 연관성이 높게 나타나서 분석에 포함시킬 수가 없었다. 분석 결과는 [표5]에 정리되어 있다. SNS를 통해 리트윗/공유를 한 경험이나 다른 사람의

---

4) 토론을 잘한 후보 평가와 TV시청 빈도, 정당지지와 이념 성향 등 자기상관관계(auto-correlation)가 의심되어 변수들 간 상관관계를 살펴보았으나 동일한 통계모델에 변수로 쓸 수 없을 만큼 높은 상관관계는 나타나지 않았다.
5) 조사가 1,2차 토론이 끝난 직후 이루어져 1차와 2차 토론에 대한 문항은 하나로 만들어졌다.

[그림 7] SNS 활동 비율 : 총선과 대선 비교

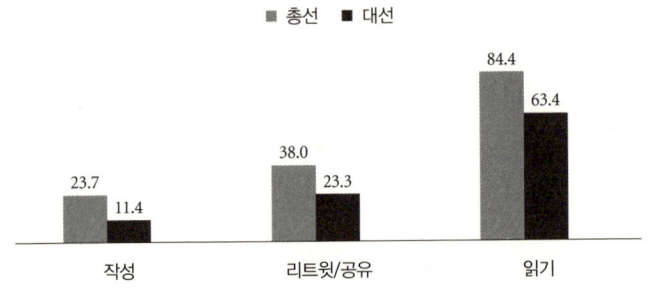

■ 자료 : KEPS 2012 2차와 7차 조사.

[표 5] SNS 활동이 박근혜 당선인 선택에 미치는 영향

		β	S.E,	Wals	자유도	유의확률	Exp(B)
1단계a	세대	.287	.082	12.351	1	.000	1.333
	학력	-.430	.210	4.182	1	.041	.650
	가구소득	.055	.082	.450	1	.503	1.057
	계층	-.024	.132	.033	1	.855	.976
	호남	-1.087	.266	16.687	1	.000	.337
	이념	.584	.128	20.944	1	.000	1.794
	정당	2.217	.158	196.191	1	.000	9.175
	선거관심	.063	.134	.221	1	.639	1.065
	SNS리트윗	.294	.144	4.176	1	.041	1.342
	SNS읽음	.294	.111	7.002	1	.008	1.342
	상수항	-7.711	1.123	47.123	1	.000	.000

-2 Log 우도=744.760, N=987, % Correct=84.2%

■ 자료 : KEPS 2012 7차 조사.
■ 주. 종속변수 : 박근혜 당선인 선택=1, 문재인 후보 선택=0.

게시물을 읽거나 본 적이 없다는 유권자들일수록 박근혜 당선인에게 투표한 것을 알 수 있다. 이는 이런 활동을 더 적극적으로 한 유권자일수록 그렇지 않은 유권자들보다 문재인 후보에게 더 많이 투표한 것을 의미한

다. 이런 결과는 앞서 인터넷이나 SNS를 정보출처로 많이 이용하는 유권자일수록 문 후보에게 투표한 것과 같은 맥락으로 볼 수 있다. 통제변수 중에는 세대, 학력, 호남, 이념, 정당 변수가 영향을 미치는 것으로 나타났다.

결론

이 글에서는 18대 대선에서 유권자들의 다양한 미디어이용이 후보자 선택에 어떤 영향을 미쳤는지를 경험적으로 분석해보았다. 구체적으로 유권자들이 선거와 후보자에 관한 정보를 얻기 위해 TV, 신문, 인터넷, SNS에 얼마나 자주 노출되는지 그리고 단순한 노출뿐 아니라 긍정적인 정보에 노출되는 것은 어떤 영향을 미치는지를 살펴보았다. 또한 구미디어와 뉴미디어 이용자 간, 진보와 보수성향 매체 이용자 간 후보선택에 차이가 있었는지를 분석했다. 마지막으로 TV토론과 SNS의 활용이 후보자 선택에 미친 영향력을 검증하였다.

 분석 결과, 첫째, 유권자의 선거 관련 정보매체에 대한 노출 빈도 중 인터넷에 대한 노출 빈도만 후보선택에 영향을 미치는 것으로 나타났다. 또한 후보자에 대한 긍정적인 정보에 많이 노출될수록 그 후보를 선택하는 것으로 나타났다. 둘째, 진보 또는 보수성향 매체 이용이나 구미디어나 뉴미디어 이용이 유권자들의 후보선택에 영향을 미치는 것으로 나타났다, 이번 선거에서 TV, 신문, 라디오 등 기존매체를 통해 더 많이 정보를 습득한 유권자일수록 박 당선인에게 투표한 것을 알 수 있었다. 또한 보수신문을 통해 정보를 얻은 유권자일수록 박 당선인을 선택한 것으로 나타났다. 셋째, 이번 18대 대선에서 TV토론에 대한 후보자 평가는 선택으로 이어진 것으로 나타났는데 박 당선인이 잘했다고 한 유권자일수록 박 당선인에게 투표했다. 그리고 SNS를 적극 활용하여 선거정보를 얻거나 다른 사람에게 리트윗을 한 유권자일수록 문 후보에게 투표했음을 알 수 있었다.

이런 결과를 통해 진보와 보수 간 대립이 치열했던 만큼 미디어 선거전도 치열했던 이번 18대 대선에서 미디어를 이용하는 유권자들도 분명하게 나뉘었음을 알 수 있다. 기득권층의 영향력이 큰 TV나 신문 같은 기존 매체는 보수정당 후보와 지지자들에게 유용한 매체였음을 확인할 수 있었다. 새로 등장한 종편채널에 대한 영향력은 통계적으로 유의미하진 않았지만 보수진영 유권자들이 훨씬 더 많이 이용한 것을 알 수 있었다. 반면 미국의 2008년과 2012년 대통령선거에서 오바마 대통령의 당선에 중대한 역할을 한 것으로 알려졌고 최근 한국 선거에서도 진보성향 후보의 당선에 기여한 것으로 알려진 인터넷과 SNS는 이번 선거에서도 진보정당 후보와 지지자들에게 더 유용한 매체였음을 알 수 있다.

과거보다 선택적 매체가 다양해진 이번 선거결과 분석에서 나타난 양분화 된 미디어이용 양상과 후보선택에 미친 영향이 향후 선거운동에 어떤 시사점을 제공하고 있는가? 이번 선거에서 미디어는 유권자들의 후보선택에 있어서 변화보다는 지지를 논리적으로 강화하는 요인으로 작용했을 가능성이 크다. 예를 들면 보수성향 유권자는 보수성향 언론이나 방송에 지속적으로 노출되고 이런 노출을 통해 자신의 가치와 믿음을 더욱 강화하여 궁극적으로 확신을 갖고 보수 후보에게 투표했을 것이다. 이제 전통적인 매체를 통한 마케팅만으로는 선거를 치를 수 없는 시대가 되었다. 현재 스마트폰과 태블릿PC 이용자가 급격히 증가하는 추세이며 이런 스마트시대에 SNS는 선거에서 더욱 복잡하고 다양한 형태로 활용될 것이 분명하다. 그런데 다양한 매체가 등장하고 개인적이고 선별적인 미디어 선거전이 확대됨에 따라 향후 선거에서 오히려 미디어가 기존의 세대나 이념균열을 더욱 심화시키는 방향으로 이용될 것이 걱정된다. 정치적 사회적 통합을 위해 스마트미디어 시대에 펼쳐지는 미디어 선거전이 긍정적인 방향으로 전개되도록 우리 모두가 노력해야 할 때이다. ■

■ 참고문헌

김관규. 2008. "대학생유권자의 미디어이용과 투표 행동 : 2008년 제18대 총선을 대상으로".
〈언론과학연구〉 8, 4: 187-221.
김성태·김여진·김진희. 2011. "웹(Web) 기술 발전단계별 이용자의 정치참여 행태 연구".
〈언론과학연구〉 11, 4: 103-137.
김춘식. 2010. "미디어이용, 미디어 선거정보의 중요성 인식 및 미디어 역할에 대한 평가가
정치에 대한 부정적 감정과 정치효능감에 미치는 영향". 〈언론과학연구〉 10, 3: 157-190.
서현진·이한수. 2013. "미디어와 여론". 《미국 정부와 정치 2》, 미국정치연구회 편, 361-392.
서울 : 오름.
송근원. 2012. "안철수 현상이 서울시장 보궐선거에 미친 영향 : 미디어 노출 횟수를 통한 후
보들의 인지도를 중심으로". 〈조사연구〉 13, 2: 73-97.
유현종. 2008. "선거에서 정보 환경이 유권자의 선택에 미치는 영향에 관한 실증 연구 : 한국
대통령 선거(제14대-제16대)를 중심으로". 〈한국정치학회보〉 42, 4: 155-188.
윤광일. 2011. "매스미디어의 정치적 효과 분석 : 제5회 전국 동시 지방선거 사례를 중심으로".
〈사회과학연구〉 23, 2: 91-106.
이강형. 2004. "대통령 후보의 텔레비전 토론이 후보 이미지 변화에 미치는 효과 : 제16대
대통령 선거 후보토론회 패널 조사 연구". 〈한국언론학보〉 48, 2: 346-372.
이수범·김동우. 2012. "소셜미디어의 정치적 이용이 유권자들의 정치 참여 의도에 미치는
영향 연구". 〈홍보학연구〉 16, 1: 78-111.
이원태. 2010. 《트위터의 정치사회적 영향과 시사점》. 서울 : 정보통신정책연구원.
이철한·현경보. 2007. "유권자의 미디어의 이용이 정치지식, 정치효능감, 정치불신감에 미
치는 영향". 〈언론과학연구〉 7, 4: 112-142.
장우영·박한우. 2009. "인터넷 선거 경쟁의 특성과 효과 : 17대 대선의 경우". 〈담론201〉 12,
2: 77-105.
정성호. 2003. "TV토론에 나타난 의제가 수용자의 의제에 미치는 영향 연구 : 제16대 대통령
선거 TV합동토론을 중심으로". 〈홍보학 연구〉 7, 2: 5-42.
조성대·홍재우. 2007. "특집 : 대통령선거와 정치발전 ; 매스미디어와 민주주의 : 16대 대선
TV토론의 정치적 효과를 중심으로". 〈의정연구〉 13, 1: 78-100.
최민재·이홍천·김위근. 2012. "소셜네트워크서비스 이용이 정치적 의사결정에 미치는 영
향 : 2011년 10·26 서울특별시장 보궐선거 사례". 〈언론과학연구〉 12, 2: 502-533.

Berelson, Bernard R., Paul F. Lazarsfeld, and William N. McPhee. 1954. *Voting: A Study of Opinion Formation in a Presidential Campaign.* Chicago: The University of Chicago Press.

Johnson, Thomas J. and David D. Perlmutter. ed. 2011. *New Media, Campaigning and the 2008 Facebook Election.* New York: Routledge.

Klapper, Joseph T. 1960. *The Effects of Mass Communication.* New York: Free Press.

Lazarsfeld, Paul F., Bernard Berelson, and Hazel Gaudet. 1948. *The People's Choice: How the Voter Makes up His Mind in a Presidential Campaign.* New York: Columbia University Press.

Nisbet, Matthew. C. and Dietram A. Scheufele. 2004. "Political Talk as a Catalyst for Online Citizenship." *Journalism and Mass Communication Quarterly* 81, 4: 877-896.

Scheufele, Dietram A. and Matthew C. Nisbet 2002. "Being a Citizen Online: New Opportunities and Dead Ends." *The International Journal of Press/Politics* 7, 3: 55-75.

Wang, S. 2007. "Political Use of the Internet, Political Attitudes and Political Participation." *Asian Journal of Communication* 17, 4: 381-395.

부록

종속변수

Q1 누구에게 투표하셨습니까?
   0. 문재인   1. 박근혜

독립변수

Q2 지난 일주일 동안 텔레비전을 통해 대통령선거와 관련한 뉴스를 얼마나 자주 보셨습니까?

Q3 지난 일주일 동안 신문을 통해 대통령선거와 관련한 뉴스를 얼마나 자주 보셨습니까?

Q4 지난 일주일 동안 인터넷을 통해 대통령선거와 관련한 뉴스를 얼마나 자주 보셨습니까?
   1. 거의 매일   2. 3-4일   3. 1-2일   4. 전혀 보지 않음

Q5 지난 일주일 동안 SNS이용을 얼마나 하셨습니까?
   1. 거의 매일   2. 3-4일   3. 1-2일   4. 별로 쓰지 않음   5. 계정 없음

Q6 박근혜 당선인에 대한 긍정적인 정보나 견해를 듣거나 접한 적이 있습니까?

Q7 문재인 후보에 대한 긍정적인 정보나 견해를 듣거나 접한 적이 있습니까?
   1. 자주 있다   2. 가끔 있다.   3. 한 번도 없다.

Q8 선거와 관련된 정보를 다음 중 어떤 경로를 통해 가장 많이 얻으셨나요?
   1. 인터넷, SNS서비스   2. 주위사람, 홍보물, 기타   3. TV, 신문, 라디오

Q9 대선 정보를 얻기 위해 주로 시청한 방송은 무엇입니까?
   1. 팟캐스트와 인터넷 방송   2. 기타   3. 방송3사   4. 종합편성 방송   5. 라디오

Q10 대선 정보를 얻기 위해 주로 읽으신 신문이나 인터넷 신문 사이트는 무엇입니까?
   1. 한겨레신문   2. 오마이뉴스   3. 경향신문   4. 한국일보
   5. 기타   6. 동아일보   7. 중앙일보   8. 조선일보

Q11 텔레비전 토론회를 보셨습니까?
   1. 한 번도 안 봄   2. 1번 봄   3. 2번 봄   4. 세 번 다 봄

Q12 1,2차 토론에서 어느 후보가 가장 잘했다고 생각하십니까?
   1. 문재인, 이정희   2. 없음   3. 박근혜

Q13 3차 토론에서 어느 후보가 가장 잘했다고 생각하십니까?
   1. 문재인   2. 없음   3. 박근혜

Q14 대선 기간 중 SNS서비스를 활용하여 언론보도나 다른 사람들이 올린 글, 사진, 동영상 을 리트윗하거나 공유하기를 해봤다.

Q15 대선 기간 중 SNS서비스를 활용하여 선거와 관련한 다른 사람들의 게시물을 꼼꼼이 읽어 보았다.
   1. 자주 해봤음   2. 별로 해보지 않음   3. 전혀 해본 적 없음

통제변수

세대	1. 19-29세	2. 30-39세	3. 40-49세	4. 50-59세	5. 60세 이상
학력	1. 고졸이하	2. 대재이상			
소득	1. 100만원 이하 …… 6. 700만원 이상				
계층	1. 상위 20퍼센트이내 …… 5. 하위 20퍼센트이내				
호남	0. 다른 지역	1.	2.		
이념	1. 진보	2. 중도	3. 보수		
정당	1. 민주/진보	2. 기타	3. 새누리당		
선거관심	1. 전혀 없음	2. 관심 없는 편	3. 대체로 있음	4. 매우 관심 많음	

부록

조사개요

- 조사지역 및 대상 : 전국에 거주하는 만 19세 이상 유권자
- 표본추출 : 지역, 성, 연령, 학력, 직업, 주택점유형태 변수를 고려한 할당추출(Quota Sampling)
- 조사방법 : 컴퓨터를 이용한 전화면접조사(computer aided telephone interview: CATI)
- 조사기관 : (주)한국리서치

조사진행

구분	표본크기	조사기간	95% 신뢰수준에서의 표집오차	패널유지율
총선 1차	2,000명	3월 30일-4월 1일	±2.2%	
총선 2차	1,666명	4월 12-15일	±2.4%	83.3%
대선 1차	1,450명	8월 20-24일	±2.6%	72.5%
대선 2차	1,527명	10월 11-14일	±2.5%	76.4%
대선 3차	1,416명	11월 25-27일	±2.5%	70.8%
대선 4차	1,412명	12월 11-13일	±2.6%	70.6%
대선 5차	1,355명	12월 20-22일	±2.7%	67.8%

질문지 구성

주제	질문내용	1차	2차	3차	4차	5차	6차	7차
선거관심	(총선) 투표의향	○			○			
	(총선) 대선 관심도		○					
	(총선) 투표여부		○					
	(총선) 기권이유	○	○					
	투표의향				○	○	○	
	대선 관심도			○	○	○	○	
	대선 투표여부							○
	대선 투표 기관이유							○
지지와 결정요인	(총선) 후보선택(지지) 이유	○	○					
	(총선) 선택(지지)한 후보의 소속정당	○	○					
	(총선) 정당투표 정당		○	○				
	(총선) 출구조사 참여의사	○						
	(총선) 지지후보 미결정 이유	○						
	(총선) 투표(지지) 후보 결정시점		○					
	대선후보 지지도	○	○	○	○	○		
	후보선택(지지) 이유				○	○	○	○
	지지후보 지지강도							

주제	질문내용	1차	2차	3차	4차	5차	6차	7차
	지지후보 변경이유				○	○	○	○
	당선되서는 안되는 후보			○	○	○		○
	민주통합당 대선 후보 적임자			○				
	무소속 후보가 당선되서는 안된다의 공감여부				○			
	투표한 후보							○
	투표한 후보 결정시점							○
야당후보 단일화	안철수 전 원장 출마 찬반인식				○			
	안철수 전 원장과의 후보 단일화 찬반인식				○			
	야당후보 단일화의 적임자				○			
	안철수 전 원장 독자출마 찬반인식					○	○	
	야권후보 단일화 평가					○		
	안철수 전 원장의 향후 활동						○	
	안철수 전 원장의 문재인 후보 지원에 대한 평가							
가상대결	가상대결 – 박근혜 vs 안철수		○	○	○			
	가상대결 – 박근혜 vs 문재인		○	○	○			
	가상대결 – 박근혜 vs 김두관			○				
	가상대결 – 박근혜 vs 손학규			○				
	가상대결 – 박근혜 vs 문재인 vs 안철수			○				
	가상대결 – 박근혜 vs 손학규 vs 안철수							
후보요인	대선후보 – 호감도			○	○	○	○	○
	대선후보 – 도덕성				○			○
	대선후보 – 국정운영능력				○			○
	대선후보 – 국민과의 소통능력				○			○
	주요 대선후보별 이념평가			○		○	○	○
	경제를 발전시킬 후보					○		
	서민생활 잘 살필 후보					○		
	친근감이 느껴지는 후보					○		
	신뢰할 수 있는 후보					○		
	당선가능성이 높은 후보					○		
	국정운영 잘 할 후보					○		
	차기정부 중점 추진과제 해결 적임 후보					○	○	
	인물로만 볼 때 대통령 적임자					○		
정당요인	(총선) 정당별 호감도	○						
	지지정당	○	○	○	○	○	○	○
	차기정부 중점 추진과제 해결 적임 정당	○						
	정당별 이념평가			○		○		
	주요 정당 호감도					○		○

주제	질문내용	1차	2차	3차	4차	5차	6차	7차
	새누리당과 민주통합당 입장차 -경제성장			○				
	새누리당과 민주통합당 입장차 - 재벌			○				
	새누리당과 민주통합당 입장차 - 복지			○				
	새누리당과 민주통합당 입장차 - 대북통일			○				
	새누리당과 민주통합당의 복지정책 입장 인식					○		
	새누리당과 민주통합당의 성장과 분배에 대한 입장 인식					○		
	새누리당과 민주통합당의 재벌정책 입장 인식					○		
	새누리당과 민주통합당의 대북정책 입장 인식					○		
	제3 정당의 출연 필요성			○				
선거운동	지지후보에 대한 지지이유 전파와 지지 권유 경험						○	
	대선 후보별 선거구호 평가				○			
	여권의 준비된 여성대통령론 공감도					○		
	야권의 정권교체론 공감도					○		
	지지후보에 대한 대화 경험 정도							○
	여론조사 영향력의 크기							○
경제상황 인식	지난 1년간의 가정경제 인식			○				○
	가정경제 변화의 책임소재							○
	지난 1년간의 국가경제 인식			○				○
	국가경제 변화의 책임소재							○
	향후 1년간의 가정경제 전망			○				○
	향후 1년간의 국가경제 전망			○				○
공천결과와 선거전망	(총선) 새누리당의 공천결과 평가	○						
	(총선) 민주통합당의 공천결과 평가	○						
	(총선) 야권후보 단일화 평가	○						
	(총선) 다수당 전망	○						
	(총선) 거주지역 당선자 소속정당	○						
	대통령선거 결과 전망						○	
선거평가	(총선) 새누리당 승리의 이유			○				
	선거평가 - 정책대결			○				○
	선거평가 - 지역주의			○				○
	선거평가 - 네거티브 캠페인			○				○
	선거평가 - 정부의 정부령의 선거개입			○				○
	투표한 후보에 대한 만족도							○
	박근혜 후보 승리와 문재인 후보 패배의 이유							○
선거이슈	(총선) 유권자패널이 꼽은 선거이슈	○	○					
	(총선) 한미 FTA 인식	○						
	(총선) 재벌규제 인식	○						

주제	질문내용	1차	2차	3차	4차	5차	6차	7차
	(총선) 대북정책 방향성 인식	O						
	(총선) 보편복지와 선별복지 인식	O						
	이명박 정부 심판론 공감여부	O					O	O
	무책임한 야당 심판론 공감여부	O					O	O
	공천과정 비리 사건에 대한 박근혜 후보의 책임여부			O				
	정권교체=정치발전 주장 공감도				O			
	지지후보 결정에 영향을 미친 핵심 이슈							O
	핵심 이슈가 대선후보에 미친 영향							O
정보취득	주된 선거정보 취득 경로		O					O
	(총선) SNS 활용현황 – 특정후보 지지/비판 콘텐츠 작성		O					O
	(총선) SNS 활용현황 – 리트위트 또는 공유		O					O
	(총선) SNS 활용현황 – 선거관련 콘텐츠 숙독		O					O
	대선기간 중 SNS 이용의향		O					
	대선정보 이용 빈도 – 텔레비전						O	
	대선정보 이용 빈도 – 신문						O	
	대선정보 이용 빈도 – 인터넷						O	
	대선 후보에 대한 긍정적인 정보나 견해를 접한 경험						O	
	대선 후보에 대한 긍정적인 정보나 견해를 접한 경로						O	
	대선 후보에 대한 부정적인 정보나 견해를 접한 경험						O	
	대선 후보에 대한 부정적인 정보나 견해를 접한 경로						O	
	주된 대선정보 – 방송사							O
	주된 대선정보 – 신문사							O
TV 토론	TV 토론 시청여부						O	O
	TV 토론 잘한 후보						O	O
	TV 토론 시청의 영향							O
정부평가와 차기정부 국정과제	(총선) 이명박 정부 취임후부터의 평가	O		O				
	이명박 정부의 국정운영 평가							O
	2012년 국민이 원하는 대통령상			O				
	차기정부 중점 추진과제		O		O	O		
차기정부 전망	박근혜 당선인 국정운영 전망							O
	집값 전망							O
	사교육비 전망							O
	경제적 양극화 전망							O
	노사갈등 전망							O
	남북관계 전망							O
역대 대통령 평가	박정희 대통령 호감도		O					
	노무현 대통령 호감도		O					

부록

주제	질문내용	1차	2차	3차	4차	5차	6차	7차
유권자 패널의 정치사회의식	가장 일을 잘 한 대통령			○				
	가장 좋아하는 역대 대통령				○			
	주관적 이념성향	○		○		○		
	정부와 정치에 대한 소수 과점 인식	○					○	
	정부 활동에 대한 참여인식	○					○	
	당선 전후의 정치인 행동 인식	○					○	
	투표효능감 인식	○					○	
	주제별 입장 – 안정과 변화				○			
	주제별 입장 – 성장과 분배				○			
	주제별 입장 – 국가안보와 인권				○			
지난선거	(총선) 2007년 대선투표 후보	○						
	(총선) 2008년 총선투표 후보 소속정당	○						
	(총선) 2010년 지방선거 광역단체장 투표 후보	○						
응답자 특성	성	○	○	○	○	○	○	○
	연령	○	○	○	○	○	○	○
	학력	○	○	○	○	○	○	○
	직업	○	○	○	○	○	○	○
	거주지역	○	○	○	○	○	○	○
	거주지역 규모	○	○	○	○	○	○	○
	주택점유형태	○	○	○	○	○	○	○
	1가구 2주택 여부	○	○	○	○	○	○	○
	종교	○	○	○	○	○	○	○
	고향	○	○	○	○	○	○	○
	SNS 활용정도	○	○	○	○	○	○	○
	결혼여부	○	○	○	○	○	○	○
	자녀수와 연령대	○	○	○	○	○	○	○
	주관적 이념성향	○	○	○	○	○	○	○
	가구소득	○	○	○	○	○	○	○
	계층인식	○	○	○	○	○	○	○

부록

선거 결과

공통

최근 선거의 연령대별 투표율 변화 (단위 : 퍼센트)

	19세	20대 전반	20대 후반	30대 전반	30대 후반	40대	50대	60세 이상
'12 18대 대선	74.0	71.1	65.7	67.7	72.3	75.6	82.0	80.9
'12 19대 국선	47.2	45.4	37.9	41.8	49.1	52.6	62.4	68.6
'10 5회 지선	47.4	45.8	37.1	41.9	50.0	55.0	64.1	69.3
'08 18대 국선	33.2	32.9	24.2	31.0	39.4	47.9	60.3	65.5
'07 17대 대선	54.2	51.1	42.9	51.3	58.5	66.3	76.6	76.3
'06 4회 지선	37.9	38.3	29.6	37.0	45.6	55.4	68.2	70.9
'04 17대 국선	-	46.0	43.3	53.2	59.8	66.0	74.8	71.5
'02 16대 대선	-	57.9	55.2	64.3	70.8	76.3	83.7	78.7

■ 출처 : 중앙선거관리위원회, 이하 공통.

최근 선거의 성별 · 연령대별 투표율 변화 (단위 : 퍼센트)

	남자								여자							
	19세	20대 전반	20대 후반	30대 전반	30대 후반	40대	50대	60세 이상	19세	20대 전반	20대 후반	30대 전반	30대 후반	40대	50대	60세 이상
'12 18대 대선	72.5	72.1	62.5	64.4	69.2	73.5	81.0	85.9	75.7	70.1	69.2	71.0	75.5	77.7	82.9	77.1
'12 19대 국선	50.6	50.0	36.3	39.9	47.4	53.2	64.2	76.4	43.4	40.4	39.5	43.7	50.8	52.1	60.5	62.7
'08 18대 국선	38.6	40.9	23.4	29.6	38.9	49.6	63.1	74.3	27.3	24.1	25.0	32.5	40.0	46.1	57.5	59.1
'07 17대 대선	55.2	55.6	39.9	47.9	56.2	66.0	77.3	83.3	53.1	46.2	46.0	54.7	60.8	66.7	75.8	71.2
'04 17대 국선	-	52.6	41.1	51.5	60.0	67.5	77.2	80.7	-	39.0	45.6	54.9	59.7	64.4	72.3	65.0
'02 16대 대선	-	63.1	51.9	61.5	69.6	76.5	84.7	85.6	-	52.3	58.6	67.1	72.0	76.2	82.7	73.9

부록

총선

정당별 당선인수 (단위 : 명)

구분	당선인수	정당별 당선인수				
		새누리당	민주통합당	통합진보당	자유선진당	무소속
합계	300	125	127	13	5	3
비례대표	54	25	21	6	2	-
지역수	246	127	106	7	3	3

정당별 · 지역별 획득 의석수

구분	새누리당	민주통합당	통합진보당	자유선진당	무소속	합계
경기	21	29	2			52
서울	16	30	2			48
부산	16	2				18
경남	14	1			1	16
경북	15					15
인천	6	6				12
대구	12					12
전남		10	1			11
전북		9	1		1	11
충남	4	3		3		10
강원	9					9
충북	5	3				8
광주		6	1		1	8
대전	3	3				6
울산	6					6
제주		3				3
세종		1				1

성별·연령대별·시도별 투표율 (단위: 퍼센트)

구분	전체			19세			20대			30대			40대 이상		
	소계	남자	여자	소계	남자	여자	소계	남자	여자	소계	남자	여자	소계	남자	여자
전국	54.2	55.7	53.1	47.2	50.6	43.4	41.5	43.0	39.9	45.5	43.7	47.3	61.0	63.7	58.5
서울	55.5	56.6	53.9	49.6	48.9	50.4	46.2	47.1	45.4	49.0	48.5	49.6	60.6	63.2	58.2
부산	54.6	54.9	54.3	54.0	57.7	49.3	44.0	45.1	42.8	43.7	40.8	46.6	60.5	62.0	59.2
대구	52.3	53.0	52.1	50.9	53.9	47.1	40.7	42.6	38.5	40.9	32.0	43.6	59.3	60.9	57.9
인천	51.4	52.3	50.2	50.1	51.1	49.1	42.1	42.4	41.7	42.4	40.1	44.8	57.1	59.9	54.5
광주	52.7	55.0	52.5	54.7	55.9	53.4	43.1	44.3	41.8	46.4	44.1	48.7	59.5	62.7	56.7
대전	54.2	56.6	53.1	51.2	53.8	48.3	42.3	43.9	40.6	46.2	44.5	47.8	64.6	65.0	58.5
울산	55.7	57.7	53.9	47.9	56.4	37.0	43.5	46.6	39.7	47.2	44.9	49.8	63.1	66.4	59.8
세종	59.2	59.4	58.1	35.5	41.5	27.5	38.7	39.1	37.9	43.1	44.2	41.7	66.4	68.2	64.6
경기	52.6	53.9	51.1	47.9	49.7	46.0	41.7	42.5	41.0	46.4	44.7	48.2	57.9	60.9	55.0
강원	55.7	58.4	53.5	35.8	42.8	27.0	36.2	40.6	30.8	43.3	43.1	43.5	63.7	67.2	60.4
충북	54.6	57.4	53.3	44.3	51.0	36.5	38.0	41.0	34.5	44.2	42.7	45.7	63.4	66.9	60.2
충남	52.4	54.6	49.8	38.2	44.9	30.4	32.5	34.9	29.7	40.6	38.7	42.8	60.8	65.3	56.5
전북	53.6	56.7	52.8	45.4	48.7	41.4	37.6	40.0	35.0	43.5	42.0	45.0	61.8	65.5	58.5
전남	56.7	58.7	55.7	36.8	45.2	28.2	36.0	39.6	31.7	44.4	42.4	46.7	65.2	68.0	65.6
경북	56.0	57.2	56.2	38.4	47.3	27.3	33.8	36.8	30.1	39.1	36.4	42.2	66.1	68.0	64.6
경남	57.2	57.8	56.8	46.2	54.9	36.1	40.5	42.6	37.9	46.0	42.7	49.6	65.2	67.2	63.5
제주	54.7	57.9	52.9	45.5	50.8	39.0	39.0	43.3	34.6	46.3	46.3	46.4	62.6	66.1	59.5

대선

시도별·후보자별 득표수 및 득표율(괄호)

시도명	선거인수	투표수	후보자별 득표수(득표율)						계
			새누리당 박근혜	민주통합당 문재인	무소속 박종선	무소속 김소연	무소속 강지원	무소속 김순자	
합계	40,507,842	30,721,459	15,773,128 (51.55)	14,692,632 (48.02)	12,854 (0.04)	16,687 (0.05)	53,303 (0.17)	46,017 (0.15)	30,594,621
서울특별시	8,393,847	6,307,869	3,024,572 (48.18)	3,227,639 (51.42)	3,559 (0.05)	3,793 (0.06)	11,829 (0.18)	5,307 (0.08)	6,276,699
부산광역시	2,911,700	2,219,699	1,324,159 (59.82)	882,511 (39.87)	555 (0.02)	913 (0.04)	2,878 (0.13)	2,389 (0.10)	2,213,405
대구광역시	1,990,746	1,585,806	1,267,789 (80.14)	309,034 (19.53)	366 (0.02)	624 (0.03)	2,043 (0.12)	1,984 (0.12)	1,581,840
인천광역시	2,241,366	1,657,821	852,600 (51.58)	794,213 (48.04)	508 (0.03)	1,005 (0.06)	2,730 (0.16)	1,910 (0.11)	1,652,966
광주광역시	1,117,781	898,416	69,574 (7.76)	823,737 (91.97)	268 (0.02)	333 (0.03)	1,113 (0.12)	561 (0.06)	895,586
대전광역시	1,182,321	904,367	450,576 (49.95)	448,310 (49.7)	271 (0.03)	461 (0.05)	1,291 (0.14)	969 (0.1)	901,878
울산광역시	886,061	694,938	413,977 (59.78)	275,451 (39.78)	210 (0.03)	434 (0.06)	898 (0.12)	1,463 (0.21)	692,433
세종특별자치시	87,707	64,990	33,587 (51.91)	30,787 (47.58)	31 (0.04)	38 (0.05)	99 (0.15)	155 (0.23)	64,697
경기도	9,364,077	7,018,577	3,528,915 (50.43)	3,442,084 (49.19)	1,997 (0.02)	3,674 (0.05)	12,577 (0.17)	7,476 (0.1)	6,996,723
강원도	1,235,647	911,988	562,876 (61.97)	340,870 (37.53)	356 (0.03)	524 (0.05)	1,514 (0.16)	2,114 (0.23)	908,254
충청북도	1,234,832	925,778	518,442 (56.22)	398,907 (43.26)	410 (0.04)	542 (0.05)	1,511 (0.16)	2,241 (0.24)	922,053
충청남도	1,601,751	1,168,095	658,928 (56.66)	497,630 (42.79)	516 (0.04)	688 (0.05)	1,976 (0.16)	3,198 (0.27)	1,162,936
전라북도	1,483,402	1,142,133	150,315 (13.22)	980,322 (86.25)	480 (0.04)	702 (0.06)	3,066 (0.26)	1,690 (0.14)	1,136,575
전라남도	1,530,012	1,171,210	116,296 (10.00)	1,038,347 (89.28)	732 (0.06)	759 (0.06)	4,338 (0.37)	2,487 (0.21)	1,162,959
경상북도	2,185,987	1,710,122	1,375,164 (80.82)	316,659 (18.61)	810 (0.04)	873 (0.05)	2,119 (0.12)	5,886 (0.34)	1,701,511
경상남도	2,608,874	2,008,683	1,259,174 (63.12)	724,896 (36.33)	1,637 (0.08)	1,084 (0.05)	2,654 (0.13)	5,326 (0.26)	1,994,771
제주특별자치도	451,731	330,967	166,184 (50.46)	161,235 (48.95)	148 (0.04)	240 (0.07)	667 (0.2)	861 (0.26)	329,335

필자약력

(가나다 순)

강원택

서울대학교 정치외교학부 교수. 영국 런던정치경제대학교(The London School of Economics and Political Science: LSE)에서 정치학 박사학위를 취득하였다. 한국정당학회장과 한국정치학회 부회장을 역임하였고 대통령직속 미래기획위원회 위원으로 활동하였다. 주요 저서로는 《통일 이후의 한국 민주주의》, 《노태우 시대의 재인식》, 《김대중을 생각한다》, 《한국인의 국가정체성과 한국정치》(편저), 《한국 선거정치의 변화와 지속》, 《보수정치는 어떻게 살아 남았나》, 《노무현 정부의 실험》(공저) 등이 있다.

김준석

동국대학교 정치외교학과 부교수. 미국 뉴욕주립대학교 스토니브룩대학교(Stony Brook University: SUNY)에서 정치학 박사학위를 받았다. 주요 논저로는 "입법시간과 입법결과의 경쟁위험분석 : 18대 국회 접수 의안을 중심으로", "가결과 부결의 이분법을 넘어 : 17대 국회의 입법시간과 처리결과에 대한 경쟁위험 분석" 등이 있다.

김춘석

한국리서치 여론조사부 이사. 성균관대학교 국정관리대학원 박사과정을 수료하였다. 주요 논저로는 "10·26 국회의원 재선거 사후 여론조사를 통해 본 유권자 표심", "18-19세 유권자의 사회의식 및 정치의식 : 20세 이상과의 비교", "제4회 전국동시지방선거 여론조사에 대한 반성", "17대 대선 패널조사의 방법과 운용"(공저) 등이 있다.

박원호

서울대학교 정치외교학부 교수. 미국 미시간대학교(앤아버)에서 정치학 박사학위를 받았다. 주요 논저로는 "정당은 유권자에게 얼마나 유의미한가? : 한국의 무당파층과 국회의원 총선거", "Preference Heterogeneity, Electoral Rules, and Party Systems," "Conditional Pocketbook Voting and Clarity of Responsibility in Korea" 등이 있다.

필자약력

(가나다 순)

서현진

성신여자대학교 사회교육과 교수. 미국 퍼듀대학교에서 정치학 박사학위를 받았다. 미국정치연구회 회장으로 활동 중에 있으며 최근 논저로는 "SNS 선거운동과 오바마의 재선", "민주주의 심화와 민주시민교육 : 한국과 미국의 고등학교 정치교육에 관한 비교연구", "한국 정당연구소의 정치교육 기능에 관한 연구" 등이 있다.

유석상

한국리서치 여론조사부 대리. 고려대학교에서 정치외교학과 석사학위를 받았다. 주요 논저로는 "이슈속성과 유권자의 정책입장에 관한 연구" 등이 있다.

윤광일

숙명여자대학교 정치외교학과 교수. 미국 미시간대학교(앤아버)에서 정치학 박사학위를 받았다. 최근 논저로는 "Neighborhood Effects on Racial-Ethnic Identity : The Undermining Role of Segregation,"(공저) "지역주의와 제19대 총선", "지역주의와 제18대 대선" 등이 있다.

이내영

고려대학교 정치외교학과 교수. 고려대 아세아문제연구소 소장. 동아시아연구원 여론분석센터 소장. 미국 위스콘신대학교(메디슨)에서 정치학 박사학위를 받았다. 최근 논저로는 《변화하는 한국유권자 4》, 《한국인, 우리는 누구인가》, 《변화하는 한국유권자 3》, 《변화하는 한국유권자 1》, "제18대 대통령 선거와 회고적 투표", "한국사회 이념갈등의 원인 : 국민들의 양극화인가, 정치엘리트들의 양극화인가", "합리적인 유권자인가, 합리화하는 유권자인가? 유권자의 이데올로기와 후보자 선택", "한국 유권자의 이념성향의 변화와 이념투표" 등이 있다.

필자약력

(가나다 순)

장승진

국민대학교 정치외교학과 조교수. 미국 컬럼비아대학교 정치학 박사학위를 받았다. 최근 논저로는 "경제민주화와 제18대 대선: 쟁점 투표와 정치지식", "제19대 총선의 투표선택 : 정권심판론, 이념 투표, 정서적 태도", "경선제도에 따른 유권자 선택의 변화 : 2008년 미국 대선 경선의 함의" 등이 있다.

정한울

동아시아연구원 사무국장. 주한미군사령관 민간자문위원회 위원. 고려대학교에서 정치학 박사학위를 받았다. 주요 논저로는 《박근혜 현상》(공저), "정당 태도갈등이 투표행위 변동에 미치는 영향", "민주화 이후 정당태도 갈등 심화요인 연구", "Fluctuating Anti-Americanism and ROK-US Alliance"(공저) 등이 있다.

지병근

조선대학교 정치외교학과 조교수. 조선대 기초교육대학 부설 학부교육연구소장. 미국 미주리주립대학교에서 정치학 박사학위를 받았다. 주요 논저로는 *Governmental Changes and Party Political Dynamics in Korea and Japan*(공저), "South-North Divide and Political Tolerance," "Anti-Americanism and Electoral Politics in Korea," "한국인의 이념적 성향과 민주주의 인식" 등이 있다.

동아시아연구원을 후원해주신 분들입니다.

강국연	김남희	김용남	김지정	노현정	박소연	선승훈
강문선	김동건	김용수	김지현	노호식	박수진	성정은
강영준	김동은	김용준	김 진	노환길	박용준	소치형
강윤관	김만호	김용직	김진기	라종일	박장호	손대현
고병희	김미영	김용호	김진아	류재희	박재시	손명정
고은희	김병국	김우상	김진영	마금희	박재준	손 열
고형식	김병표	김 원	김진혁	마정재	박정호	손재키
고혜선	김봉하	김 원	김창수	명정모	박진원	송우엽
공창위	김상래	김유상	김창원	문성환	박찬근	송지연
곽노전	김상우	김유주	김철영	문윤성	박찬선	신관수
구법모	김석준	김윤호	김하정	문지욱	박천봉	신권식
구상환	김성경	김윤희	김한기	문진성	박형민	신동원
구윤정	김세종	김은숙	김현성	민병문	박휘락	신동준
구준서	김송주	김은영	김현전	민선영	방효은	신명철
권세린	김수진	김인섭	김현전	민영석	배기욱	신보희
권용순	김승빈	김인혜	김형석	민지숙	배위섭	신부희
권지원	김승혜	김재두	김형재	박근아	백송현	신성수
금영수	김시연	김 정	김형준	박대균	백승태	신성용
기의석	김신숙	김정수	김형찬	박동선	백진규	신성호
김 정	김양규	김정온	김효신	박미나	백혜영	신영준
김건호	김연옥	김정욱	김희동	박미영	변기호	신영환
김건훈	김영구	김정은	김희정	박병우	서미혜	신윤경
김경순	김영목	김정하	김희진	박상민	서상민	신준희
김경지	김영미	김종휘	나정원	박상용	서용주	심윤보
김관용	김영섭	김 준	남계승	박상준	서은숙	안건영
김국형	김영원	김준희	남윤호	박석원	서의석	안용찬
김기정	김예자	김지영	노익상	박성만	서정원	안준모
김기준	김용규	김지윤	노재경	박성은	서창식	안중익

동아시아연구원을 후원해주신 분들입니다.

안현정	윤창민	이승화	이현우	전명호	주미야	한계숙
양순화	윤혜성	이시연	이현희	전영평	주영아	한금현
양주명	이경애	이신화	이혜민	전은경	주진균	한상원
양호실	이곤수	이여희	이혜선	전혜경	주 한	한상철
엄찬섭	이규호	이영복	이호준	전혜진	지혜리	한선호
여동찬	이 근	이영주	이홍구	정기용	진재욱	한숙현
여현정	이기황	이용자	이홍규	정랑호	진지운	한승혜
오명학	이내영	이원종	이홍미	정병갑	차국린	한일봉
오미순	이달원	이윤미	이홍재	정석희	차순만	한정원
오미영	이동욱	이인옥	이효재	정아영	채규호	한준희
오세정	이동찬	이재섭	이희정	정연태	채성일	한지현
우미경	이동훈	이정민	임명수	정영국	채혜경	한진수
우병익	이마리	이정은	임상균	정영진	최 건	한하람
원종숙	이미혜	이정호	임성빈	정원칠	최관주	한홍일
원종애	이민교	이정희	임재환	정재관	최규남	홍병철
유리나	이민자	이종수	임지순	정재호	최동규	홍성원
유문종	이범주	이종진	임현모	정주연	최병규	홍승복
유승훈	이병인	이중구	임현진	정주환	최병준	홍정현
유욱상	이봉재	이지원	임홍재	정 준	최복대	홍주희
유정석	이상구	이지희	장동우	정진영	최신림	황석희
유창수	이상주	이진아	장원호	정해일	최신영	황성진
유흥민	이상협	이창원	장의영	조규완	최영아	황 수
육은경	이선주	이창헌	장재훈	조동현	최영안	황의숙
윤민영	이선희	이충형	장진호	조성욱	최은혜	황정원
윤용집	이성량	이태석	장태곤	조소영	최종호	Stephen Ranger
윤우성	이소영	이 항	장희진	조은희	하영선	
윤정림	이숙종	이해완	전경수	조현선	하영호	
윤정선	이승주	이현옥	전명선	조홍식	하형일